Wichtiger Hinweis
Obwohl alles getan wurde, um die Korrektheit der Informationen in diesem Buch zu gewährleisten, können sich manche aufgrund vielfältiger Ursachen ändern. In den porträtierten Städten und Ländern sind Aufstände, Geldverlust und menschliches Versagen an der Tagesordnung. In den behandelten Regionen kommt es häufig zu nächtlichen Beben, überfluteten Nasszellen und unvorhergesehenen Totalausfällen. Weder Autor noch Verlag können für das Ausbleiben solcher Überraschungen haftbar gemacht werden. Wenn Sie veraltete oder allzu rosige Informationen in diesem Buch entdecken, würden wir uns über eine Nachricht freuen.

Dietmar Bittrich fährt als Reisebegleiter eines Kreuzfahrtunternehmens seit Jahren um die ganze Welt. Er ist zuständig für die Aufmunterung und den Trost der Passagiere. Im Rowohlt Taschenbuch Verlag sind von ihm *Das Gummibärchen-Orakel der Liebe*, *Das Weihnachtshasser-Buch* und *Achtung, Gutmenschen!* erschienen. Mehr auf: www.dietmarbittrich.de

Dietmar Bittrich

ALLE ORTE, DIE MAN KNICKEN KANN

Rowohlt Taschenbuch Verlag

Überarbeitete Neuausgabe, April 2012

Veröffentlicht im Rowohlt Taschenbuch Verlag,
Reinbek bei Hamburg, April 2012
Copyright © 2010, 2012 by Rowohlt Verlag GmbH,
Reinbek bei Hamburg
Umschlaggestaltung ZERO Werbeagentur, München
(Abbildung: James Mitchell/Corbis)
Satz Bodoni Old Face PostScript (InDesign)
bei Pinkuin Satz und Datentechnik, Berlin
Druck und Bindung Druckerei C. H. Beck, Nördlingen
Printed in Germany
ISBN 978 3 499 62832 0

INHALT

Man muss nicht in New York gewesen sein   13

EUROPA 15

FRANKREICH 16
Die peinlichsten Sehenswürdigkeiten von Paris. Von den Frittenbuden der Champs-Élysées durch Feinstaub zum Triumphklotz und in die Schlafsäle des Louvre. Von den Absturzvierteln des Montmartre durch den Diana-Tunnel in die neppigsten Bistros.

Von Straßburgs Düsternissen im Stop and go über die Weinstraße nach Colmar. Die überfülltesten Parkplätze, die dreistesten Lokale, die besten Gelegenheiten zum Gänsestopfen.

ENGLAND 26
Londons gruseligste Folterstätten von der Westminster Cathedral über Piccadilly bis zum Buckingham Palace. Dreck und Verschnarchtes zwischen St. Paul's, British Museum und Notting Hill. Die besten Schlägereien und Kotzwettbewerbe am Wochenende.

Stonehenge, Brighton, Cornwall. Von der Entsorgung spiritueller Tanten und spielfreudiger Onkel. Rentnerparadiese von Dorset bis Land's End.

SCHOTTLAND 35
Edinburgh, Highlands, Glasgow. Die wichtigsten Routen durch Regen und Mückenschwärme an das Loch von Nessie und schnell wieder weg.

DÄNEMARK 38
Kopenhagen, Tivoli, Louisenholm. Von den Kampftrinkern am Hafenrand über unbeheizbare Vergnügungsparks zu verrauchten Schlössern und Gerümpelmuseen.

SCHWEDEN 39
Stockholm, Schärengarten, Uppsala. Die stärksten Schlaftabletten zwischen Gamla Stan, Vasa- und Skansen-Museum. Verzweiflungsfahrten durch die Felseninseln.

ISLAND 41
Über Schotterpisten und Aschefelder zu den trübsten Mückenseen und kältesten Nebelbuchten. Von Touri-Fontänen an verschlafenen Vulkanen vorbei in die eisige Pleitestadt Reykjavik. Die zugeklebtesten Schaufenster und die angesagtesten Ex-Clubs.

RUSSLAND 49
St. Petersburg und Newa-Sümpfe. Durch die Hauptstadt der russischen Mafia zum Katharinenpalast. Die orthodoxesten Kirchen und unvermeidlichsten Borschtsch-Schuppen.

TSCHECHIEN 51
Prag, St. Veit und Vyšehrad. Im Gänsemarsch durch die goldene Stadt der Taschendiebe. Vom rotlichternden Wenzelsplatz zur neppigen Burg. Die grausamsten Highlights, die berühmtesten Locations für Knödel, Dünnbier und Warzenspeck, die besten Plätze für Fensterstürze, Organspenden und Zeckenbiss-Infektionen.

UNGARN 59
Verpestetes Buda, schweiniges Pest. Die floppigsten Flaniermeilen, die miefigsten Bäder und die coolsten Orte, um sich berauben zu lassen.

ITALIEN 61
Florenz, Rom, Venedig. Die peinlichsten Paläste, die schäbigsten Skulpturen. Von den einschläferndsten Gesteinsbrocken zur bedeutendsten schwulen Gemäldesammlung der Welt. Resteverwertung von Heiligen in Kirchen und von Schweinehufen in Restaurants. Schlangestehen von

San Marco bis Rialto und zurück. Die leckersten Landesspezialitäten von Lammgeschlinge bis Brückenspinne und Taubenkot.

SPANIEN 83

Madrid, Toledo, Sevilla, Córdoba, Granada. Durch die unsterbliche Diktatur – von den stickigsten Museen über die Kühltruhen der Embryos zu den gefährlichsten Zebrastreifen. Von den Anbauflächen für Gengemüse zur Müllverwertung in Tapas-Bars und zu den Kokainleckereien der Königsfamilie. Felsschluchten von Ronda, Sherrykeller von Jerez und arabische Türme zum Loswerden Mitreisender.

GRIECHENLAND 96

Athen, Propyläen, Akropolis. Die schäbigsten antiken Tempel. Die hupigsten Horrortrips durch die smoggigsten Straßen des Pleitestaats. Wie man die Hunde loswird.

TÜRKEI 99

Istanbul, Bosporus, Antalya, Pamukkale, Konya, Kappadokien. Von den Quallenschwärmen des Goldenen Horns durch Abgaswolken zu den popeligsten Palästen und käsigsten Moscheen. Von den anatolischen Kahlschlagsanierern durch verpilzte Basare zu den Hundekopfjägern. Die besten Adressen für Knochenbrüche in Göreme. Die schönsten Absturzstellen von Bussen im Taurusgebirge und von Heißluftballons im Ihlara-Tal.

Europa – Kurz und knickbar 115

AFRIKA 127

ÄGYPTEN 128

Kairo, Gizeh, Karnak, Luxor, Abu Simbel. Von den verlausten Museen der Hauptstadt durch stinkende Kamelstaus und Händlerspaliere rund um die Pyramiden zu den überflüssigsten Tempelruinen und den muffigsten

Grabkammern. Die ödesten Nilfahrten von den Grabstätten der Inzestkönige zu gefälschten Nubierdörfern und Ramses-Statuen.

MAROKKO 137

Fès, Marrakesch, Meknès, Rabat, Casablanca. Mit kundigen Schleppern von Händler zu Händler, von den Souks in die Kasbah. Die besten Adressen der Kinderverkäufer in den alten Zentren von sogenannten Königsstädten.

KANARISCHE INSELN 141

Die schönsten neuen Hotels und Golfplätze in den Naturschutzgebieten. Von der Seeigelzucht in den Abwässern von Teneriffa bis zu den exklusivsten Plastikmüllstränden von Gomera.

KENIA 144

Von den rollatorgeeigneten Hotelstädten an der Küste zu den infizierendsten Safariparks im Inneren. Die lieblichsten Tierbegegnungen von Krokodilen bis zur Anopheles-Mücke.

SÜDAFRIKA 147

Vom Nebel Kapstadts zu den Jagdgründen von Namibia und Simbabwe. Gelegenheit zum Abbau von Feindbildern beim Treffen auf Augenhöhe mit Jugendbanden, Affenbanden und Rhinozerossen. Die gehörfreundlichsten Vuvuzela-Konzerte.

SEYCHELLEN 150

Mahé, Praslin, La Digue. Von den verstopften Toiletten auf den Fähren bis zu den massiven Darmentleerungen der Vögel auf Bird Island. Die gemeinsten Busfahrten, die fiesesten Versammlungen von Strandflöhen, die meistempfohlenen Wege für abstürzende Riesenkokosnüsse und die berühmten Spaziergänge, von denen man ohne Uhr und Schmuck zurückkehrt.

Afrika – Kurz und knickbar

AMERIKA 161

USA 162

New York, San Francisco, Los Angeles, Hollywood und die Nationalparks im Südwesten. Durch das schlafmützige Manhattan von Ground Zero und die ehemals kreativen Viertel bis zu Schlafmuseen am Central Park. Die teuersten Ramschkaufhäuser, die überflüssigsten Wolkenkratzer, die meistgehypten Ecken. Von Alcatraz zum Pacific Coast Highway durch die ranzigsten Straßen von San Francisco. Anstehen in Disneyland und die besten Depressionsmittel in Hollywood. Von den alkoholfreien Nationalparks in Utah zu den Frustbesäufnissen am Grand Canyon.

DER SÜDWESTEN 177

MEXIKO 179

Mit Millionen anderer Pilger von den verdächtig neuen Maya-Ruinen zu steinernen Gartenzwergen und Kleinpyramiden in Chichén Itzá. Die angesagtesten Adressen, um 2012 mayamäßig platt getrampelt zu werden.

PERU 181

Lima, Cuzco, Machu Picchu. Von den Todesstreifen der Slumhauptstadt über angebliche Inka-Quader mit Rumpelzügen in die Touristenhölle. Von Aguas Calientes mit allen anderen auf den von Inkas verlassenen Hügel und seine Steinreste. Die besten Möglichkeiten, Fäkalien, Moskitos und indigene Steinewerfer zu überleben. Die edelsten Restaurants für Meerschweinchen-Ragout.

BRASILIEN 188

Die schönsten Strände zwischen Ipanema und Copacabana, an denen man nicht baden darf. Von Favela bis Zuckerhut: die verlockendsten Gelegenheiten, lästige Mitreisende loszuwerden. Und die nützlichsten Überlebenstipps für Rio.

Amerika – Kurz und knickbar 191

ASIEN 197

INDIEN 198

Die überzeugendsten Kulturschocks im wichtigsten Smogproduktionsland der Welt. Die geruchintensivsten Tempel und die heiligsten Abraumhalden. Von der Slumstadt Bombay über die abgewracktesten Paläste Rajasthans zur Diana-Bank vor dem Taj Mahal. Die besten Adressen für Leihmütter, transplantierbare Organe und Witwenverbrennungen.

CHINA 219

Verbotene Stadt, Ming-Gräber, Große Mauer. Vom Truppenübungsplatz des Himmlischen Friedens durch die Klos der Kaiserstadt zum verregneten Sommerpalast. Die mächtigsten schwelenden Kohlenflöze und die am süßsauersten furzenden Schweinemassen. Vom Schweiß in der U-Bahn zur Folter in der Peking-Oper. Die besten Fake-Werkstätten für Mitbringsel und die liebenswertesten Take-outs für gebratene Mäuse am Spieß.

SEIDENSTRASSE 232

Taschkent, Buchara, Samarkand. Auf Schlaglochpisten durch die Salzwüsten Usbekistans bis zu den letzten Pfützen des Aralsees. Die schönsten Denkmäler für Diktatoren und die eindrucksvollsten Plattenbausiedlungen der alten Karawanenstädte. Möglichkeiten zum Anketten von Kleinkindern und zur preisgünstigen Heirat mit Zwölfjährigen. Die hilfreichsten Mittel zum Überstehen der Reise von Wodka kalt bis Wodka warm.

MALEDIVEN 241

Die meistbesuchten Müll-Inseln. Paradiesisches Tauchen im Einklang mit Altöleinleitungen und Bauschutt. Knorpel, Flossen, ganze Gebisse: Die schönsten Mitbringsel vom lebenden Hai.

Asien – Kurz und knickbar 243

AUSTRALIEN UND OZEANIEN 249

AUSTRALIEN 250

Sydney, Melbourne, Alice Springs. Vom Akustikbrei der Hafenoper zum Themenpark Ayers Rock: Die meistbesuchten Flops unterm Ozonloch. Die stimmungsvollsten Kneipen zum Vergessen, dass man in Australien ist. Entsorgung redseliger Mitfahrer am Great Barrier Reef.

NEUSEELAND 253

Nordinsel, Südinsel: Die wichtigsten nicht erkennbaren Unterschiede. Von der Schlafstadt Auckland über stinkende Thermalquellen zur Schnarchstadt Wellington. Die porösesten Bungeeseile der Südinsel und die sehenswertesten Tankstellen. Der Abflugschalter in Wellington.

OSTERINSEL 255

Rapa Nui und Ahu Tongariki. Die angesagtesten Landeplätze für Esoteriker und außerirdische Flugobjekte. Verzweifelte Möglichkeiten, hier drei Tage zu verbringen, obwohl eine halbe Stunde ausreicht. Geheimes Eingeborenen-Wissen: Warum Aussterben manchmal die beste Lösung ist.

Australien und Ozeanien – Kurz und knickbar 257

ALLE ORTE ALPHABETISCH 259

Man muss nicht in New York gewesen sein

Auch nicht in Rio, auf den Seychellen oder in Prag. Nicht mal auf dem Markusplatz. Gerade Plätze, die von der Tourismusindustrie zu Traumzielen ausgerufen werden, erweisen sich vor Ort als Flops. Von allen Sehenswürdigkeiten bleibt nur das Café in Erinnerung, in dem man sie vergessen durfte. Vielleicht noch der Säulenstumpf, an dem man sich den Fuß verstauchte. Es gibt keinen Ort, den man gesehen haben muss. Im Gegenteil. Erst wenn man bestimmte Städte und Landschaften auslässt, kann man das Leben genießen. In diesem Buch erzähle ich, warum.

Dass Bali und die Karibik nichts taugen, hat sich herumgesprochen. Bei anderen Orten, Sydney oder Rio zum Beispiel, begründe ich, weshalb sie Schrott sind. Für die meistgehypten Ziele, Paris, Venedig, New York, die Seychellen und so weiter, habe ich mir richtig Zeit genommen.

Man kann sie alle knicken. Und falls man doch hinfährt, weil der Partner unbedingt möchte, hilft dieses Buch beim Umschiffen der Sehenswurstigkeiten. Im Zweifelsfall ist es immer besser, im Café zu relaxen statt sich Tempel, Wasserfälle, Pyramiden anzutun. Falls lästige Mitreisende beharrlich stören: Ich gebe ortsspezifische Tipps, wie man sie für immer los wird.

Dieses Buch macht also Spaß. Wir dürfen reisen, klar. Aber wir müssen die Hypes nicht mitmachen. Wir können uns stattdessen amüsieren, in welchem Land sich unsere Freunde diesmal stressen lassen. Wo unsere Nachbarn über den Tisch gezogen werden. Und wo wir selbst nicht hinmüssen. Dieses Buch spart nicht nur Geld. Es entspannt. Es macht glücklich.

EUROPA

FRANKREICH

PARIS

«Es ist nicht wahr, dass Paris die Menschen kalt und unfreundlich macht», beteuerte der frühere Bürgermeister Jacques Chirac. «Es ist umgekehrt: Immer mehr kalte und unfreundliche Leute kommen nach Paris.» Wie sonderbar! Gleichwohl verlieren sich auch warmherzige und gutwillige Menschen in die aschgraue Smog-Metropole. Bei der Abreise sind sie meist froh, wenn nur ihre Brieftasche geklaut worden und lediglich ihr Auto in Flammen aufgegangen ist.

Die peinlichsten Sehenswürdigkeiten

Eiffelturm. Die wenigsten Einheimischen sind auf dem Eiffelturm gewesen. Sie scheuen die endlosen Schlangen. Sechs Millionen Touristen pro Jahr stellen sich an. Weil viele von ihnen aus Verzweiflung über den schlechten Blick in die Tiefe sprangen, ist die Plattform in fast 300 Meter Höhe seit einiger Zeit verglast. Doch die schmutzigen Scheiben tragen keine Schuld, dass nichts zu sehen ist. Spätere Versuche, vom Tour Montparnasse oder von

Sacré-Cœur aus einen Überblick zu gewinnen, beweisen: Es liegt an der grauorangen Feinstaubschicht über der Stadt. Paris ist in Europa die Stadt mit der höchsten Zahl an Atemwegserkrankungen. Das immerhin kann der Eiffelturm-Tourist nachvollziehen. Wenn er sich unten noch den Händlern entwinden kann, die ihm Minitürme made in China aufdrängen, hat er Anspruch auf den Tourism Watch Award.

Champs-Élysées. Frittenbuden, Planet Hollywood, McDonald's, Löwenbräukeller, grottige Straßencafés und Filialen der abgenudeltsten Modeketten säumen das, was Uneingeweihte für eine Prachtstraße hielten. Es handelt sich um eine für Militärparaden angelegte Meile, die an Nationalfeiertagen von Nuklearbombern überdonnert wird. Gewöhnlich herrscht hier einfach nur Verkehrsstau. Seit Nachkriegsgeneral Charles de Gaulle seine Landsleute aufforderte zu hupen, wenn sie in Europa nicht vorankämen, tun sie das auch zu Hause unaufhörlich. Das permanente Quäken auf den Champs-Élysées zieht magnetisch Greisinnen und taube Rentner an, die hier Reste ihres Gehörs wiederzuerlangen glauben. Alle anderen büßen es ein.

Arc de Triomphe. Die Champs-Élysées beginnen an der trübsinnigen Place de la Concorde mit dem Denkmal für den Erfinder der Stecknadel und enden zwei Kilometer weiter an der trübsinnigen Place de l'Étoile mit dem Triumphklotz. Dort treffen sich Autos aus zwölf Straßen zum gemeinsamen Stop and go. Es geht immer im Kreis. In der Platzmitte der massige Triumphbogen, den Napoleon noch rasch in Auftrag gab, bevor er besiegt wurde. Seit einiger Zeit wird hier täglich eine Schadstoffkonzentration gemessen, die laut Weltklimarat selbst beim Tragen von Atemmasken das Leben gefährdet. Wer keine Maske hat, begibt sich ins Museum unter dem Bogen, das Frankreichs Armee zur siegreichsten aller Zeiten kürt.

Louvre. Pop-Artist Andy Warhol riet zum Besuch dieses Museumspalastes, weil man hier «die eindrucksvollste Versammlung von Heuchlern» antreffe. Acht Millionen Besucher pro Jahr (zwanzigtausend am Tag) tun so, als würden sie sich für Rembrandt und Rubens interessieren und für die Schlafsäle mit ägyptischen, orientalischen, römischen, griechischen, etruskischen Altertümern, zu schweigen von Möbeln, Textilien, Suppengeschirr. Das laut Henri Matisse «zweitdümmste Gesicht der Porträtmalerei» hängt ebenfalls hier, die *Mona Lisa*, wegen der kurzsichtigen Studienreisenden unter Panzerglas. Matisse verriet nie, welches er für das dümmste Gesicht hielt. Das von Paris selbst? Der verblichene François Mitterrand nannte die gläserne Eingangspyramide des Louvre einen «Pickel im Gesicht von Paris». Von den zahllosen Hautunreinheiten ist sie noch eine der bestgeputzten. Ein Muss im Louvre: die Toiletten in der Antikenabteilung.

Weitere Mausoleen. Museen seien die Leichenhallen der Kunst, erklärte der surreale Bastler Max Ernst. Überreste von ihm selbst sind in einem Heizkraftwerk namens *Centre Pompidou* zu sehen. Das Beste an dem trostlosen Gebäude mit Wechselausstellungen: die langen Rolltreppen. Tote Impressionisten finden sich auf der anderen Seine-Seite im *Musée d'Orsay*. Wer sich dem Besucherstrom anschließt, gelangt zu den *Seerosen* von Claude Monet. Vorteil dieses Museums: Es war mal ein Bahnhof und vermittelt das Gefühl, der Aufenthalt dürfe kurz sein. Die zahnstumpfige Kathedrale *Notre-Dame* ist wegen des Glöckners berühmt. Touristen fotografieren das Portal, die Fensterrosette und die Wasserspeier. Nur die Kühnsten folgen dem Glöckner und stürzen sich aus Verzweiflung über das düstere Bauwerk vom Turm. Allerdings: Der Friedhof *Père Lachaise* ist bereits ausgebucht. Die vielen greisen Gäste dort suchen nicht Verwandte, sondern den bekritzelten Grabstein eines schwindsüchtigen Sängers der sechziger Jahre.

Montmartre und Sacré-Cœur. Ahnungslose halten den Hügel für ein romantisches Künstlerviertel, in dem einst Toulouse-Lautrec gewohnt hat. Nur wenn man zu Fuß hinaufsteige, bekäme man die Atmosphäre so richtig mit. In Wahrheit kostet der Anstieg auf löchrigem Pflaster in dicker Luft zwar nicht sofort das Leben, verkürzt es aber entscheidend. Kunstbeflissene jenseits der fünfzig sind erst mal für zwei Tage außer Gefecht gesetzt, zumal sie hier keinen einzigen Künstler antreffen, dafür aber jede Menge Nippesgeschäfte und die schlechtesten Restaurants der Stadt. Vor der zuckrigen Sacré-Cœur finden sich dann doch lauter Künstler. Ihre Aquarelle würden in Deutschland nicht mal in einer Apotheke ausgestellt werden.

Sonst noch was? Eigentlich nicht. Der *Pont Neuf* ist die älteste Brücke von Paris, doch das macht sie nicht sehenswerter. Alte Menschen, die noch vom Existenzialismus wissen, zieht es hinüber auf das linke Seine-Ufer. Irgendwo da soll der Philosoph Sartre seine Lebensgefährtin Beauvoir angeschielt haben. Flussabwärts steht der *Invalidendom*, in dem Hitler vor dem Grab Napoleons betete. Auf das Hochhausviertel *La Défense* reicht der Fernblick.

So wird man lästige Mitreisende los

⟫→ Freunde von Königshäusern schicken wir zum **Diana-Tunnel**. Sie sollen genau die Route nachgehen, oder noch besser nachfahren, die Dodi und die Prinzessin von Wales am 31. August 1997 nahmen. Sie führt vom Hotel Ritz zum Alma-Tunnel und endet dort am 13. Pfeiler. «Sieh dir das aufgemalte Herz und das Kreuz genau an, Tante!» Tante muss sich dazu durch eines der Löcher im mannshohen Drahtzaun bemühen, der Pilger von dieser Heiligenstätte abhalten soll. Genauer: der sie vor dem mörderischen Verkehr schützen soll. «Nur Mut! Du schaffst das! Leg ein paar Blumen nieder.»

➤➤➜ Kauflustige werden wir für einen Tag los, weil sie unbedingt die **Galeries Lafayette** besichtigen müssen. In dem angejahrten Kaufhaus treffen sich mehr Schaulustige als tatsächliche Käufer. Die Touristenmassen kommen wegen des klingenden Namens und wegen der Jugendstilkuppel. Einheimische bleiben wegen der Preise fern. Designermarken werden hier grundsätzlich mit fünfzig Prozent Rabatt angeboten, sind aber immer noch doppelt so teuer wie in heimischen Läden oder im *Printemps* gegenüber. Die Lebensmittelabteilung glänzt mit einer großen Auswahl an Konservendosen. Den Inhalt gibt es kaum merklich erwärmt auf der Dachterrasse.

➤➤➜ Jüngere Quälgeister müssen unbedingt den trendmäßig extrem faszinierenden **Hochhaus-Gürtel rund um die Stadt** kennenlernen. «Das ist das Paris von heute, wie es wirklich ist. Da wird überall szenige Musik gemacht, und die Schafe werden live auf der Straße geschächtet.» Naive Reisende auch. Faustregel: Alle Neuf-Trois-Vorstädte (deren Postleitzahl mit 9–3 beginnt) offenbaren das Leben von Einwanderern in seiner unverdorbenen Ursprünglichkeit. Einfach mal hinfahren, am besten mit dem eigenen Wagen, und bei Dämmerung den Rauchsäulen folgen. Vierzigtausend abgefackelte Autos pro Jahr ersetzen mühelos die mangelnde Straßenbeleuchtung.

Typisch Paris

Pickpockets. Wer einen Stadtplan studiert, einen Rucksack trägt oder sich suchend umsieht, ist sein Portemonnaie schon los. Taschendiebe verdienen sich ihr Geld besonders in der Métro (Touri-Linie 1), rund um die Sehenswürdigkeiten und in den Kaufhäusern, sogar in den Frühstücksräumen der Hotels. Sie räumen in Cafés die am Stuhl abgestellten Taschen ab, wollen vor Notre-Dame mit aufs Foto und investieren sogar in Museumstickets, um kunstbeflissene Betrachter vom Inhalt schwerer Handtaschen zu befreien. Die sind dann froh, wenn sie wenigstens noch eine Kopie des Personalausweises im Hotel haben.

Streik. Französische S- und U-Bahn-Fahrer verdienen rund ein Drittel mehr als ihre Kollegen in Berlin oder München. Vielleicht sind sie geschickter im Knöpfchendrücken. Weil Paris unzufrieden macht, streiken sie häufiger als andere Piloten öffentlicher Verkehrsmittel. RER und Métro stehen oft überraschend still. Durchschnittliche Streikdauer zum Beispiel auf der RER A: viermal im Jahr je zwei Wochen. Die übrigen Wochen sind belegt mit den Streiks der Piloten, Milchbauern, ausländischen Arbeitnehmer, Müllwerker, Strom- und Gasbeschäftigten, Transportarbeiter, Lehrer, Studenten, Beamten und aller weiteren Entrechteten.

Dreck. Für die Mülltrennung haben die Pariser eine einleuchtende Lösung gefunden. Wer sich von seinem Müll trennen will, wirft ihn auf die Straße oder den Gehsteig. Meist wird einmal im Jahr, am Tag nach dem Nationalfeiertag, gefegt. Dann verschwinden für kurze Zeit auch die Hundehaufen, die die Gehwege nicht säumen, sondern garnieren. Hundebesitzer, auch in schicken Vierteln, führen ihren treuesten Freund zu einem zentralen Platz auf dem Bürgersteig und genießen den Anblick, wie er versonnen drückt und dampfend ablegt.

Unverdauliche Landesspezialitäten

Touristen gelten in Paris als gebührenfreie Möglichkeit zur Entsorgung alter Lebensmittel. Als Vorspeise gibt es deshalb häufig aufgewärmte Pilz-Tartelettes, eingetrocknete Salamischeiben, Quiche der Vorwoche und durchgefurzte Zwiebelsuppe. Der Hauptgang aus ledernem Hähnchen mit Fritten oder schlappem Huhn in Weißweinpampe kostet ungefähr so viel wie mehrgängige Gourmetmenüs im Elsass. Passend: gutgeschleimtes Kartoffelgratin oder halbgare Bohnen mit Knoblauchpulver. Als besonders desaströs erweist sich stets der Entschluss: «Heute gehen wir mal in ein echtes Bistro.»

Das reicht für das Expertengespräch

Um einen Abend zu bestreiten, genügt nach Erfahrung des Experten Ulrich Wickert ein einziger Satz: «Paris ist nicht Frankreich.» Der Rest ergebe sich dann von selbst. Gut macht sich auch ein Hinweis auf den Stadtplaner Haussmann, der vor hundertfünfzig Jahren die breiten Boulevards anlegen ließ und die grauen Wohnblocks mit den schmalen Balkons. Fachkommentar: «Also, Paris bleibt für mich eine Stadt des 19. Jahrhunderts.» Mit einer Erwähnung nordafrikanischer Einwanderer ist der Einstieg in eine problemorientierte Diskussion gesichert.

Das meinen Kenner

«Nachdem Frankreichs Status als Grande Nation verlorengegangen ist, bleibt Paris doch immer noch eine Weltmetropole: die universale Hauptstadt der Hundescheiße.»
– SERGE GAINSBOURG, CHANSONNIER

«Mag ich nicht, will ich nicht, finde ich zum Kotzen.»
– KARL VALENTIN, KÜNSTLER

«Paris – ist das nicht diese bescheuerte Blondine, die im Hilton wohnt?»
– DIETER BOHLEN, PRODUZENT

ELSASS

Nicht alle Touristen, die sich jedes Jahr die Elsässer Weinstraße entlangschieben, können an deutschen Schulen unterrichten. Doch das Elsass liegt laut Umfragen seit den sechziger Jahren unangefochten an der Spitze der Lieblingsreiseländer deutscher Lehrer. Sie besuchen hier ihren persönlichen Winzer, nutzen kostenlose Weinproben, essen Zwiebelkuchen und Sauerkraut und haben anschließend Albträume von der Rückkehr an die Schule. Zuweilen schnüren sie ihre Schuhe, um zu Fuß oder per Rad jene verborgenen Idyllen zu entdecken, die «abseits der ausgetretenen Pfade» liegen – seit jeher der beste Tipp, um allen anderen

Touristen in die Arme zu laufen. Bei jährlichen neun Millionen Besuchern in der Region ist das auch schwer zu vermeiden. In den Städten arrangiert man sich mit den Massen – etwa in Straßburg, wo alle mal kurz ins düstere Münster schauen und im musealen Gerberviertel ein Eis essen. Mehr bietet die Stadt nicht.

Im südlichen Hauptort Colmar wird es schon enger. Alle wollen Fachwerk wie im Mittelalter sehen, also eigentlich ohne twitternde Touristen. Alle wollen im Musée d'Unterlinden (das meistbesuchte Museum Frankreichs nach dem Louvre) den Isenheimer Altar betrachten und beim Anblick des gekreuzigten Jesus äußern: «Ja, hier ist das Leiden wirklich unheimlich echt dargestellt.» Oder so ähnlich. Richtig fühlbar wird der Strom konkurrierender Idyllensucher aber in den kleineren Orten entlang der Weinstraße. Gegen die Parkplatznot haben Orte wie Riquewihr (auch Reichenweier genannt), Eguisheim und Hunawihr breite Flächen außerhalb der Mauern planiert und charmante Wächterinnen des Ordnungsamtes zum Kassieren und Zettelverteilen angestellt. Während der deutschen Schulferien und zur Weinlese (Vin Nouveau betäubt am schnellsten) sind Straßen und Restaurants rettungslos überlastet. Die gedopten Angehörigen des Personals lassen zu dieser Zeit jeden Gast spüren, dass er hier weder gebraucht wird noch willkommen ist.

Städtchen wie Turckheim, Erstein, Kaysersberg und Hohkonigsburg lassen die Degustationssaison mittlerweile nahtlos in den Vorweihnachtstourismus übergehen und bieten Lichterpfade, Weihnachtsmärkte, Eisbahnen, Fackelläufe und sogenannten Lichterzauber. Weil die Übernachtungszahlen im Januar, Februar und März noch zu wünschen übriglassen, offerieren bislang vernachlässigte Orte nicht mehr nur Weinseminare und Lehrgänge in Bioanbau, sondern neuerdings auch Gänsestopfen für Anfänger. Die Gänsestopfleber ist die berühmteste Spezialität der Region. Mit

Hilfe eines biegsamen Rohres wird der glücklichen Gans oder Ente der leckere Futterbrei direkt in den Magen gestopft oder gepumpt. Die Leber des derartig gutversorgten Tieres wiegt bei der Schlachtung bis zu zwei Kilo. Diese Herstellungsform wird nicht das Lieblingshobby jedes Touristen werden, ist aber ein bis auf die Antike zurückgehendes traditionelles Ritual. Wenn der Urlaub authentisch elsässisch sein soll – beim Stopfen wird er es.

ENGLAND

LONDON

Die letzte Klassenreise liegt noch nicht lang zurück. Trotzdem ist London inzwischen noch hektischer, noch schmutziger, noch schäbiger geworden. Billiger auch, denn die Inflation wird hier mächtig angeschoben. «Diese Stadt wird nie mehr sein wie in den fünfziger Jahren», seufzte jüngst Queen Elizabeth. Sie spielte nicht nur auf ihre Krönung an, sondern wohl mehr noch auf den wirtschaftlichen Niedergang, der mit dem Verlust der Kolonien begann und sich unaufhaltsam fortsetzt. Nur an Größe hat London zugelegt: Seit dem Abtritt Margaret Thatchers kam eine halbe Million Immigranten aus Commonwealth-Ländern. Mittlerweile gehört fast die Hälfte der Einwohner zu ethnischen Minderheiten. Weltreisende, die Geld und Zeit sparen wollen, begeben sich deshalb auf Fahrt mit der Londoner U-Bahn: Es ist der schnellste und bunteste Trip um den Globus. Die alten Sehenswürdigkeiten der Stadt wirken dagegen wie verwitternde Dinosaurier.

Die meistgenannten Flops

The Tower. Die massive Festungsanlage am Ufer der Themse liegt schön zentral. Und das ist auch alles. Hier wurde tausend Jahre lang im Auftrag des Königshauses erpresst, gefoltert und gemordet. Jetzt wird der Ertrag solcher Anstrengungen gezeigt: die Kronjuwelen. Nach langem Warten werden die Touristen auf Laufbändern an den Panzerglasvitrinen vorbeigezogen. «Die langwierigste Fahrt meines Lebens», notierte Autor Frank McCourt.

Westminster. Westminster Abbey ist eine gotische Kathedrale, in der die englischen Könige gekrönt wurden, bevor ihr Nachfolger sie im Tower enthaupten ließ. Die meisten wurden anschließend hier begraben. In der Kirche sind also vor allem Grabplatten zu sehen. Rund um den Bau siechen die City of Westminster, überdröhnt von Big Ben, und die City of London, das Business- oder vielmehr Crash-Zentrum, seit das Viertel die meisten Pleiten Europas verzeichnet.

Piccadilly Circus. Eine Straßenkreuzung, die in der Zeit des britischen Kolonialimperiums für den Mittelpunkt der Welt gehalten wurde. Heute treffen hier Touristengruppen zusammen, die sich gegenseitig verstohlen fragen, warum sie hier sind. Keiner weiß es. Zu sehen ist immerhin eine überlebensgroße Coca-Cola-Reklame (abends beleuchtet).

Buckingham Palace. Der Palast, in dem die Queen ihre Handtasche ablegt, in dem ihr Ehemann dreimal am Tag gefüttert wird und in dem Queen Mom zur Alkoholikerin wurde. Touristen müssen sich mit dem Ritual der Wachablösung begnügen. Die berittenen Soldaten reiten die sogenannte Mall entlang, schreien etwas und reiten wieder zurück. Dauert etwa 45 Minuten.

St. Paul's Cathedral. Die Kuppelkirche gilt als verrufener Ort, seit Charles und Diana hier getraut wurden. Zur Walpurgisnacht ist sie seither Treffpunkt englischer Wicca-Hexen. Touristen schleppen sich gegen einen hohen Eintrittspreis die Treppen zur Whispering Gallery hinauf, in deren Kuppel geflüsterte Worte von einer Seite zur anderen getragen werden. Manche schaffen es noch zur Stone Gallery, von wo aus man sich nach unten stürzen kann. St.-Paul's-Architekt Christopher Wren wird als Londons letzter Baumeister von Rang verehrt. Er starb 1723.

British Museum. Amerika, Afrika, Asien, Südeuropa: Wo immer britische Truppen ein Land besetzen konnten, packten sie die Kunstschätze in Kisten und sandten sie nach London. Die gesammelten Reichtümer werden seither im British Museum ausgestellt. Unesco-Beamte haben es als Hehlerhöhle des Kolonialismus verunglimpft. Dabei ist das Diebesgut exzellent konserviert. In den Ursprungsländern hätte es nach Ansicht der Museumsleitung nicht überlebt. Selbst heute würden die Schätze in ihrer Heimat, so Kultusminister Andy Burnham, «binnen kurzem aus religiösen Gründen in die Luft gesprengt werden». Das Imperium gibt nichts zurück.

Jahrmarkt und Shopping. Zum Jahrtausendwechsel wurde am Themse-Ufer ein Riesenrad aufgebaut, das *London Eye*. Viele Reisende verzichten auf eine nähere Besichtigung der Stadt, nachdem sie sie von oben gesehen haben. Die neuere *London Bridge Experience* ist eine kreischige Geisterbahn durch die Geschichte und ungefähr so aufregend wie die einschläfernden Wachsfiguren bei *Madame Tussaud*. Hausstauballergiker meiden beide Häuser. Reiseführer schicken ihre Gruppen gern in die verstopfte *Oxford Street* zum Nepp-Shopping oder gar zu *Harrods*. Wer dort das Erdgeschoss durchqueren kann, ohne von Kopf bis Fuß mit Parfüm eingesprayt zu werden, bekommt die goldene Nadel des Reiseveranstalters.

So wird man lästige Mitreisende los

⇶ Notting Hill und Portobello Road. Schnatternde Mitreisende, die eigentlich die Königin sehen wollten, schicken wir nach Notting Hill. «Da wohnt Hugh Grant, und Julia Roberts besitzt ein Haus. Er ist ja leider sehr gealtert, und sie trägt immer eine Sonnenbrille.» Ganz falsch ist das nicht. «Und wenn du sie nicht triffst, ist da immer noch der berühmte Flohmarkt an der Portobello Road.» Nirgends in London ist Ramsch teurer.

⇶ U-Bahn. «Dahin kommst du am schnellsten mit der U-Bahn! Wir gehen zu Fuß!» Gemeiner Trick, denn in der Innenstadt ist man zu Fuß schneller. Die älteste U-Bahn der Welt, genannt *Tube* («Röhre»), hat zugleich die umwegigste Streckenführung der Welt. Die geraden Linien auf dem ausgehängten Plan haben nichts mit der unterirdischen Krausheit zu tun. Doch das soll unser lästiger Mitreisender selbst herausfinden. «Steig einfach in *King's Cross* um!» Das ist die chaotischste aller Stationen. Viele Reisende, die hier vor Jahren nur umsteigen wollten, leben immer noch in den Gängen, falls sie nicht von einer Bombe dahingerafft wurden.

⇶ London Pass. Der Touristenpass für Dummies schließt Fahrten mit Bus und U-Bahn ein und den ohnehin kostenlosen Besuch der Museen. «Den musst du haben! Wir hatten ihn letztes Jahr! Damit lernst du die Stadt wirklich kennen!» Allerdings nur so verzichtbare Besonderheiten wie den *Battersea Park Children's Zoo* oder das *London Canal Museum*, die ohne diesen schrottigen Pass gänzlich unbesucht blieben.

Typisch London

Regen. Es ist nicht wahr, dass es in London immer regnet. Es regnet lediglich, wenn man ohne Schirm unterwegs ist. Das Wetter ist wechselhafter als anderswo. Nur den Nebel, der in Edgar-Wallace-Filmen die Kulissen umwabert, gibt es ziemlich sicher nicht. Es handelte sich um Fabrikrauch, der sich mit feuchter Luft in den Straßen hielt.

Dreck. Seit der Nebel fort ist, sieht man, dass die Stadtreinigung in London dauerhaft streikt. Und dass die Zugezogenen aus anderen Ländern ungern auf ihre Gewohnheit verzichten, Müll auf die Straße zu entsorgen. Die Hotels ziehen längst mit. Schaben im Frühstücksraum, Kolonien von Silberfischchen im Bad, die Chips der letzten zehn Vormieter unterm Bett: Das gehört zum Fünf-Sterne-Standard.

Aggressivität. Das Bild vom Gentleman, der Tee trinkt und über das Wetter parliert, ist hundert Jahre alt. Damals hoben Sklaven in fernen Kolonien die Bodenschätze und exportierten sie ins Land der Eroberer. Die gaben sich kultiviert. «Von 1850 bis 1950 haben wir es geschafft, höflich zu erscheinen», erklärt Theaterautor Mark Ravenhill. «Davor waren wir roh, jetzt sind wir es wieder. London am Wochenende: Die Leute liegen in der Gosse, schlagen sich und kotzen.» Kenner nennen das Understatement.

Unverdauliche Landesspezialitäten

Nur Strafgefangene werden heute noch gezwungen, Erzeugnisse der englischen Küche zu verzehren. Zumindest in London haben sich die Rezepte der Einwanderer durchgesetzt. Die *Fish-and-Chips-*

Stände sind von Currybuden abgelöst worden. Die dort gereichte Linsenpampe namens *Dal* oder *Chicken Tikka Masala* – zerhacktes Huhn in Currysoße – sind von eigener Gruseligkeit. Der Kaffee ist traditionell miserabel; Starbucks gilt als Gourmetrestaurant. Tee besteht seit der Unabhängigkeit Indiens nur noch aus Wasser und Milch. Brot gibt es in Form weißer Krümel oder als *Plumpudding*: mit Rinderfett und Sirup zu einem Klumpen geformt, der zwölf Monate haltbar ist und auch als Waffe eingesetzt wird. Neben Frühstücksspeck, Minzsoße und dem vollsynthetischen Cheddar-Käse müssen noch die leckeren Salmonellen erwähnt werden, die in keiner englischen Küche fehlen.

Das reicht für das Expertengespräch

Der Fremde wundert sich als Erstes darüber, dass er keine Mülleimer findet, als Zweites, dass es keine Bobbys mehr gibt, und schließlich, dass die Autos tatsächlich von links kommen. Letzteres fällt ihm oft zu spät auf. In keiner europäischen Stadt kommen mehr Touristen im Straßenverkehr um als in London. Über diese Anekdoten hinaus lässt sich ein Gespräch damit füllen, dass unsere Großmutter eine Standuhr mit dem Big-Ben-Klang hatte. Der Sound war zur Gründerzeit in Mode. Immerhin war Wilhelm II. ein Enkel von Queen Victoria. Das Gespräch schraubt sich in wissenschaftliche Höhen, wenn es auf den Nullmeridian kommt. Der verläuft durch den Stadtteil Greenwich. Ein britischer Astronom hat 1851 beschlossen, dass hier in London alles bei null beginnt: die Zeitzonen, die Längengrade, das geordnete Leben überhaupt. Was bedeutet das für den Sonnenaufgang? Und liegt die Datumsgrenze genau gegenüber? Abend gesichert!

Das meinen Kenner

«Seit die Busfahrer Gebetspausen einlegen, bin ich zuversichtlich, dass London bald unter islamisches Recht gestellt wird.»
  – STANLEY KUBRICK, REGISSEUR

«Wenn man hier nicht wohnt und nie herkommt, geht es.»
  – JUDY DENCH, SCHAUSPIELERIN

«Verraten Sie nicht, dass Sie Deutsche sind. Sagen Sie Österreich oder Schweiz. Besonders, wo Bier ausgeschenkt wird. Sonst bekommen Sie erstens keines ab und kommen zweitens nicht lebend raus.»
  – ANTHONY BURGESS, AUTOR

STONEHENGE

Wer von London nach Cornwall unterwegs ist, kann spirituell interessierte Mitreisende in der Nähe von Salisbury aussetzen, und zwar für immer. Zehn Kilometer vor dem Städtchen landen regelmäßig unidentifizierbare Flugobjekte, setzen hochfrequente Wesen aus und nehmen grobe Menschen zwecks Umwandlung an Bord. Das geschieht in Stonehenge. Für alle anderen sind die anderthalb Steinkreise auf Fotos wesentlich eindrucksvoller als in

Natur. Das mürbe Denkmal wird als Rätsel angepriesen. Wer es sieht, ahnt allerdings, dass sich die Lösung nicht lohnt. Energie kommt nicht mehr rüber, seit die Kreise vor dreißig Jahren eingezäunt wurden – nach dem letzten hippen Eso-Festival samt Schlägerei und Vergewaltigung. Ob die Steine astronomisch ausgerichtet waren oder zu feierlichem Kreiswandern genutzt wurden, ist nur für die Jecken interessant, die sich hier zur Sommersonnenwende in Bettlaken hüllen und als Druiden johlen. Für alle anderen lohnen sich weder der Umweg noch die sieben Pfund Eintritt, für die man das Gesicht an den inneren Zaun pressen darf.

BRIGHTON

«Wer die Achtung vor den Engländern für immer verlieren will, muss nur ein Seebad besuchen», äußerte der britische Autor Douglas Adams. «Am besten Brighton.» Das ist immer noch Britanniens liebste Stadt am Meer. Das Hügelland läuft hier Richtung Ärmelkanal aus. Rentner ziehen wegen des weichen Klimas hierher, Schwule ebenfalls. Alte Damen suchen die Nähe des Royal Pavilion – ein vor zweihundert Jahren erbautes Lustschloss im indisch-chinesischen Mischstil. Queen Victoria schloss es, weil sie Brighton wegen der Säufer nicht mochte. Sie ist tot, die Säufer sind immer noch da. Die besten Kampftrinker sind allerdings nicht ortsansässig, sondern kommen aus London. Einige arbeiten im Sommer in den rostenden Jahrmarktsgeschäften, auf Karussells, im Gruselkabinett oder verschrauben die wackelige Achterbahn. Für alle Besucher gibt es eine Menge garantierte Gewinnmöglichkeiten in Automatenhallen, Kasinos und Wettbüros. Als unbedingt besuchenswert gelten die wöchentlichen Vorträge «Problem Gambling – Signs, Symptoms, and Treatment» sowie die drei lokalen Gambling Addiction Treatment Center. Deutschen Spielsüchtigen wird wegen der Sprachbarrieren jedoch zu einer Therapie in der Heimat geraten.

CORNWALL

Im Sommer mild und feucht, im Winter mild und feucht. Cornwall wird ausschließlich besucht von älteren Herrschaften, die gern Anorak tragen. Die Halbinsel ist Englands verschnarchter Ausläufer in den Atlantik. Es gibt eine Menge Gras und Heidekraut, flächig oder hügelig, dazu Schafe, Kühe, Disteln, Brombeeren, Hinkelsteine und Schnittlauchfrischkäse. Im Touristenstädtchen Penzance lassen gutgekleidete Pensionäre Kugeln über den Rasen rollen (Lawn Bowls), im ehemals hübscheren St. Ives verdämmern die dementen Veteranen der Marihuana-Ära, die hier vor vierzig Jahren blühte. Von der westlichen Spitze namens *Land's End* aus fotografieren alle Besucher den Sonnenuntergang. Das Ganze ist wie Schleswig-Holstein, nur mit Linksverkehr. In die beliebten Roundabouts (durchschnittlich alle fünfhundert Meter) fährt man nach links ein. Sonst reagieren die Entgegenkommenden überrascht. Wer einen Leihwagen nimmt, bucht Vollkasko, denn der Fahrersitz rechts lässt das Auto nach links sonderbar breit wirken. Abstände sind schwer einzuschätzen. Deshalb sind die Straßen Cornwalls nicht nur eng und bisweilen steil, sondern gesäumt mit abrasierten Seitenspiegeln und verbeulten Blechteilen. «Die Urlauber vom Kontinent waren hier.»

SCHOTTLAND

Alte Klischees besagen, die Schotten seien geizig, ihre Landschaft eintönig, das Wetter regnerisch. Wer einmal dort oben war, weiß es besser. Die Schotten sind nicht geizig, sie geben nur einfach kein Geld aus. Ihre Landschaft ist nicht eintönig, sie ist vielmehr auf mannigfaltige Weise monoton. Und das Wetter ist keineswegs regnerisch, sondern bietet faszinierende Varianten von Niederschlag: Nebel, Hochnebel, Kriechnebel, Nieseln, Sprühregen, Platzregen, Landregen, Dauerregen, Starkregen, gefrierenden Regen, Graupelschauer, Hagelschauer, Wolkenbrüche, Schneeregen, Schneeschauer, Schneestürme und zuweilen Gewitter. Und das alles nicht mit großen, langweiligen Abständen, sondern ineinander übergehend.

In Schottland gebe es *four seasons in one day*, besagt der landesübliche Wetterspruch. Mit den *four seasons* sind die vier schottischen Jahreszeiten gemeint: Frühherbst, Spätherbst, Winter und überraschender Kälteeinbruch. Diese *Seasons* werden nicht nur von heftigen Niederschlägen begleitet, sondern vor allem von starkem Wind. Regenschirme sind unüblich in Schottland; sie würden umknicken, sobald man vor die Tür tritt.

Unerschrockene Reisende benötigen mehrere Schichten wasserabweisender Kleidung mit Doppelkapuzen, denn besonders bei kleinen Streifzügen über Land gibt es keine Möglichkeit, sich unterzustellen. Das liegt daran, dass Schottland zwar Gebüsch hat, aber nur wenige oder gar keine Bäume. Das Land ist so kahl wie das Haupt seines berühmtesten Fürsprechers, Sean Connery. Der siedelte übrigens so früh wie möglich auf die Bahamas um und bekundete seine Solidarität von dort aus.

Fontane, der das Land vor hundertfünfzig Jahren bereiste, notierte: «Öde Landschaft, wenig los, ab und zu kommt mal die Artillerie vorbei.» Inzwischen bleibt sogar die Artillerie lieber zu Hause. Aber manchmal kreuzt ein Hirte mit seinen Schafen und Hunden den Weg. Das ist fast so spannend wie Artilleriebeschuss, denn die Hunde müssen sich wegen der Sparsamkeit der Halter ihre Nahrung selbst erjagen. Unbewaffnete Touristen gelten als lecker.

Weitere in Schottland geschützte Raubtiere sind die Stechmücken, *midges* genannt, die aber nur an wenigen Tagen zum Vorschein kommen: an den schnee- und sturmfreien Tagen. Wenn es im Sommer mal einen bleiern bedeckten Tag gibt, dann kommen die *midges* aus den Büschen, in dunklen Schwärmen, vorzugsweise bei Dämmerung. Wer eine Wandergruppe rennen sehen will, muss nur ausrufen: «Midges!», und die Panik beginnt. Wer dann selbst vom Schwarm überfallen wird, weiß, warum. Die schottischen Highland-Dances sollen entstanden sein, als Männer in Röcken von *midges* heimgesucht wurden. Das Jucken der Stiche kann durch das Auftragen von selbstgebranntem Whisky gelindert werden, die innerliche Anwendung des Getränks wirkt jedoch schneller.

Das ist die Natur. Gibt es sonst noch Sehenswürdigkeiten? Nein. Allerdings gibt es Städte. Edinburgh zum Beispiel. Ein Besuch lohnt sich. Wer sich einmal durch diese düsteren Häuserreihen geschleppt hat, weiß endlich sein Zuhause zu würdigen. Und Glasgow? Wer durch Glasgow gewandert ist, sagt man, weiß endlich Edinburgh zu würdigen. Zwischen diesen Hochburgen des Trübsinns stehen Dudelsackspieler in den Kurven der Highlandstraßen. Gegen viel Geld lassen sie sich dazu bewegen, wenigstens vorübergehend mit dem Spielen aufzuhören.

Und natürlich gibt es die Lochs, jene tiefen Seen, die in der Eiszeit entstanden sind. Aus einem von ihnen, aus dem Loch Ness, hat vor Jahrzehnten mal ein Urzeitungeheuer versehentlich den Kopf gehoben. Das war 1934. Es drehte den drachenhaften Schädel ungläubig nach allen Seiten, entsetzte sich, tauchte rasch wieder unter und durchschwamm eilig den Caledonian Canal, um in den Atlantik zu fliehen. Nach langer mühsamer Irrfahrt gelangte es schließlich bis vor die Küste von Costa Rica. Auf der Isla Sorna, ermittelten Zoologen, fand es ein neues Zuhause. Gelegentlich tritt Nessie in Filmen von Stephen Spielberg auf, um den Aufenthalt in der Karibik zu finanzieren und nie mehr nach Schottland zurückzumüssen.

DÄNEMARK

KOPENHAGEN

Für Dänemark werden Juli und August als mögliche Reisezeiten empfohlen, weil die Temperatur an einigen Tagen die Zwanzig-Grad-Marke erreicht. In Kopenhagen legen die Ureinwohner aber bereits bei den durchschnittlichen fünfzehn Grad im Juni alle Jacken und Pullover ab. Das ist möglich, weil sie sich von innen mit hochprozentigen Getränken wärmen. Kopenhagen macht am schnellsten verständlich, warum die Skandinavier jenseits der fünfundzwanzig Alkoholiker sind. Trübe Gassen, eine kettenrauchende Königin, ein schales Museum für moderne Kunst (*Louisiana*), ein dumpfes Schloss als Gerümpelmuseum (*Rosenborg*) und ein Vergnügungspark (*Tivoli*), in dem Karussellfahrer zu jeder Jahreszeit mit Decken versorgt werden. Wie in jeder anderen abgetakelten Hafenstadt sind alte Speicher zu Restaurants und Hotels und Shopping Malls umgewandelt worden, aber essen und wohnen und shoppen möchte hier niemand. Nur trinken, sehr viel trinken, jedenfalls bis zur Abreise.

SCHWEDEN

STOCKHOLM

Die Schweden bezeichnen sich selbst als *tråkig*, was so viel heißt wie träge oder langatmig. Ihr Land finden sie nach letzten Umfragen *långtråkig* und das Königshaus *genomtråkig*, was alles Steigerungen von *tråkig* sind. Reisende stimmen zu. Bis heute ist unklar, ob der nach Schweden ausgewanderte Dichter Kurt Tucholsky nach zwei Jahren absichtlich Schlaftabletten nahm oder nur versehentlich, ob es zu viele waren oder vielleicht eine einzige Tablette genügte, um ihn in diesem Land für immer in Schlaf zu versenken. Sommerlichen Besuchern werden gewöhnlich Aufputschmittel empfohlen.

Durchschnittlich halten sich Gäste siebzehn Stunden in Stockholm auf, von denen sie nach Möglichkeit acht verschlafen, fünf bei Essen und Trinken zubringen (schwierig bei der Kochkunst) und vier für Besichtigungen aufwenden, was mehr als ausreichend ist. Die Altstadtinsel Gamla Stan mit Schloss und Schlosskirche ist rasch abgeschritten. Wer sich den von Reiseleitern als Höhepunkt angepriesenen Wachwechsel antut, sucht im Wörterbuch sofort nach weiteren Steigerungsmöglichkeiten des Wortes *tråkig*. Reisegruppen werden gewöhnlich in den Bus geschoben und in zwei Museen abgeladen. Das erste ist das Vasa-Museum, wo ein vierhundert Jahre altes königliches Segelschiff liegt, das auf der Jungfernfahrt sank – bis heute ein Symbol nationaler Identität. Das zweite ist das Freiluftmuseum Skansen, ein Museumsdorf, in dem trachtengekleidete Laien und Handwerker einen Webstuhl, eine Windmühle, eine Apotheke und einen Eisenwarenladen betreiben. In einem Freiluftgehege reiben sich zwei räudige Wölfe am Zaun, im Nachbargehege dösen Elche und hoffen, dass es bald vorüber ist.

Wer noch einen Tag mehr Zeit hat, wird diesen auf dem Wasser verbringen, in einem Ausflugsboot durch den sogenannten Schärengarten. So heißt die endlose Zahl von spärlich bewachsenen Felsenhöckern und sommerlich bewohnten Inselchen, die mehr als eine Stunde zu betrachten das gewöhnliche Konzentrationsvermögen übersteigt. Als Alternative bleibt nur ein Ausflug nach Uppsala, wo man durch einen Schlossgarten spazieren und in einen gotischen Dom gehen kann. Als dessen Höhepunkt gilt die Schatzkammer mit alten Schilden, alten Kelchen und alten Messegewändern. Oder, wie man in Schweden zu sagen pflegt: *Tråkig, långtråkig, genomtråkig.*

ISLAND

Der einzige Trost seiner Landsleute sei das Erlebnis des Nordlichts, seufzte der Nobelpreisträger Halldór Laxness; «wenn der Nachthimmel in grünlichen Schleiern leuchtet». Dieses Erlebnis werde durch elektromagnetische Felder an der Polkappe hervorgerufen, erklärte der Heimatforscher, viel häufiger jedoch durch elektromagnetische Impulse in den Hirnlappen, wenn sie ausreichend mit heimischem Fusel getränkt würden. Tatsächlich hat der Mangel an bezahlbarem Importalkohol in Island schon früh zu einer florierenden Schwarzbrennerei geführt. Deren Erzeugnisse verhelfen den Bewohnern nicht nur zu grünlichen Halluzinationen und einer bleichen Gesichtsfarbe, sondern verkürzen auch ihr Leiden am eigenen Land.

Innerhalb Europas haben die Isländer die geringste Lebenserwartung, und die meisten sind nach neuesten Umfragen dafür dankbar. Das Land gilt auch bei eingefleischten Lokalpatrioten als trübsinnig und bedrückend. Es besteht vorwiegend aus Schutt und Asche. Bäume gibt es nicht, nur geducktes Gebüsch und kriechende Flechten. Selbst im Juli steigt die Durchschnittstemperatur ungern über zehn Grad. Europäische Reiseveranstalter empfehlen für den Hochsommer Wollpullover, Strickjacke, Mütze, Schal, sturmfeste Regenkleidung, Handschuhe und Gummistiefel. Bei Reisen mit dem Auto habe sich außerdem die Mitnahme von Schlafsäcken bewährt, denn außerhalb von Reykjavik sei das Land dünn besiedelt, die Schotterpisten zwängen selbst hochrädrige Fahrzeuge zum Kollaps, und die wenigen Pensionen würden von Lebewesen geführt, deren Aussehen und Verhalten nur mit der berüchtigten isländischen Inzucht erklärbar sei.

Warum Leute freiwillig auf diese Insel reisen, versucht seit Jahren eine staatliche Kommission zu durchleuchten, die bislang lediglich für den dänischen Tourismus mit einer Erklärung aufwarten kann. Kopenhagens Königin Margrethe hat allen Dänen, die eine Rückkehr Islands ins Königreich fordern, einen Besuch auf der Insel empfohlen. Über neunzig Prozent der Reisenden vertreten nach dem Besuch die Ansicht, eine Rückkehr Islands zu Dänemark müsse für alle Zeit ausgeschlossen bleiben. Ähnlich ist wohl die Empfehlung des Verbandes amerikanischer Psychotherapeuten zu verstehen. Die Heiler verschreiben schwermütigen Klienten einen dreitägigen Besuch auf Island. «Anschließend werden Sie sich überall auf der Welt wohl und gewärmt fühlen.»

Europäische Reisende gehen eher versehentlich an Land, etwa wenn ihr Kreuzfahrtschiff zum Tanken anlegt. Eine Minderheit kreuzt geologisches Interesse an. Als kulturelle Highlights werden vier Torfgehöfte und drei Torfkirchen versprochen, ferner zwei Leuchttürme, zwei Heimatmuseen und das Heringsmuseum in Siglufjördur. Tierfreunde kommen wegen der Wale, die in den Küstengewässern erfolgreich harpuniert werden (pro Saison hundert Minkewale und hundertfünfzig Finnwale, Mitfahrgelegenheit nur für ausgewiesene Greenpeace-Gegner!). Vogelliebhaber kommen auf ihre Kosten, wenn sie die lustigen Papageientaucher beobachten oder vielmehr essen, denn die gefiederten Freunde werden von den Insulanern mit Vorliebe gegrillt serviert. Ausnahmslos alle Besucher, auch diejenigen ohne auffallende Tierliebe, finden unschwer Kontakt zu den winzigen heimischen Stechmücken, die in Nase, Ohren und Augen kriechen und Krankheiten übertragen, die in spezialisierten Kliniken unter Quarantäne behandelt werden (private Kassen).

Die Umrundungen von Halbinseln, Fjorden und erodierten Bergen auf sogenannten Ringstraßen erfolgt gewöhnlich in ergiebigem Regen, der nur in den einspurigen Tunneln unterbrochen wird. Befahrbare Trassen sind rar, sodass auch Einzelreisende immer wieder denselben Bussen, Wohnmobilen und betrunkenen Gruppen begegnen, die alle dieselben Parkplätze bei denselben Erdspalten und Gletscherseen ansteuern.

Als erster Pflichtpunkt gilt gewöhnlich der Snæfellsjökull, zu Deutsch Schneeberggletscher, am westlichen Ende der Halbinsel Snæfellsness. Außer auf Postkarten ist er nie zu sehen. Er zählt zu den von der Reiseschriftstellerin Freya Stark gesammelten «33 Sehenswürdigkeiten, die ständig von Wolken umhüllt sind». Immerhin kann man auf dem Weg zum unsichtbaren Gipfel den von Geröll eingefassten Hvalfjörður umrunden und sich am sogenannten Seehundstrand Ytri Tunga verwundert fragen, wo all die lieben grauen Robben geblieben sind. Der Herr im ufernahen Imbisswagen reicht gern die Antwort kleingehackt über den Tresen; trotz der Senfsoße bleibt ein traniger Nachgeschmack. In Stykkishólmur ist abermals Phantasie gefragt: Wie sähe der berühmte pittoreske Blick über den Breiðafjörður wohl aus, wenn er nicht verhangen wäre? Auch hier können nur Postkarten helfen, das Wetter nicht. Die in den Führern gerühmte Traumstraße an der Nordküste der Halbinsel in Richtung Grundarfjörður wird unvermeidlich in dichtem Nebel zurückgelegt. Nur Unkundige bedauern das; Kenner schätzen das Urtümliche der Erfahrung, zumal auch ohne Nebel nichts zu sehen wäre. In Ólafsvik verkünden einzementierte Schilder, das Whale Watching falle an diesem Tag wegen schlechten Wetters aus. Das ist keine tagesaktuelle Bekanntmachung, sondern eine ständige Vorsichtsmaßnahme gegen die unerwünschte Einmischung des World Wildlife Fund. In Wahrheit findet jeden Tag Whale Watching statt, kombiniert mit modernen Fangtechniken und hocheffizienten

Schlachtmethoden. Wer Interesse an Kauf oder Import zeigt, darf gegen eine Anzahlung mit an Bord.

Das Schönste an Island seien die Ortsnamen, notierte der Lokalhistoriker Jón Árnason. Tatsächlich ist am Lavafeld Öndverdarnes der Name exotischer als der Schlackenboden, doch mittlerweile gilt auch die Häufigkeit von Achsenbrüchen und Bandscheibenvorfällen beim Durchqueren auf der Schotterpiste als rühmenswert. Auch schön: Die Bucht Skardsvik, die dabei berührt wird, schaffte es vor dreißig Jahren erstmals unter die Top 100 der «List of Suicide Sites», also der weltweit beliebtesten Freitodplätze. Es gibt noch spektakulärere auf Island, wo eine eigene Top 40 geführt wird. Überall, wo ein Wasserfall tiefer als drei Meter stürzt, wo ein Geysir sich aus dem Boden wagt oder eine Erdspalte gähnt, finden sich jedes Jahr ausreichend Einheimische und neuerdings auch Touristen, welche die berechtigte Hoffnung hegen, durch einen beherzten Sprung in eine schönere Welt zu gelangen. Von den alten Balken der Kirche von Thingeyrar baumeln traditionell Stricke, die allerdings nicht alle als reißfest gelten (vor Gebrauch durch Begleiter testen lassen!). Im ganz und gar der Torfbauweise geweihten Glaumbær-Museum bei Varmahlid laden Haufen braunen Abraums zum Eingraben ein. Am Godafoss-Wasserfall führt eine Treppe eigens zur Einsprungstelle oberhalb der Abbruchkante. Und auf den Solfatarenfeldern am Námafjall ist am aufsteigenden Dampf zu erkennen, wo der Wechsel in einen höheren Aggregatzustand möglich ist. Die Schwefelschwaden der blubbernden Schlammlöcher hat frühe Missionare zu der Vermutung veranlasst, von allen Ländern sei Island der Hölle am nächsten. Diese Annahme gilt bis heute als unwiderlegt.

Die fliehenden Menschenscharen unterhalb des Vatnajökull-Gletschers nehmen jedenfalls Reißaus vor einer der untrüglichen Begleiterscheinungen des Teufels: vor schwarzen Schwärmen boshafter Insekten. Hier, am als Highlight gepriesenen Myvatn (wörtlich: Mückensee), findet sich die auf der Nordhalbkugel größte spezifische Dichte an Stechmückenwolken. Gegen die Insektenheere verteilen Reiseleiter Netze, die so dicht gewirkt sind, dass die Insekten nicht hinein- und die so Bekleideten nicht hinaussehen können; sie halten Himmel, See und Gletscher gleichermaßen für tiefschwarz.

Gegen Insekten hilft jedoch auch die vorbeugende Einnahme von Hákarl. Die abschreckendste Variante dieser Spezialität wird nicht weit vom Myvatn entfernt in Bjarnarhöfn hergestellt. Hákarl ist das verrottete Fleisch des Grönlandhais. In frischem Zustand ist das Fleisch erstaunlicherweise noch ungenießbarer als vermodert. Denn der Hai reichert Harnstoff an und darf wegen der Ammoniumdünste nur von Männern in Schutzanzügen mit Atemmasken verarbeitet werden. Selbst nach dem Ausnehmen, Entgräten, mehrmaligen Waschen und Wässern muss das Haifleisch fürs Erste vergraben werden, am liebsten in grobem Kies, der die schlimmsten Säfte herauspressen soll. Nach sieben Wochen wird das flachgepresste Fleisch in den eisigen Wind gehängt, bis man sich nach einem halben Jahr bis auf zwei Meter nähern kann. Nun wird er mit langen Haken an Hunde verfüttert, allerdings nur an solche, die der Besitzer loswerden will, und natürlich an Touristen, denen so sorgsam Verwestes als Landesspezialität angedreht wird, meist in Tateinheit mit der Darreichung selbstgebrannten Fusels. Der Vorteil: Diese Touristen haben von den Mücken am Myvatn nichts mehr zu befürchten. Sie sind daran zu erkennen, dass um sie herum die Luft rein von Mücken ist, ja, dass alles Leben um sie herum welkt und erlischt.

Der berühmteste Flüchtling der Insel, den im Umkreis all der Mückenseen und Teufelslöcher die Geduld verließ, war Gott selbst. Damals wurde er noch Odin genannt. Er war, so erzählt der Mythos, die Insel in wachsendem Unmut abgeritten, war mit seinem achtbeinigen Ross über die jämmerliche Vulkanspalte Leihrnjúkur gesprungen, bei der heute die Reisebusse parken – in einiger Entfernung, denn den abenteuerlichen Schwefelgestank müssen die Busfahrer nicht mehr haben, den sollen die Touris allein wegatmen –, dann war Gott zu den trostlosen Ausläufern der Vulkane Kverkfjöll oder Bárðarbunga gelangt, hatte vergeblich nach der Tankstelle und dem Supermarkt Ausschau gehalten, die es heute hier gibt, hatte nicht mal einen Golfplatz orten können, lediglich die Löcher dafür, und da hatte es ihm gereicht. Gott, so ist es in der heiligen Schrift Edda verbürgt, trieb sein Pferd zu einer letzten verzweifelten Kraftanstrengung und hob ab in den Himmel. Er verließ diese Insel für immer und ist nie mehr hierher zurückgekehrt. Der letzte Gruß seines Pferdes, ein Abdruck der rechten Hinterhand, ist die hufeisenförmige Schlucht Ásbyrgi, wo man jetzt endlich, aber viel zu spät, Tankstelle, Supermarkt und Golfplatz errichtet hat. Gott kommt nicht mehr, nur Elfen tanzen hier gelegentlich. Sie sind übrigens sehr klein, etwa so groß wie Mücken, in ebensolchen Schwärmen auftretend und genauso gierig nach Blut und vielleicht sogar identisch damit. Netze helfen.

Gott konnte weg. Anders als er verfügen die meisten Reisenden nicht über achtbeinige Pferde. Sie müssen immer noch mehr Lavafelder durchqueren, sich auf weiteren Schotterpisten durchrütteln lassen (feuchte Stellen sind mit Wellblech abgedeckt), schwarze Felsnadeln umfahren und sanddurchwehte Dörfer passieren. Sie müssen mit Touristenbooten in den Gletschersee Jökulsárlon tauchen und wie alle anderen «jahrtausendealtes Eis» in die Hand nehmen. Sie müssen, denn es bleibt noch Zeit bis zur Abreise, die Bauernhäuser im Heimatmuseum von Skogar betrachten inklusive der extrem spannenden Dauerausstellung «Transportwesen in Island» und der Möglichkeit, im Shop eine gestreifte Kittelbluse zu erstehen. Viele Reisende fordern an dieser Stelle ultimativ die Bereitstellung eines achtbeinigen Flugrosses. Aber es geht immer noch weiter. Erst kommt noch der Gulfoss, der meistfotografierte Wasserfall, der wegen seiner Breite und Tiefe zu den suizidalen Top Ten der Insel zählt und international als *Lovers' Leap* zu Ruhm gekommen ist, also als finales Absprunggebiet romantischer Paare, die hier den Höhepunkt ihres Glücks verewigen. Eine interessante Alternative ist der Geysir Strokkur im Haukadalur: Er wird von Paaren aufgesucht, die sich trennen möchten, auch von erwachsenen Kindern, denen die Pflege der Schwiegereltern zu teuer wird. Immer wieder kommt es vor, dass jemand unnatürlich stolpert und in den Tümpel gleitet, aus dem unmittelbar danach (zuverlässig alle sechs Minuten) eine thermische Wassersäule emporschießt, bis zu zwanzig Meter hoch, sodass das entsorgte Familienmitglied für einen Moment wie ein Tischtennisball auf der Gischtspitze tanzt. Dieser spektakuläre, wenn auch unfreiwillige Tanzakt wird häufiger mitgefilmt als der anschließende Aufprall beim plötzlichen Versiegen der Fontäne.

Eine letzte gern genutzte Möglichkeit ist die tektonische Spalte im Gebiet um Thingvellir. Die Spalte klafft zwischen europäischer und amerikanischer Kontinentalplatte. Bei ihrem unsanften Zusammenprall entstand als geologischer Kollateralschaden die Insel Island. Ein Informationszentrum am Aussichtspunkt zeigt, wie das passieren konnte und was man in Zukunft dagegen zu tun gedenkt. Eine beliebte Brücke führt über einen trüben Fluss namens Öxará, in den Touristen gern heimische Münzen werfen, um den Quecksilbergehalt des Wassers zu erhöhen. Wer die Brücke in einer kleinen Gruppe nach Dämmerung überquert, gilt bei der Parkwächtern als mystisches Fabelwesen, denn schon häufig hat sich die Gruppe bei der Rückkehr auf zauberische Weise um eine Person vermindert.

Bleibt noch Reykjavik, das seine glorreichen Zeiten vor zehn Jahren hatte, als die Pleite des Landes noch nicht so offensichtlich war. Vom damals berühmten Nachtleben sind jetzt ein paar zugeklebte Schaufenster und verrammelte Türen geblieben. Stattdessen muss man sich nun die Hallgrimskirche ansehen und die Laugarvegur entlangwandern, die als Flaniermeile gilt und ungefähr so viel Charme versprüht wie die Einkaufszone in einer deutschen Kleinstadt. Als sehenswert gilt Bürgermeister Jón Gnarr, der mit einer Spaßpartei die letzten Wahlen gewann. Sein Wahlziel «offene statt versteckte Korruption» vermochte er selbst zwar nur kurz durchzuhalten; versteckt macht sich doch besser. Aber seine Vorliebe für originelle Frisuren ist geblieben, ebenso wie das Bekenntnis zu Hochprozentigem, dessen betäubenden Genuss er zur «produktiven Widerspenstigkeit» ausrief. Hier, erkennen die Reisenden, haben andere europäische Länder noch Nachholbedarf.

RUSSLAND

ST. PETERSBURG

In der Stadt Petersburg werden pro Jahr mehr Morde begangen als in Deutschland insgesamt. Eigentlich Grund genug, einmal hinzufahren und die Quote live zu erleben, die ungefähr der Jahresquote der im Fernsehen gezeigten Morde entspricht. Touristen sind jedoch häufig enttäuscht, weil sie von Stechereien, Schießereien und Verfolgungsjagden wenig mitbekommen. Reisende begegnen der russischen Mafia, deren Hauptstadt Petersburg ist, eher in ziviler Form, nämlich in Person von Hoteliers, Restaurantchefs und Polizisten und nur bei speziellem Interesse auch in Gestalt von Bordellbetreibern, Drogendealern und Kinderhändlern. Petersburg ist eine der korruptesten Städte in einem der korruptesten Länder der Welt. Warum auch nicht? Irgendeine Stadt muss diese Rolle ja spielen. Und diese scheint glänzend geeignet, weil sie von einem der blutrünstigsten Zaren, Peter dem Großen, unter Aufopferung Hunderttausender von Menschenleben aus den Newa-Sümpfen erbaut wurde. Petersburg stehe nicht auf Pfählen, äußerte der Poet Alexander Puschkin, sondern auf Skeletten.

Immerhin, die Stadt steht. Sie wird von der mit Mauern eingefassten Newa durchflossen, die von ein paar Nebenflüsschen und zahllosen Abwasserkanälen gespeist wird, sodass Fremdenführer von einem Venedig des Nordens sprechen. Touristen wandern gewöhnlich den Newski-Prospekt entlang und schauen links und rechts in die Seitenstraßen. Am kreuzenden Gribojedow-Kanal steht die zwiebelig gekrönte Bluts- oder Auferstehungskirche (*Spas na Krowi*), außen groß und bunt, innen ein mattes Museum. Auf der anderen Seite die von Touristen noch stärker heimgesuchte *Isaakskathedrale*, ein Kuppelbau, von dessen Galerie aus man die Stadt fotografiert. Am Fluss schließlich die *Eremitage*, die bedeutendste Sammlung von Raubkunst in Russland. Gegenüber liegt eine Festung (*Peter und Paul* genannt), von der um 12 Uhr ein Kanonenschuss abgefeuert wird. Aber hallo.

Und das war es, und weil es das war, müssen bei mehrtägigem Aufenthalt auch noch Museen besucht werden (für russische Geschichte oder für russische Trachten oder eingelegte Tiere). Und es werden Ausflüge angepriesen, etwa zum *Katharinenpalast*, in dem sich bis zum Zweiten Weltkrieg ein mit Bernstein tapeziertes Zimmer befunden haben soll. Gezeigt wird jetzt ein Nachbau aus lauter Bernsteinplättchen, der sehr hübsch dem Raucherraum einer schäbigen kleinen Kneipe gleicht.

Was gibt es zu essen? Borschtsch mit Smetana, Blini und undurchsichtige Suppen. Echte Russen bevorzugen McDonald's, Subway und Kentucky Rostiks. Auch hier schmeckt alles eigentümlich anders, um nicht zu sagen russisch. Es gibt Shopping Center und ein Buchhaus (Dom Knigi), in dem man im Web surfen kann. Wer wissen will, warum die Russen so schwermütig sind, muss sich nur die Tastatur ansehen und dann versuchen, sie in ein europäisches Layout zu bringen. Wer sich endgültig der Depression hingeben möchte, besucht eine Ballettaufführung in der Oper oder, aber das hat dann schon finalen Charakter, nimmt den Nachtzug nach Moskau.

TSCHECHIEN

PRAG

Für die einen ist es die Stadt des Bieres und der Speckknödel. Für die anderen ein Disneyland zu überhöhten Eintrittspreisen. Für den Reiseschriftsteller Bruce Chatwin war sie «eine einzige Touristenfalle». Für den Kollegen Rilke ein Grund, wegzuziehen. Dem dichtenden Präsidenten Václav Havel schien im rauchigen Winternebel jedes Atemholen in den Straßen «wie ein geteerter Lungenzug». Das meinte er positiv. Taschendiebe nennen Prag die «goldene Stadt». Sieben Millionen Touristen pro Jahr kommen mit vollen Taschen und großen Erwartungen und sind dankbar, wenn sie von beidem befreit wieder nach Hause fahren dürfen.

Das muss man unbedingt verpassen

Altstädter Ring. Der Neppstädter Ring ist ein Platz rund um das Rathaus in der *Neppstadt*, wie die Fremdenführer die Altstadt freimütig nennen. Denn hier ist nichts echt, nichts ehrlich, nichts seinen Preis wert. Selbst einheimische Taschendiebe sind sich zu fein, hier zu klauen. Ihnen ist es hier zu einfach. Die aus Ungarn und Rumänien einreisenden Clans kennen solchen Dünkel nicht. Sie erzielen hier einkommensteuerpflichtige Umsätze. Auf diesem meistbesuchten Platz der Stadt versammelt sich die Menge jeweils eine Viertelstunde vor Gongschlag an der Südseite des Rathauses, um offenen Mundes nach oben zu starren, auf die Astronomische Uhr. Dort öffnet sich zur vollen Stunde ein Türchen, und zu einem verstimmten Glockenspiel ziehen Jesus plus Apostel (als wetterfeste Plastikkopien) am Zifferblatt der Uhr vorbei. Das dauert eine Minute – reicht aber für eine fingerfertige dreißigköpfige Großfamilie. Jeweils zur nächsten Stunde ist dann die nächste Gang dran. Man erkennt sie am freundlichen, goldblitzenden Lächeln.

Karlsbrücke. Alle Touristenstädte haben das: einen Versammlungsort für Schnellzeichner, Banjospieler, Reklameverteiler, Tageszuhälter, Bootstouren-Anschaffer und für all die fliegenden Händler mit echtem Prager Schmuck aus China und authentischen böhmischen Tüchern aus Vietnam. In Prag ist die steinerne Karlsbrücke dieser Ort. Täglich versuchen vierzigtausend Menschen sie zu überqueren. Vom geisteskranken Habsburger Kaiser Karl in Auftrag gegeben, verbindet sie Altstadt und sogenannte *Kleinseite*. So heißt das Edelviertel unterhalb der Burg. Von den dreißig steinernen Brückenheiligen ist Nepomuk der am meisten umlagerte. Ihm werden magische Kräfte nachgesagt. Dazu müssen die Reliefs links und rechts unter seiner Statue berührt werden. Man streichelt den Hund links, um jemandem Böses zu wünschen. Und das Kleid der Jungfrau rechts, um sich selbst Gutes zu wünschen. Die digitalen Mikrophone, die das Tourismusamt für ein Jahr anbringen ließ, offenbarten: Links sind vorwiegend Flüche über die Stadt zu hören, rechts immer wieder der Wunsch, nie wieder hierher zurückzumüssen.

Hradschin, Burg und Veitsdom. Der Hradschin ist der Berg. Darauf sitzt die Burg. Zu ihr gehört der Dom, benannt nach dem von Rinderwahnsinn befallenen heiligen Veit («Veitstanz»). Ab Ausgang Karlsbrücke sorgen Pfeile im Straßenbelag dafür, dass niemand sich verirrt: Hier geht's zu den Tickethäuschen. Ohne Eintrittskarte plus Fotolizenz darf man die Burg kaum von außen betrachten und im Dom nur eine Gebetsnische aufsuchen. Eigentlich reicht das. Der Dom ist düster. Die Fenster, durch die das Licht farbig hereinstrahlen könnte, sind dauerhaft verrußt. Die mit bunten Steinen verzierte Wenzelskapelle darf erst nach langem Anstehen im Gänsemarsch durchquert werden. Begeisterten Begleitern raten wir zum Besteigen des südlichen Turms. Die 270 Stufen und der ungetrübte Blick in Prags Schadstoffemissionen bringen auch Enthusiasten zum Schweigen. In den Gebäuden der Burg wird häufig noch der öde Wladislaw-Saal besucht, weil er im Ticketpreis inbegriffen ist. Die ranzige Gemäldegalerie im zweiten Hof wartet mit dem auf, was alle Fürsten überall gesammelt haben: Rubens, Tizian und barocke Schinken. Hübsch: die umgebenden Gärten. In ihnen nistet eine Zeckenart, welche die noch wenig bekannten Ehrlichiosen und Rickettsiosen überträgt. Einfach mal durchs Gebüsch streifen!

Goldene Gasse. Für den Gang durch das Goldmachergässchen muss eine Eintrittskarte erworben werden. Sie berechtigt zum Betreten der Souvenirshops, die sich in den kleinen Häuschen breitgemacht haben. Dass hier mal Alchemisten versucht haben, Gold herzustellen, glaubt heute niemand mehr. Dass *jetzt* Gold eingenommen wird, ist dagegen offensichtlich. Ansichtskarten, Kunstgewerbe, Spielzeug und Kafka-T-Shirts können hier zum Spezialgoldmacherpreis erworben und nach Prüfung der Qualität gleich hinterm Ausgang in die dafür bereitgestellten Müllcontainer geworfen werden.

Jüdischer Friedhof. Ab zehn Uhr vormittags lassen die Reisebusse beim jüdischen Museum am alten Friedhof die Bremsen zischen. Wer nicht vorgebucht hat, muss jetzt lange für eine Kombikarte anstehen. Denn ein Foto des Gedränges von zehntausend Grabsteinen aus sechs Jahrhunderten ist zwingend. Erstens, weil es schön labyrinthisch wirkt. Zweitens, weil es ein Beweis der Unschuld ist. Deutsche Besucher schließen sich gern der jüdischen Tradition an und legen ein Steinchen auf einen Grabstein, etwa des Rabbis Löw, um ihm nachträglich ihre Solidarität zu signalisieren. Die im Ticket inbegriffenen Synagogen und Museen sind weniger malerisch, bieten aber kostenlose Kopfbedeckungen (Alt-Neu-Synagoge) und die Herausforderung, die Wärter zu überlisten, die die Einhaltung des Fotografierverbotes überwachen sollen.

Sonst noch was? Die *Kleinseite* wird im selten überarbeiteten Reiseführer noch als Insidertipp ausgegeben. Sie ist längst das touristische Zentrum und zu einem kulissenhaften Themenpark herausgeputzt worden. Wer sich zwischen den Palais und Kitschläden als Insider fühlen will, muss tief in die Tasche greifen (am besten nicht in die eigene). Wer auf der Karlsbrücke einem der als Matrosen kostümierten Anschaffer erlegen ist, muss eine *Moldaufahrt* antreten. Fünfhundert Meter in die eine Richtung, fünfhundert Meter in die andere. Und noch mal. Staustufen verhindern eine Flussfahrt. Zum Gruseln langweilig. Tiefpunkt der Neustadt ist der *Wenzelsplatz*. Auf ihm wurde mal für die Freiheit demonstriert. Sie ist erreicht. Gleich dahinter beginnt das Rotlichtviertel.

So wird man lästige Mitreisende los

⇒ Im Café und danach. In Prag gab es in den zwanziger Jahren eine Kaffeehauskultur. Schwärmer glauben, die gebe es noch heute. Promotionagenturen haben deshalb dafür gesorgt, dass sich einige Cafés – etwa das Slavia und das Imperial – nostalgisch geben. Dass die Kellner hier dem Gast ins Portemonnaie greifen, kommt vor, oft aber nur symbolisch. Die Aufschläge für Besteck und Servietten treiben die Kosten für einen Espresso leicht in die Höhe eines Gourmetmenüs. Das empfehlen wir also unserem nervtötenden Romantiker. Unabdingbar: der anschließende Gang durch die Fußgängerzone. Das zwangsläufige Abhandenkommen der Brieftasche soll er auf der Wache zur Anzeige bringen (für die Versicherung). Geschätzte Zeit für den bürokratischen Akt: sechs Stunden.

⇒ Taxifahren zum Vyšehrad. Fremden wird geraten, den Preis für eine Fahrt schon beim Einsteigen abzumachen. Natürlich auf Tschechisch. Englisch versteht der Fahrer nur, wenn er will. Wir raten unserem liebenswürdigsten Mitreisenden zu einer Taxifahrt auf den Vyšehrad. Anders kommt man nicht auf diesen herrlichsten aller Aussichtspunkte. Er wird vermutlich auch mit dem Taxi nicht hinkommen, und wenn, dann kehrt er völlig verarmt zurück. Eher aber wird er zu den jährlich rund zehntausend Fahrgästen gehören, die nach Überlassung ihrer letzten Barschaft in einem fernen Stadtviertel ausgesetzt werden.

⇒ Fenstersturz. Beim klassischen Prager Fenstersturz wirft sich der Gast aus Verzweiflung über die Stadt in die Tiefe. Manchmal muss nachgeholfen werden. Dieser Brauch, der durch Vorbilder aus dem 15. und 17. Jahrhundert zur Tradition wurde, wird von der jungen Generation wieder mit Hingabe gepflegt. Wenn wir von einem nervigen Mitreisenden endgültig genug haben, reicht also schon der gute Rat: Stell dich mal ans Fenster! Etwa in der Burg, im Strahov-Kloster oder auf dem Altstädter Brückenturm. Meist findet sich ein traditionsbewusster junger Prager, der mit einem kleinen Schubser der alten Sitte frönt. Kenner der Stadt springen selbst.

Typisch Prag

Golem. Um 1580, als anderswo Galilei, Montaigne und Shakespeare sich emsig bemühten, erreichte der geniale Rabbi Löw in Prag den Gipfel der Kreativität: Aus Lehm und Wasser schuf er einen Menschen. Einen kostenlosen stummen Diener. Dieser Golem, Joseph genannt, ging auf Streife, machte sauber und läutete die Glocken. Angeblich war er nicht geschlechtsreif. Der Prager Autor Bohumil Hrabal hielt den Golem jedoch für den Urvater eines Großteils der Einheimischen, «denn die meisten sehen matschig aus, sind der Sprache nicht mächtig und lediglich zum Ausführen von Befehlen geeignet».

Delirium tremens. Prag ist in Europa und vermutlich in der Welt die Top-Stadt der Alkoholiker. Damit der Spitzenplatz gehalten werden kann, fängt man früh an. Ein Drittel der Jugendlichen unter sechzehn trinkt regelmäßig; die Dunkelziffer ist höher. Das tschechische Sprichwort «Er trinkt wie ein Däne» bedeutet nicht, jemand trinke viel, sondern zu wenig. Die Tschechen trinken zügiger und mehr und erreichen die Alkoholdemenz in einem früheren Alter als die Trinker jedes anderen Landes. Ein 2008 erlassenes Gesetz, das öffentliche Besäufnisse auf zentralen Plätzen und vor Sehenswürdigkeiten untersagt, konnte bei Einheimischen nur anhaltendes Kopfschütteln bewirken (*Delirium tremens*).

Organspenden. In ganz Tschechien gilt: Wer sich nicht schriftlich und notariell gegen eine Organspende ausgesprochen hat, ist als Spender anzusehen, sobald er sein Leben ausgehaucht hat. Etwa wenn er versehentlich überfahren wurde oder bei einem Spaziergang einen Ast oder schweren Gegenstand über den Schädel bekommen hat. Organhandel galt schon im Ostblock als wichtigster Devisenbringer. In den Nachfolgestaaten ist er zur dynamischsten Branche geworden. In Prag besonders rar und begehrt: funktionierende Lebern. Offiziell dürfen Touristen noch nicht gegen ihren Willen als Organspender geplündert werden, doch das Parlament berät mangels Nachschub über eine Änderung des Gesetzes.

Unverdauliche Landesspezialitäten

Der Poet Jan Neruda beschrieb die Zusammensetzung des gewöhnlichen Prager Bürgers: Er bestehe zu einem Drittel aus Knödeln, zu einem weiteren Drittel aus Speck und zum letzten Drittel aus Bier. Das trifft auch auf die meisten Touristen zu, und zwar vom zweiten Tag an. Selbst wer das «U Fleku» meidet, kommt um diese Grundnahrung nicht herum. «U Fleku» ist das Hofbräuhaus von Prag, und wer Schwarten, Knödel und Blasmusik zum Bier mag, wird hier glücklich schunkeln. Die Reiseführer raten meist zu «Geheimtipps» in «Nebengassen». Die gibt es in Prag nicht. Es gibt keine geheimen Restaurants, nur schlechte, und davon jede Menge. Denn lediglich die Touristenfallen werden vom Gesundheitsamt kontrolliert. Der Rest darf schlechte Ware losschlagen, sauren mährischen Wein panschen und Bier strecken. Am Ende wird Bedienungsgeld auf die Rechnung geschlagen, aber meist nur in Höhe des verzehrten Betrags.

Das reicht für das Expertengespräch

Franz Kafka ist der bedeutendste Autor Prags. Er hat die Stadt immer verlassen wollen und es nie geschafft. Seinen Frust hat er in die Freitodgeschichte *Das Urteil* gepresst. Darin springt ein Prag-Leidender von der Brücke ins Wasser. Kafka-Experte Eduard Goldstücker fand nur einen einzigen Satz in der Geschichte bemerkenswert, und zwar den letzten: «In diesem Augenblick ging über die Brücke ein geradezu unendlicher Verkehr.» Goldstückers Rat für die Diskussionsrunde: Diesen Satz zitieren und ihn existenziell finden. Sorgt für einen tiefsinnigen Abend. Ergänzend macht sich die Bemerkung gut, Prag sei «insgesamt kafkaesk».

Das meinen Kenner

«Was für Trampel, was für ein unmusikalisches Volk!»
– ANTON DVOŘÁK, KOMPONIST

«Ich weiß, warum ich weggegangen bin.»
– NORA DVOŘÁKOVÁ ALIAS DOLLY BUSTER, DARSTELLERIN

«Ich bin nur zum Klarinettespielen gekommen. Lassen Sie mich los!»
– WOODY ALLEN, SCHAUSPIELER UND REGISSEUR

UNGARN

BUDAPEST

Bis heute ist die berühmte Sisi in Ungarn beliebt. Denn diese bayerische Prinzessin wurde nicht nur Kaiserin von Österreich, sondern dreißigjährig auch Königin von Ungarn. Sie suchte sich ungarische Hofdamen aus, verliebte sich in einen ungarischen Grafen und erlernte die ungarische Sprache. Doch die ungarische Hauptstadt besuchte sie nach der Krönung nie wieder. Ihr Stadtführer und Liebhaber Gyula Andrássy teilte mit, ein einziger Spaziergang habe Sisi genügt: «Die düsteren Straßen versenkten sie in Schwermut.» Jeder, der heute in Budapest Zeit verbringen muss, kann das nachempfinden, allerdings nur zu hundert Prozent. Die Stadt ist dunkelgrau und bestenfalls nichtssagend. In ihren gelungensten Teilen wirkt sie wie ein missglückter Nachbau von Wien.

«An dieser Stadt ist die Donau das Beste», schrieb der Romancier Sándor Márai, der beizeiten freiwillig ins Exil ging. Die in Nord-Süd-Richtung fließende Donau teilt die Stadt in das westliche Buda, das verschlafener und vornehmer wirkt, und das östliche Pest, dessen Name Programm ist. Buda wird von einem kitschigen Ensemble namens *Fischerbastei* gekrönt, bei dem Sightseeing-Busse lange halten, weil es nicht viel anderes gibt. Daneben erhebt sich die *Mathiaskirche*, in der Sisi zu ihrem Unglück gekrönt wurde, und das Burgviertel, in dem sie hätte residieren sollen. Wer eine Stadtrundfahrt gebucht hat, wird noch zum sowjetischen Freiheitsdenkmal gekarrt, dessen Errichtung die Freiheit beendete. Von hier bietet sich jene graue Aussicht über die Stadt, von der die Königin schwermütig wurde.

Auf die östliche Seite gelangt man über die sogenannte Kettenbrücke, die von Einheimischen aus bislang ungeklärten Gründen als sehenswert ausgegeben wird. Auf der Pest-Seite stehen Verwaltungsbauten und alte Mietskasernen. Es gibt eine Flaniermeile namens Rakuczi, die aus Billigshops und Frittenläden besteht, zwei oder drei Jugendstilcafés, von denen das *New York* das berühmtere und hässlichere ist, und schließlich einen pathetischen Heldenplatz, der zum Versammlungsort der wichtigsten chauvinistischen Parteien geworden ist.

Was man obendrein unbedingt versäumen sollte: die hundert Jahre alten gefliesten Miefbäder, das klebrige Geigenspiel beim Dinner, die betagten rumpeligen Straßenbahnen und die U-Bahnen, in denen Touristen beraubt werden, bevorzugt von Großfamilien aus dem neunten Bezirk. Die einheimischen Spezialitäten sind ungewürzt, der Wein synthetisch, der Kaffee dünn. Die Bewohner von Buda und Pest leben ihre Unzufriedenheit beim Autofahren aus. Sie mögen keine Fremden, schon gar nicht auf Zebrastreifen.

ITALIEN

FLORENZ

Goethes *Italienische Reise* ist berühmt. Unter anderem, weil der Meisterdichter es nicht für nötig hielt, in Florenz Station zu machen. Dafür entschuldigte sich gut hundert Jahre später Adolf Hitler persönlich beim Kollegen Mussolini, als beide bewundernd durch die Stadt schritten. Florenz sei zugleich malerisch und großartig, Goethe habe geirrt. Doch wer Florenz erleidet, weiß: Goethe hatte recht. Man muss die Stadt weiträumig umfahren.

Die düstersten Highlights

Sechs Millionen Besucher kommen pro Jahr in die Stadt. Ab zehn Uhr füllen sie die Gassen, wollen Eis essen und suchen öffentliche Toiletten. Zwischendurch müssen sie die Liste der Sehenswürdigkeiten abhaken. Glück gehabt: An Scheußlichkeiten ist kein Mangel.

Der David. «Die am schlechtesten proportionierte Skulptur der Renaissance», laut Bildhauer Auguste Rodin, steht als Kopie vor dem Rathaus. Die kurzen Beine und der Wasserkopf werden von

Fremdenführern damit entschuldigt, die Figur habe weit oben stehen sollen und wäre dann nicht so genau zu erkennen gewesen. Jetzt ist sie allzu genau zu erkennen. Die Florentiner Denkmalschutzbehörde erhält pro Tag etwa hundert Mails mit Hinweisen zur Penis-Verlängerung. Die Behörde stuft die Mails als «ernst zu nehmen» ein, es müsse aber Marmor sein.

Palazzo Vecchio. Das alte Fabrikgebäude hinter dem David wird nun leider doch noch nicht abgerissen. Stattdessen ist es von der Stadtverwaltung mitsamt seinen nachgeahmten Zinnen und seinem klobigen Antennenturm als «Palazzo» auf die Liste des Weltkulturerbes geschmuggelt worden. Das bedeutet, dass es mit Steuergeldern aus allen Ländern der Welt künstlich am Leben erhalten wird.

Dom. Wegen seiner dröhnenden Monstrosität war er das Lieblingsgebäude von Albert Speer, der es als «großartigsten Ausdruck einer Führerreligion» in Berlin nachbauen wollte. Innen ist er zum Glück dunkel und zur Schonung der Betrachter ganzflächig mit Gerüsten und Bauplanen abgedeckt. Sehenswert wäre sonst die Decke der Kuppel. Ihre Ausmalung gilt als bedeutendste Renaissance-Darstellung von Würmern und Maden. Freskenmaler Giorgio Vasari hatte Engel, Heilige und von Gott Gerichtete porträtieren sollen. In seinem «tiefempfundenen Mitgefühl für kleine Kreaturen» gerieten ihm Heilige und Sünder zu Raupen, Engel zu Engerlingen. Unbedingt zoomen!

Baptisterium. Die Reiseführer schreiben voneinander ab, die Bronzetüren der Taufkapelle seien «künstlerisch bedeutsam». In Wahrheit enthalten sie lediglich Reliefs mit ermüdenden biblischen Szenen. Der amerikanische Trancetherapeut Milton Erickson benutzte Abbildungen der Reliefs, um seine Klienten in Schlaf zu versenken. Deshalb sind weniger die Darstellungen sehenswert als vielmehr die Touristen, die beim Betrachten leise zu schwanken beginnen und umzukippen drohen (Rettungssanitäter im ockerfarbenen Gebäude dahinter!). Reisende lieben das Baptisterium, weil es erheblich kleiner ist als der Dom und Schlafpolster bereithält.

Uffizien. Das laut Picasso «deprimierendste Kunstgefängnis des Abendlandes» beherbergte ursprünglich die Verwaltung der Stadt, bis im Laufe weniger Jahre dreiundzwanzig Beamte in den bedrückenden Räumen Selbstmord begingen. Seither müssen stündlich wechselnde Wärter die inhaftierten Gemälde und die zur Besichtigung verdammten Touristen bewachen. Kenner bleiben draußen, genießen den Anblick der Schlangen am Eingang, zitieren Picasso und gehen Kaffee trinken.

Ponte Vecchio. Die Brücke sieht nicht nur aus wie ein langgestrecktes Klogebäude, sie riecht auch so. Sie gilt als wichtig, seit das italienische Militär ihre Erschütterungen misst. Weil sie im Jahr von sechs Millionen Touristen mindestens zweimal überschritten wird, dazu von einer halben Million Einheimischen, lässt sich an ihren Mauerrissen die Belastbarkeit von Brücken für Fußtruppen studieren. Ebenfalls hier zu Hause: die Brückenspinne, die nur einen Zentimeter groß wird, dafür aber nachts in Zehntausendschaften aufmarschiert. Während der gewöhnliche Mitteleuropäer im Laufe seines Lebens durchschnittlich nur drei Spinnen unfreiwillig bei Nacht verzehrt, kommen brückennah wohnende Florentiner auf viele hundert dieser eiweißhaltigen Tiere.

Palazzo Pitti, Palazzo Antinori, Palazzo Medici Riccardi, Palazzo Rucellai und weitere rund zweihundert Paläste sind allesamt wunderschön, solange man sie nicht besichtigen muss. Lediglich drei Prozent der Bildungstouristen können eine Woche nach der Besichtigung die oben genannten Paläste noch unterscheiden. «Das war doch im ...?» – «Nein, das war ..., oder?» – Eben.

So wird man lästige Mitreisende los

Es gibt immer wieder Mitreisende, die ihrer Begeisterung lauthals Ausdruck verleihen, damit man sie für kultiviert hält. Sie sagen keinen Ton mehr, vielleicht nie mehr, wenn man sie auf den Turm des Doms schickt, auf den sogenannten **Campanile**. «Von dort hast du einen unvergleichlichen Rundblick.» Vor allem auf den Industriegürtel, der die Altstadt umgibt. Wir können nicht mit. «Ich habe mir leider eben den Fuß verstaucht.» Für den Anstieg auf die achtzig Meter hohe Plattform sind über vierhundert Stufen in ungleicher Höhe zu bewältigen. Von den täglichen 43 Verdachtsfällen auf Herzinfarkt in der Florentiner Hochsaison ereignen sich zwei Drittel nach der Besteigung des Turms – übrigens meist während des Abstiegs. Wenn unser Mitreisender von oben winkt, bedeutet das noch nicht, dass er unten auch noch die Hand heben kann. Falls er überlebt: auf zum **Ponte Vecchio**! «Die Läden da musst du dir ansehen, aber in aller Ruhe, lass dir richtig Zeit, versenke dich in die vielfältigen Auslagen!» Diese italienische Top-Adresse für Taschendiebstähle wird er nicht unbeschadet überstehen. Andernfalls müssen wir ihn bei Abenddämmerung in die **Boboli-Gärten** bringen. «Hier ein einsamer Spaziergang, allein mit der Natur, das wird richtig guttun!» Ihm bestimmt nicht, aber uns.

Typisch Florenz

Pest. «Die Geschichte der Pest liest sich wie eine Geschichte von Florenz und umgekehrt», notierte Giovanni Boccaccio, als er vor der Seuche floh. Bis heute gilt Florenz als eine Art Durchlauferhitzer für ansteckende Krankheiten. Mehrere spezialisierte

Forscher haben deshalb hier ihre Institute. Ob der Rattenfloh mit dem beliebten Bakterium *Yersinia pestis* eingeschleppt wurde oder aus ihren Labors stammt, wird sich nicht mehr feststellen lassen.

Verbannung. Die Verbannung von Künstlern unter Androhung der Todesstrafe blickt in Florenz auf eine siebenhundertjährige Tradition zurück. Damals wurde der Poet Dante Alighieri aus der Stadt getrieben; falls er wiederkäme, würde er erst verbrannt und dann enthauptet oder umgekehrt. Seither gilt das Wort des Lorenzo Medici: «Nur was die Führer schmückt, ist Kunst.»

Korruption. Die florentinischen Adelsfamilien haben die Korruption nicht erfunden, aber zu einer bewunderten Kunst entwickelt. Die Medici waren zunächst Bankiers des Vatikans, bevor sie eigene Familienmitglieder zu Päpsten wählen ließen, deren Kinder wiederum Kirchenfürsten wurden. Eine Familienangehörige namens Caterina brachte es bis zur Königin von Frankreich, wo es ihr gelang, die andersgläubigen Hugenotten weitgehend auszurotten und den Rest zu vertreiben.

Luftverschmutzung. Der Prediger Girolamo Savonarola war der Barack Obama seiner Zeit: Erst die große Hoffnung, dann die noch größere Enttäuschung; erst ein Messias, dann nur noch zum Kreuzigen gut. Der demagogisch begabte Mönch prangerte Missstände an, zunächst in der Kirche, was sehr gut ankam, dann bei den florentinischen Mächtigen, was gut ankam, schließlich beim Volk, womit der letzte Rückhalt geschwunden war. Er wurde gehängt und verbrannt. Der Rauch seines Leichnams verdunkelte tagelang den Himmel. Das ist fünfhundert Jahre her, doch die Luft ist seither nie wieder lichtdurchlässig geworden. Die Luftverschmutzung in Italien liegt ohnehin vierzig Prozent über EU-Durchschnitt. Florenz hat es nach Mailand, Palermo und Neapel auf Platz vier der dicksten Luft geschafft, will aber die Top-Position erreichen.

Unverdauliche Landesspezialitäten

Was Einheimische nicht essen wollen, das bieten sie den Touristen als Spezialitäten an. Zum Beispiel *baccalá alla fiorentina* (Stockfisch in rötlicher Soße mit grünen Punkten), *bollito misto con salsa verde* (gekochte Zungen und weitere gemischte Weichteile unklarer Herkunft, grün übergossen), *tripa alla fiorentina* (Fransen und Zotteln aus dem Inneren verendeter Borstentiere) oder *biscotti di prato*: steinharte Lieblingskekse der ansonsten unterbeschäftigten Zahnärzte vor Ort. Deutsche Kassen ersetzen Schäden durch *biscotti* seit 2009 nicht mehr.

Das reicht für das Expertengespräch

Beim Test nach drei Monaten wissen Florenzreisende nur noch, dass es in der Stadt viele Renaissancegebäude gibt. Wann die Renaissance war, haben sie schon wieder vergessen – wenn sie es jemals wussten. Für ein Gespräch unter Reisenden reichen nach Ansicht des Kunsthistorikers Ernst Gombrich fünf stichwortartige Einwürfe: Medici, Michelangelo, David, Giotto, Botticelli. «Sagen Sie: ‹Michelangelo liegt mir nicht›», rät Gombrich, «oder: ‹Die Medici sind ein eigenes Thema›, oder: ‹Der David – na ja, na ja!›, damit können Sie einen Abend mühelos bestreiten.»

Das meinen Kenner

«Man muss in Florenz gewesen sein, um zu wissen, dass man die Zeit besser zu Hause verbracht hätte.»
– CESARE PAVESE, SCHRIFTSTELLER

«Gut geeignet für das versehentliche Zurücklassen älterer und zerstreuter Familienmitglieder.»
– NATALIA GINZBURG, AUTORIN

«Die Altstadt ist immer schön, wenn sie wegen einer Bombendrohung geräumt werden muss.»
– ALBERTO MORAVIA, ROMANCIER

ROM

Zum Glück führen nur wenige Wege nach Rom. Und doch geschieht es immer wieder, dass Unglückliche sich in diese Stadt verirren. Einigen hat man eingeredet, sie müssten unbedingt alte Ruinen sehen. Andere wollen die Sixtinische Kapelle spielen hören. Wieder andere möchten dem Papst eine Audienz erteilen. Berühmt geworden ist Rom zuletzt vor allem als Ziel amtsmüder Lehrer. Keine andere europäische Stadt garantiert derartig gründliche Hörstürze, in keiner schwimmt so viel Asselkot im Trinkwasser. Bereits ein zehntägiger Aufenthalt, so die Lehrergewerkschaft, reicht für eine Frühpensionierung.

Die langweiligsten Denkmäler

Selbst wer sich nur einen Tinnitus holen will, kommt um das Abschreiten von Gesteinsbrocken und Mauerresten nicht herum. Nur die Kombination von Verkehrslärm, Abgasen und Bildungsresten führt zu den erwünschten Symptomen.

Kolosseum. Die antike Arena wurde jahrhundertelang als Steinbruch genutzt. Was jetzt zu sehen ist, ist ein Nachbau, der allerdings noch zu tödlichen Kämpfen genutzt wird. Weil die Sitzreihen ungewöhnlich steil übereinander angeordnet sind, stürzen regelmäßig Besucher ab – und keineswegs immer versehentlich, wie ein Kronzeuge im Camorra-Prozess jüngst gestand. Auch bei Reisegruppen genügt oft schon ein freundschaftlicher Stups, um ein wackeliges Mitglied Kapeister gehen zu lassen (Kameras bereithalten!). Nach Schätzung der Tourismusbehörde sind in der Neuzeit mehr Besucher im Kolosseum zu Tode gekommen als einst Gladiatoren oder Tiere. Siehe Kreuze, Inschriften, Gedenkkerzen.

Forum Romanum. Die Trümmerlandschaft war vor zweitausend Jahren angeblich das Zentrum der Stadt. Den Nobelpreisträger Iwan Bunin erinnerte sie an Berlin nach dem Zweiten Weltkrieg. Grober Schutt liegt immer noch herum. Einige Säulenreste sind aufgerichtet und einige Steine zu fiktiven Grundmauern zusammengesetzt worden. Phantasienamen wie «Kurie», «Janustempel» oder «goldener Meilenstein» sollen antike Assoziationen wecken, die sich im umgebenden Verkehrslärm jedoch rasch verflüchtigen. Übrigens muss man nicht über die Steine stolpern. Der Blick vom Kapitolshügel nebenan genügt. «Das Forum bleibt eine Stoppelwiese mit Gesteinsbrocken», seufzte der Poet Eugenio Montale. «Solche wüsten Plätze gibt es ja leider in jeder Stadt.»

Petersdom. Buddhisten werden häufig aufgefordert, für einen Tempel oder einen Lama zu spenden. Das verbessert ihre Aussichten auf eine günstige Wiedergeburt. Vor fünfhundert Jahren entstand auf diese Weise der Petersdom: Christen konnten ihre Position im Jenseits heben, indem sie spendeten. Der so finanzierte Monsterbau gilt heute als «finsterstes christliches Symbol seit Golgatha» (Graham Greene). Der Papst feiert hier trotzdem manchmal Weihnachten. In verschlossenen Schreinen werden wichtige Reliquien aufbewahrt: Milch aus der Brust von Maria, Knochen des Petrus aus verschiedenen Jahrhunderten, das letzte Gebiss des Augustinus und der große Zeh des Bischofs Marcel Lefebvre. Apropos: Fußlahme Pilger dürfen auf dem im Inneren kreisenden Putzwagen mitfahren. Verletzung vortäuschen gilt als lässliche Sünde.

Sixtinische Kapelle. Die Sixtinische Kapelle ist Teil der vatikanischen Museen und vom Petersplatz aus an einer langen Warteschlange erkennbar. Die Wartezeit beträgt durchschnittlich zwei Stunden. Um sie zu verkürzen, bieten Händler Souvenirs, Regenschirme und Halskrausen aus Schaumstoff an. Letztere sind unverzichtbar, weil die berühmtesten Gemälde an die Decken der Gemächer gepinselt wurden. Der Rundgang ist sieben Kilometer lang. Die beste Möglichkeit zum Hörsturz besteht in der Sixtinischen Kapelle selbst. Sie ist immer voll, und es ist dort immer laut, weil Reiseleiter in verschiedenen Sprachen die Ausmalung erklären und Mitreisende gleichzeitig diese Erklärungen kommentieren und einander übertönen müssen. Die Bilder von der Erschaffung Adams bis zum Jüngsten Gericht wurden vom Vatikan im vergangenen Jahr zur bedeutendsten schwulen Gemäldesammlung der Welt erklärt. Die erotischen Anregungen in den anschließenden vatikanischen Gärten auszuleben gilt jedoch an Karfreitag als unschicklich.

Piazza Navona, Pantheon, Fontana di Trevi, Spanische Treppe. Zwei Kilometer voller schwitzender Touristen. Die *Piazza Navona* ist der angesagte Platz für Musikanten, Schnellzeichner, miserables Eis, Nepp und schlechte Pizza. Aus dem peinlichsten der Brunnen ragt ein Obelisk, um den sich vier wurstige Männer winden – mittlerweile als Tiefpunkt des Barock anerkannt. Fünfhundert Meter weiter steht ein antiker Kuppelbau namens *Pantheon* («allen Göttern geweiht») und spendet Schatten und Regen auch an heißen Tagen. Der Regen fällt von der Decke, weil der feuchte Atem vieler Tausender Touristen zu ihr emporsteigt, sich in der Wölbung sammelt und kondensiert wieder herabtropft. Durchschnittliche Verweildauer: bis zu zehn Tage. Es kann also sein, dass einem der Atem der japanischen Reisegruppe vom Vormonat auf die Zunge tropft (genaues Hinschmecken klärt die Herkunft!). Tausend Meter weiter sprudelt, wenn er nicht gerade trockenliegt, ein Brunnen, der von Scherzkeksen gern mit Farbe und Waschmitteln versetzt wird: die *Fontana di Trevi*. Vor dem steinernen Gerangel geschwulstiger Figuren gewann die Schauspielerin Anita Ekberg 1960 den ersten römischen Wet-T-Shirt-Contest. Tipp: Wer eine Münze in den Brunnen wirft, braucht nicht nach Rom zurückzukehren. Wer einen Schluck daraus trinkt, wird physisch nicht mehr dazu in der Lage sein. Wer nichts dergleichen tut, schafft noch die fünfhundert Meter zur Spanischen Treppe, auf deren Stufen man sitzen kann. Hochsteigen lohnt nicht.

Kirchen. Nach der Untersuchung eines Studienreisen-Unternehmens kennen Rom-Reisende zwei Wochen nach der Heimkehr nicht mehr den Unterschied zwischen San Giovanni in Laterano, San Clemente, San Pietro in Vincoli, San Paolo fuori le Mura, Santa Maria in Aracoeli, Santa Maria del Popolo und Santa Maria Maggiore («Oder war das in Venedig?»). Das gilt als gutes Zeichen. Denn die vielen Kirchen in Rom sind nicht zum Besichtigen da, sondern zum Rasten im Sommer und zum Verzehren von Brötchen in schattiger Kühle. Um die Erfrischung zu vervollkommnen, tauchen Kenner die Arme bis zum Ellbogen ins Weihwasserbecken. Die einzige Kirche mit Erinnerungswert ist Santa Maria in Cosmedin. Die Vorhalle genügt. Hier wartet die «Bocca della Verità», das «Maul der Wahrheit», ein ehemaliger Kanaldeckel mit dem Antlitz eines betrunkenen Gottes. Wer durch seinen hohlen Mund ins Innere fasst und dabei lügt, bekommt nur Kaugummipapier und Zigarettenstummel zu fassen. Wer die Wahrheit spricht, findet einen noch kaubaren Rest Kaugummi und einen noch rauchbaren Halbstummel.

Sonst noch was? Wer leiden möchte, wird in Rom eine Menge finden. Etwa die unendlichen Stufen des pathetischen Nationaldenkmals Vittorio-Emanuele-Monument, das greise Reiseleiter mit einer monumentalen Schreibmaschine vergleichen. Ein gläserner Fahrstuhl gewährt oben den Blick in den ewigen Smog. Aus römischer Zeit gibt es noch gemauerte Triumphbögen mit gnädig verdreckten Reliefs, trübsinnige Bodenmosaike (*Caracalla-Thermen*), das Ödfeld einer ehemaligen Pferderennbahn (*Circus Maximus*) und eine *Grabpyramide* an einem umtosten Verkehrsknotenpunkt. An einer Ausfallstraße können Nekrophile in die Katakomben absteigen – unterirdische Grüfte, in denen Rattenknochen gezeigt werden.

So wird man lästige Mitreisende los

Spirituell engagierten Nervtötern empfehlen wir, die berühmten sieben Hügel Roms zu besteigen. Das hat einen mystischen Grund. Auf speziellen Hügelkarten ist unschwer zu erkennen, dass die sechs Hügel um den zentralen Palatin in der Mitte einen Stern bilden. Sie heißen Aventin, Kapitol, Caelius, Viminal, Quirinal, Esquilin. Keiner ist höher als sechzig Meter. In alten Zeiten sagte man – und wir wissen es heute –, dass das Erklimmen aller sieben Hügel Gesundheit und Weisheit schenkt. Natürlich nicht demjenigen, der sie besteigt, sondern den anderen, die sie los sind.

Kulturell beflissenen Studienrätinnen und Studienräten raten wir zum Besuch des Protestantischen Friedhofs. Dort liegt «Goethe Filius», Goethes Sohn August, der angesichts der Stadt Rom zum Alkoholiker wurde. Der Friedhof ist am besten per Metro zu erreichen. Die Station heißt Piramide. Dass auf dieser Metrolinie fast die Hälfte der römischen Taschendiebe unterwegs ist, verschweigen wir lieber. Die andere Hälfte benutzt übrigens die Buslinie 64 (Stazione Termini – Petersdom). «Eine tolle Sightseeing-Tour zum Preis eines einfachen Bustickets!», verraten wir den quälenden Langweilern.

Geheimtipp für unsere geselligen Nervtöter: Trastevere. Der Stadtteil jenseits des Tibers hat eine tolle Promenade am Fluss (wenn man Beton und Abwässer liebt), und der Abschnitt zwischen Petersplatz und Engelsburg gilt als Insidertipp (für Handtaschenräuber und Halskettenreißer). Supertoll sind die vielen kleinen Restaurants (jedenfalls für Kellner, die hier ihre Meisterschaft im Rechnungsfälschen austragen). Top-Insider-Tipp!

Typisch Rom

Harmonisches Zusammenleben. Rom gilt als der einzige Ort Italiens, an dem Ndrangheta, Mafia, Cosa Nostra und Camorra sich gleichermaßen wohlfühlen und sogar harmonisch zusammenarbeiten. «Als eines der wichtigsten Zentren der organisierten Kriminalität darf Rom nicht durch Revierkämpfe gefährdet werden», gab Candeloro Parrello zu Protokoll, dessen Ndrangheta immerhin fünfzig Milliarden Euro umsetzt. Das organisierte Verbrechen ist unverzichtbar für Italiens Wirtschaft. Schön, dass sie zentral in Rom so gut läuft!

Öffentliches Sterben. Nach dem weltweiten Erfolg, den das live übertragene Sterben des Papstes Johannes Paul II. hatte, ist im Vatikan ein interner Streit entbrannt. Johannes Paul ließ sich auf eigenen Wunsch in verschiedenen Stadien des Todeskampfes ans Fenster schieben. Soll das nun jedes Mal so sein? Es hätte Tradition: Im alten Rom war öffentliches Sterben (Cato, Scipio, Cassius, Marc Anton, Varus, Agrippina die Ältere, Seneca, Petronius, Nero) Ehrensache. Als ungeklärt gilt noch die Rechtevergabe.

Unverdauliche Landesspezialitäten

Man kann in Rom Pizza essen. Freunde des Echten bevorzugen jedoch eine typische Trattoria. Der *pancotto*-Suppe (aus altbackenem Brot) oder der *zuppa di fagioli e cipolle* (dicke Bohnen, Zwiebeln, Bauchspeck) folgt dort *coratella di abbacchio* (Lammgeschlinge), *animelle al prosciutto* (Bries mit Schinken), *milza in umido* (geschmorte Milz) oder schlicht *pajata* (Gedärm). Diese Gerichte, deren Übersetzung aus guten Gründen meist nicht auf der Karte steht, verdanken sich der Kunst römischer Schlachter, für Touristen das «quinto quarto» eines Tieres – meist eines Schweines – zu verwerten. Also das eigentlich nicht existente «fünfte Viertel», das aus Borsten, Zähnen, Knorpeln, Darmschlingen, Schwanzquasten und Füßen besteht. *Bon appetito*, spricht der Wirt lächelnd. Er selbst isst das Beste der realen vier Viertel.

Das reicht für das Expertengespräch

«Rom ist immer laut und immer kurz vor dem Verkehrskollaps. Ich möchte da nicht Bürgermeister sein.» Das klingt nach Expertentum. Dem Bildungsreisenden empfahl der Kunsthistoriker Eckart Peterich den Kennersatz: «Mir haben vor allem die frühchristlichen Kirchen gefallen.» Leider besteht das Risiko der Nachfrage: «Welche denn besonders?» Darauf solle man gar nicht erst eingehen, riet Peterich, sondern nach vorn fliehen: «Ach, und die byzantinischen Mosaiken! Das muss man mit eigenen Augen gesehen haben!» Gut macht sich dann der Seufzer: «So etwas hat es später nie mehr gegeben. Oder?» Er zeugt von tiefempfundener Wehmut um den vergehenden Glanz des Abendlandes und eröffnet ein Gespräch über die Abwärtsspirale der Kultur. Abend gesichert.

Das meinen Kenner

«Man muss Rom nicht kennen, um es zu hassen. Aber es hilft enorm.»
– MARCELLO MASTROIANNI, SCHAUSPIELER

«In Rom wohnen Leute, die wissen, dass sie in die Hölle kommen. Sie wollen einfach schon mal trainieren.»
– ANNA MAGNANI, SCHAUSPIELERIN

«Die Bauten des alten Rom sind der beste Beweis dafür, dass den Architekten der Antike wenig eingefallen ist.»
– ERNESTO BASILE, ARCHITEKT

VENEDIG

Venedig wurde im Spätmittelalter als Freizeitpark für Bildungsreisende entworfen. Wie viele inzwischen da waren, weiß niemand. Pro Jahr sind es zwanzig Millionen. Wer zu Hause geblieben ist, bekommt etwas von *morbidem Charme* zu hören nebst der Ermahnung: «Fahr bald hin, Venedig versinkt!» Diese Prophezeiung ist nachweislich zweihundert Jahre alt und wird nicht so bald in Erfüllung gehen. Ein neues Flutsperrwerk nach dem Vorbild Rotterdams lässt sogar befürchten, Venedig bleibe ewig stehen. Wenn es trotzdem einen Grund gibt, für einen Tag hinzufahren, dann den Widerstand des Fremdenverkehrsamtes: Es will keine Tagestouristen. Die bringen ihre eigenen Lunchpakete mit, statt schimmelige Hotelzimmer zu buchen und in Kantinenrestaurants Luxuspreise für Spaghetti zu zahlen. Die Brücken und Gassen und den Markusplatz nutzen diese Tagestouristen trotzdem. Aber lohnt sich das? Nur wenn man sich scheiden lassen will, behaupten italienische Soziologen. Nirgendwo, wollen sie beobachtet haben, zerstreiten sich Paare so gründlich und mit so düsteren Folgen wie hier. «Das liegt an den romantischen Erwartungen.» Und die sind alles andere als berechtigt.

Die wichtigsten Romantik-Killer

Canal Grande. Gewöhnlich besteigen alle Touristen am Piazzale Roma ein Fährschiff der Linie 1. Die Reiseführer raten dazu. Das Schiff, eng bepackt wie ein Flüchtlingsboot, fährt im Zickzack den

Canal Grande entlang, die Hauptverkehrsader Venedigs. Bis zum Markusplatz sind es vier Kilometer. Bis dahin werden zweihundert Häuser und Kirchen passiert, pro Person durchschnittlich dreiundachtzig Fotos geschossen und je Lunge elf Kubikmeter Diesel, Deo und Achselschweiß eingeatmet. Die Erleichterung beim Aussteigen ist groß. Ihr folgt die Erkenntnis, dass die überstandene Schaukelfahrt das Beste war. Alle anderen Blicke auf Venedig sind trüber und riechen strenger. Von jetzt an geht's bergab.

Markusplatz. Man kennt den Platz und die ihn umgebenden Fassaden. Nur sieht er auf Fotos und Canaletto-Gemälden stiller aus. Es ist laut hier, auch ohne Autos. Der italienische Vogelschutzverband hat den Platz zum elegantesten Taubenklo der Welt gewählt. Das marmorne Pflaster ist zugleich Ort der dauerhaftesten Menschenversammlung der Welt, nicht mal die Teilnehmer scheinen zu wechseln. Sie sehen immer gleich aus. Die Schlangen vor Dom und Dogenpalast verleiten zu der irrigen Vermutung, im einen oder anderen gebe es etwas zu sehen. Doch wer sich durch den Dom schieben lässt, sieht trübe Mosaiken. Und im Dogenpalast herrscht die Ödnis großer leerer Räume. Den einzeln stehenden Glockenturm besteigt nur, wer unbedingt das Bild live sehen will, das von der oben befestigten Webcam gesendet wird.

Rialtobrücke. Viele Gäste werden beim Anblick dieser Brücke von Ekel erfasst. Nach neueren Studien liegt das nicht am Stau verschwitzter Touristen vor den Souvenirläden. Vielmehr fühlen die meisten Besucher sich vom Anblick an billige Pizzerien und Eiscafés erinnert, die *Rialto* oder *Venezia* heißen. Auf deren Wände, Speisekarten und Papierservietten ist die Brücke gepinselt. Sie ist das Erkennungsmotiv Venedigs. Mit einer Gondel im Vordergrund ist sie so oft gemalt worden, dass selbst originellen Besuchern nichts anderes einfällt, als sie malerisch zu finden. Der italienische Surrealist Giorgio de Chirico gelobte, jeden zu ohrfeigen, der sie noch einmal zum Motiv nähme. Doch selbst extrem wütende Besucher würden an der Vielzahl der ausstellenden Maler scheitern. Die Strecke zwischen Markusplatz und Rialtobrücke gilt als meistbegangene Meile der Welt. Trotz zahlloser Wegweiser landen arglose Touristen immer wieder auf einer der beiden anderen Canal-Brücken, halten *die* für Rialto und werden dort völlig zu Unrecht glücklich.

Museen. Bei Regen kommt es immer wieder vor, dass Venedig-Besucher Kunstinteresse vortäuschen. Vergeblich betont dann die örtliche Tourismusbehörde, die ganze Stadt sei ein Museum und benötige deshalb keine eigenen Bauten für Gemälde. Die paar zweitklassigen Ausstellungen werden gestürmt, vielleicht auch, weil die Cafés so teuer sind (Cappuccino zehn Euro, kleines Bier zehn Euro). Also Kunst. Die *Galleria dell'Accademia* gibt Giorgiones *Tempesta* (Gewitter) als Hauptwerk der Sammlung aus. Es ist eines der frühesten Landschaftsgemälde – und eines der schwächsten. Ein Blick ins Web reicht. Nicht fern der *Accademia* befindet sich die *Collezione Peggy Guggenheim*. Sie widmet sich den verschnarchtesten Werken der sogenannten klassischen Moderne. Wer draußen bleibt, kann bei beiden Museen beobachten, dass die Besucher sie noch verregneter verlassen, als sie sie betreten haben. Und es gibt noch mehr Museen.

Kirchen. Die venezianischen Kirchen genießen den Ruf, im Sommer Kühle und Schatten zu bieten. Obwohl sie seit geraumer Zeit Eintritt kosten, sind sie an heißen Tagen gut besucht, zumindest außerhalb der Gottesdienstzeiten. Reisende verzehren hier ihr Mitgebrachtes in den Bänken und geben vor, die Deckengemälde großartig und die Skulpturen ausdrucksvoll zu finden. Eine biologische Schutzfunktion des Gehirns sorgt für das sofortige Vergessen des Gesehenen beim Hinausgehen. Bei *Santa Maria della Salute* reicht es nach Ansicht von Gelehrten, sie einfach nur liegen zu sehen: dem Dogenpalast gegenüber auf der Inselspitze. Die *Frari-Kirche* enthält ein paar Kunstwerke, die ohne Hinweis im Reiseführer niemandem auffallen würden. Und in *San Zanipolo* (Giovanni e Paolo) sind Dogengräber zu sehen. In den anderen Kirchen nicht einmal das. Sie dienen ausschließlich als Jausenstationen.

So wird man lästige Mitreisende los

⟫✦ Einen Treffpunkt verabreden. «Wir sehen uns in genau einer Stunde bei der *Scuola San Rocco*!» Wer diesen Satz ausspricht, hat den Rest des Tages frei. Selbst mit einem satellitengesteuerten Display findet der oder die lästige Mitreisende niemals zur bedeutenden Tintoretto-Sammlung *Scuola San Rocco*. Mit dem Stadtplan schon gar nicht. Jeder andere Punkt tut es auch. Verirren ist garantiert. Optimistisch Loswandernde meinen anfangs, die Abzweigungen im Gedächtnis zu behalten und die Abfolge von Gassen, Brücken und Hohlwegen wiederzuerkennen. Nach langem Suchen, am Rand eines brackigen Seitenkanals, ist Schluss mit dem Optimismus. Fast alle spontanen Übernachtungen in Venedig kommen zustande, weil die Gäste nicht mehr aus dem Labyrinth finden. Wer richtig Pech hat, wird von einem spukenden Zwerg mit roter Mütze und Beil zur ewigen Ruhe gebettet.

⟫✦ Tauben füttern. Zum Preis eines Burgers kann man am Markusplatz einen Beutel Taubenfutter kaufen. Wer Hunger hat oder einen Mitreisenden loswerden will, scheut die Ausgabe nicht. «Du bist doch so tierlieb, Tante Dorothee! Hier hast du eine Tüte Futter.» In die Hand drücken, Tüte öffnen, Futter auf Dorothees Hand streuen, rasch fortgehen. Alfred Hitchcock bekam am Markusplatz die Idee für seinen Film *Die Vögel*. Dort fallen Krähenschwärme mit Hackeschnäbeln über Menschen her. Die Tauben hier picken nur. Sie tragen interessante Sorten von Milben, Zecken, Parasiten mit sich, die sie nun auf Tante Dorothee abladen – von farblich faszinierenden Klecksen zu schweigen. Kamera anwerfen. «Sieht echt gut aus!»

⟫→ **Gondelfahren.** Kenner, erzählen wir unserem lästigen Mitreisenden, fahren mit der Gondel. Nicht mit der Touristengondel, bei der man auf einem Bänkchen sitzt, während der Gondoliere nur gegen hohe Schweigesummen vom Singen abzuhalten ist. Nein, Kenner nehmen die Fährgondel. Man sieht das gelegentlich. Fährgondeln sind daran zu erkennen, dass die Passagiere sich stehend übersetzen lassen, niemals unsportlich sitzend. Während die Touristenfahrten mit zwei Euro pro Minute zu Buche schlagen, kosten die Taxigondeln grundsätzlich nur zwei Euro. Man teilt die Überfahrt mit anderen. «Das ist ein authentisches Erlebnis!» Besonders das Stehen stellt den Gleichgewichtssinn des Neulings auf die Probe. Die Lagune ist nicht tief, aber schlammig. Wer daraus hervorgezogen wird, riecht nicht gut. Nie mehr.

Typisch Venedig

Nachahmungen. Den größten Umsatz mit Souvenirs machen nicht die Ladenbetreiber auf der Rialtobrücke, sondern die Afrikaner, die Designerwaren in den Gassen verkaufen, meistens mit Expertise. Schlechte Fälschungen, aber als Mitbringsel für Eltern und Geschwister gut genug. Ähnliches gilt für die Masken und Kostüme, die es für ganzjährig Karnevalsblinde gibt. Und erst recht für die Glaswaren aus Murano, die vor den Augen der Betrachter hergestellt werden: ein Vögelchen, Pferdchen, Blümchen, ein Lolli aus Glas. Was niemand braucht und keiner haben will – auf dieser Ausflugsinsel wird es geblasen. Kenner kaufen am Airport die Rialtobrücke aus Plastik oder gleich mit Gondel in einer Glaskugel mit Schneeflocken.

Aroma. Bis vor zwei Jahren hieß es noch, Venedig stinke lediglich bei gutem Wetter. Nur in der Wärme entfalte der von den Einwohnern in die Kanäle entsorgte Müll sein volles Aroma. Seit jedoch die öffentlichen Toiletten kostenpflichtig sind und einen im Web gebuchten Voucher erfordern, stinkt es überall und immerzu. Italienische Duftdesigner haben im vergangenen Jahr den venezianischen Duft analysiert und in Gläser abgefüllt. Sie kamen auf eine spezifische Mischung aus Fäulnis und Schimmel, Taubeninfekt und Rattenschiss, Katzenkot und verwestem Fisch, vermehrt um Windeln, Essensreste, Schweiß und weitere menschliche Abbauprodukte. Die Kreation ist in glasklaren Flakons zu haben. Ein Druck auf den Sprühknopf hilft gegen Wehmut.

Unverdauliche Landesspezialitäten

Gute Restaurants sind in Venedig leicht zu erkennen. Es handelt sich um die Stufen von Brücken oder Kirchen. Darauf verzehrt man sein Lunchpaket. Besser geht es nicht. Im zentralen Viertel San Marco stehen die Preise im umgekehrten Verhältnis zur Qualität. Die Preise sind außergewöhnlich hoch. Alle Reiseführer empfehlen deshalb, nicht Restaurants aufzusuchen, in denen man für Messer, Gabel und Papierserviette einzeln zahlt (weil sie das Beste sind), sondern Bars. Und zwar in weniger besuchten Stadtteilen wie Dorsoduro oder auf der Stadtinsel Giudecca. Natürlich bekommt man auch dort abgründige Ware, zahlt aber nicht so viel dafür, und die Kellner sind nicht so hektisch. Eine Gilde italienischer Gourmetkritiker sorgte vor zwei Jahren für Empörung, als sie die Chinesen Venedigs zu den besten Restaurants kürten. Die seien zwar eher durchschnittlich, aber immer noch wesentlich besser als die einheimischen Restaurants und obendrein bezahlbar. In Venedig gibt es keine einheimische Spezialität, die essbar ist, aber eine trinkbare: die *Ombra*. Das ist ein *Schatten* von Wein. Gemeint sind 0,1 Liter. Drei bis fünf *Ombre* ersetzen eine Mahlzeit. Zehn trösten darüber hinweg, wenn man doch eine gegessen hat.

Das reicht für das Expertengespräch

«Stellen Sie in abendlicher Runde einfach die Frage, warum Venedig versinkt», riet der langjährige Bürgermeister Massimo Cacciari. «Dann können Sie sich ungestört dem kalten Buffet zuwenden.» Denn die anderen geben ihre Expertenmeinungen kund. Es liegt an den Motorbooten. An der Entnahme des Grundwassers. Am Absaugen des Methans durch die Fabriken auf dem Festland. Es liegt an den Erweiterungen der Fahrrinnen, speziell für Kreuzfahrtschiffe. An den Raubfischern, deren Fangkörbe den Meeresboden aufschrammen, sodass die Sedimente abgetragen werden. Es liegt am Energieverbrauch der Industrieländer. Am Abschmelzen der Polkappen. Buffet beendet? Sonst helfen noch Hinweise auf das neue Sperrwerk namens *Mose* oder die ebenfalls noch nicht alte Erkenntnis, dass die Häuser keineswegs auf Pfählen stehen (außer an der Kanalseite), sondern auf soliden Mauern auf dem Boden der Inseln. Deshalb versinken sie auch nicht; die Plätze werden nur gelegentlich überflutet. «In venezianischen Häusern wohnt man immer so weit oben wie möglich», ist ein Kommentar, der von menschlichem Einfühlungsvermögen zeugt. Oder ein wenig kritisch: «Leider sind viele Palazzi inzwischen an reiche Ausländer vermietet.» Rührend, aber immer wieder gern gehört: «Ich empfinde die Stadt wie ein Gemälde, in dem man spazieren gehen kann!»

Das meinen Kenner

«In Casino Royale *ließen wir einen ganzen Palazzo versinken, und anschließend fragten die Leute: Warum nur einer? Warum nicht die ganze Stadt?»*
– DANIEL CRAIG, SCHAUSPIELER

«Venedig ist eine Stadt für Tierfreunde und ihre Lieblinge. Katzen, Tauben und Salmonellen fühlen sich dort wohl.»
– PATRICIA HIGHSMITH, AUTORIN

«Wer aus dieser Stadt nicht flieht, der kennt sie nicht.»
– GIACOMO CASANOVA, WELTREISENDER

SPANIEN

MADRID

Stauforscher, Schwerhörige und Raucher lieben diese Stadt! Die Durchgangsstraßen sind breit, doch die Autoschlangen verknäulen sich hier hartnäckiger als anderswo. Schwerhörige erlangen ihr Gehör zurück, weil der durchschnittliche Geräuschpegel bei achtzig Dezibel liegt, wie beim Gebläse eines Laubpusters. Raucher werden ebenfalls glücklich; sie brauchen sich in Madrid nicht um europäische Gebote zu kümmern. Und nirgends werden so viele Retortenbabys gezeugt wie in dieser fortschrittlichen Umgebung. Nirgends werden so viele Genehmigungen für Genpflanzen erteilt. Sensible und allergische Menschen sollen nicht meckern. Man empfiehlt ihnen, erst spätabends das Haus zu verlassen. Daraus hat sich ein reges Nachtleben entwickelt.

Das kann man auslassen

Plaza Mayor. Der große viereckige Platz wurde früher für Stierkämpfe, Ketzerverbrennungen und Erschießungen genutzt. Heute kommen ausschließlich Touristen hierher, abgeladen von

Busunternehmern und Fremdenführern, die in den überteuerten Restaurants und Nippesläden ihre Provision abholen. Das Reiterstandbild in der Platzmitte ehrt Philipp (Felipe) III., der vor vierhundert Jahren den Niedergang des spanischen Weltreichs beschleunigte. Unter den Arkaden gibt es Toreropüppchen zu Höchstpreisen. Die Tourismusbehörde hat vor zehn Jahren einen Wettbewerb ausgeschrieben für die beste Antwort auf die Frage: «Warum soll man diesen Platz besuchen?» Die Ausschreibung soll fortgesetzt werden, bis jemandem etwas eingefallen ist.

Puerta del Sol. Für diesen Platz soll der «Warum nur, warum?»-Wettbewerb beginnen, wenn das Mayor-Preisausschreiben beendet ist. Ratlose Touristen stehen vor dem alten Postamt, das leider doch nicht der Königspalast ist. Mangels anderer Motive fotografieren sie die Tío-Pepe-Werbung und suchen im Pflaster den Null-Kilometerstein, von dem aus sternförmig ein paar verpestete Straßen ausgehen, darunter zwei schäbige Fußgängerzonen. Die Einheimischen kommen allenfalls zu Silvester hierher, und auch dann nur ungern. Das Reiterstandbild, meist eingerüstet, stellt Karl III. dar, der sich vergeblich bemühte, Aufstände in den Kolonien niederzuschlagen. Ein Denkmal zeigt das Wappen Madrids: einen Bären, der sich zu einem hochgezüchteten Erdbeerbaum reckt, heute Symbol eines ortsansässigen Gen-Konzerns.

Palacio Real. Im Königspalast haust die über Unterwäsche, Kokain und Seitensprünge zerstrittene monarchische Familie. Eigentlich war die Monarchie in Spanien bereits vor achtzig Jahren abgeschafft. Der große Diktator General Franco führte sie wieder ein und suchte sich Juan Carlos de Borbón als König aus. Der verzichtete nach Francos Tod 1975 zwar auf die Diktatur, blieb aber König im noblen Palast. Eine Anzahl von Gemächern mit Stuck, Tapisserien, Brokat, Porzellansammlungen und Rentnerplunder ist zu besichtigen. Bürger der Europäischen Union, deren Steuergelder den Palast aufrechterhalten, haben mittwochs freien Eintritt.

Prado. Der «stickigste Schlafsaal der Malerei» (Salvador Dalí) ist immer noch schlecht belüftet. Müffelnder Staub nistet in den Wandgeweben. Die Müdigkeit stammt jedoch auch von der Hängung der Barockwerke, denen das Haus seinen Spitznamen verdankt: «Museo de Jamon», Schinkenmuseum. Die meistumlagerten Schinken (15 000 Besucher pro Tag) befinden sich in der ersten Etage: Velázquez und Goya. Ausgewiesene Kenner wie Joan Miró empfahlen den Besuch der Säle am Montag, «denn dann ist geschlossen, und man kann sich ohne schlechtes Gewissen sonnen». Das gilt auch für das nahe und ähnliche *Museo Thyssen-Bornemisza*, leider jedoch nicht für das *Centro de Arte Reina Sofia* mit Miró-Werken, das boshafterweise montags geöffnet hat.

Escorial. Der festungsartige Palast eine Stunde nördlich von Madrid war das erklärte Lieblingsbauwerk von General Franco. Ihm gefiel der Ausdruck von Macht und Einschüchterung. Er nannte das Bauwerk «die schönste Strafanstalt der Renaissance». Ganz falsch ist das nicht. Der hermetische Bau diente allerdings vorwiegend der Selbstbestrafung – vor allem dem mönchischen König Philipp II., der sich nach Armada-Untergang und folgendem Staatsbankrott hierher zurückzog. Der greise Juan Carlos hat den Escorial zum Nationalsymbol erklärt. Der Staat sei abermals bankrott, werde aber «bis zuletzt die Fenster dieses Palastes putzen lassen». Davon gibt es genau 2673. Die Putzer sind illegale Immigranten aus Marokko.

Toledo. Das zweite in einer guten Stunde erreichbare Ausflugsziel war im Mittelalter Spaniens Hauptstadt. Jetzt hat es so viele Einwohner wie Lüneburg und gibt sich Mühe, mit den Resten von Burgen und Klöstern all die Touristen zu locken, die von Madrid frustriert sind. In den Gassen werden importierte Keramiken und Fliesen («Azulejos») als garantiert echt verscherbelt. Ferner gibt es Postkarten, Leder und «Marzipan», eine zähe Zuckermasse, die in Iberien seit tausend Jahren zum Zähneziehen benutzt wird.

So wird man lästige Mitreisende los

≫→ **Im Retiro Parque.** Der berühmte Seufzer «Madrid me mata» (Madrid bringt mich um) wird an vielen Stellen der Stadt unversehens Wirklichkeit. Unserem lästigen Mitreisenden empfehlen wir den Parque del Buen Retiro oder kurz Retiro. «Sieh dir den See an, auf dem wurden einst Seeschlachten nachgestellt, besonders der Untergang der Armada. Herrlich ist auch der Kristallpalast, und dahinter sind idyllische stille Wege, in denen man sich wie im Paradies fühlt.» Vielleicht klappt es.

≫→ **Auf dem Zebrastreifen.** «Da ist ein Zebrastreifen! Geh schon mal rüber!» Dem guten Tipp fallen jedes Jahr aufs Neue naive Reisende aus gemäßigten Zonen zum Opfer. Madrids Autofahrer gelten innerhalb Spaniens als die aggressivsten. Zebrastreifen sind hier nicht Überwege für Fußgänger, sondern eine Aufforderung für Fahrer, bei Rot noch einmal kräftig Gas zu geben, um das Ende des vorderen Staus zu erreichen.

≫→ **In der Metro.** Die Metro gilt als typisch madrilenisch, weil sie mit illegalen Bauarbeitern und gefälschten Materialien errichtet wurde. Die baskische Separatistenorganisation hat erklärt, es ginge gegen ihre Ehre, hier eine Bombe zu legen, da die Tunnel schon von selbst bröckeln. Trotzdem legen wir dem Technikfreak unter unseren Mitreisenden eine Fahrt nahe. Denn in der Metro sind, wie in den Touristenvierteln, buntbekleidete Trupps eines unbekannten Volkes unterwegs, das Handtaschen, Brieftaschen, Rucksäcke, Ringe, Halsketten, Uhren und Handys benötigt. Wer sich wehrt, gilt als *fallecido* oder *muerto*. «Das soll eine tolle Fahrt sein!»

Typisch Madrid

Vergreistes Nachtleben. Vom 25. Lebensjahr an gelten zehn Prozent der spanischen Männer als Alkoholiker. Vorher wird nicht gezählt, danach steigt der Prozentsatz. Diesem Umstand und dem stickigen Tagesklima verdankt Madrid ein emsiges Nachtleben. Weil Spanien das europäische Land mit der stärksten Überalterung ist, sind auch Traditionsraucher und gesetzte Trinker willkommen. Optimal für betagte Reisende: Das Angesagte von gestern und vorgestern kommt immer erst morgen in Madrid an. Nostalgiker können hier die vor Jahren versäumten Trends nachholen.

Ewig junge Diktatur. Die Madrilenen sind stolz: In ihrer Stadt regierte der langlebigste Diktator Europas. Francisco Franco, liebevoll *el gaudillo* genannt, *der Führer*. Er brachte es auf 36 Jahre Alleinregierung (Salazar in Portugal 35 Jahre, Stalin 27 Jahre). Seine Herrschaft endete mit seinem Entschlafen im Alter von 83 Jahren. Sein diktatorisches Gehabe lebt indes fort: im Straßenverkehr, bei den Polizisten, bei den Kellnern, bei den Männern überhaupt. Das *Instituto de la Mujer* fand heraus: Für eine Spanierin im Alter zwischen 16 und 46 seien Verletzung und Tod durch einen Mann wahrscheinlicher als durch Krebs.

Retortenbabys. Spanien ist das Land mit den liberalsten Biomedizingesetzen, Madrid die Stadt mit den meisten Reproduktionskliniken. Eingefrorene Embryonen, gespendete Eizellen, therapeutisches Klonen: Hier gibt es alles. Reproduktionsmedizin und Biotechnologie sind im Kabinett eigens durch eine Ministerin vertreten. Es sind jedoch vorwiegend Ausländer, die zwecks Vermehrung nach Madrid kommen, Paare um die vierzig. Spanien bleibt das Land mit der niedrigsten Geburtenrate, Madrid die Stadt mit den meisten tiefgefrorenen Embryonen.

Unverdauliche Landesspezialitäten

«Nichts ist so deprimierend wie die Tapas-Hysterie der Touristen», seufzte Sterne-Koch Joan Borrás, bevor er seinen Michelin-Stern zurückgab. Er hielt es für schändlich, den Fremden Übriggebliebenes und Zusammengefegtes als Spezialität anzudrehen. Die meisten Barbetreiber hegen diese Skrupel nicht. Sie legen Gammelpilze in Sud, tunken alte Kartoffelscheiben in Mayonnaise, ertränken Sardellen in billigem Industrieöl und klatschen Matschtomaten auf Toast. Das und andere Abfälle verzehren Touristen begeistert, wenn es nur *Tapas* genannt wird. Fehlt noch eine Portion Genmais, dazu Gemüse, das direkt von den verseuchten Anbauflächen um Almería stammt und nicht exportiert werden darf, obendrein der berüchtigte gepanschte Rioja, ein brutales Tortenstück hinterher – und vollendet ist das Glück derjenigen, die es vermeiden. Madrid ist nicht nur wegen der belasteten Luft die Hauptstadt der Allergiker, sondern auch wegen der belasteten Grundnahrungsmittel. Mit der Einnahme von Medikamenten und der Inhalation von Kortikoiden sollte rechtzeitig vor der Reise begonnen werden.

Das reicht für das Expertengespräch

Wer nicht im Prado war und deshalb nicht *Las Meninas* (*Die Hoffräulein*) von Velázquez live gesehen hat, bekommt Glückwünsche vom Bildhauer Alfred Hrdlicka («ein dummes Gemälde») und kann trotzdem mitreden. Auf dem Bild ist eine fünfjährige Königstochter zu sehen, dazu Kindermädchen und Hofzwerge, auch der Maler selbst, das königliche Elternpaar hingegen nur schattenhaft im Spiegel. «Stellt das die Kunst nicht höher als das Königtum?», ist laut Kunsthistoriker Erwin Panofsky eine Frage, die Kennertum beweist und keine weiteren Nachforschungen zur Folge hat. Dazu sollte «echte Betroffenheit» kommen bei demjenigen, der das Reina-Sofia-Museum und also auch Picassos *Guernica* ausgelassen hat, es aber lieber nicht gestehen will. Innerhalb Spaniens gelten die Madrilenen als gestresst und arrogant; ein Hinweis darauf reicht für einen gelungenen Expertenabend.

Das meinen Kenner

«Zeigt mir eine andere europäische Stadt, in der ein Mann noch kämpfen darf!»
– ERNEST HEMINGWAY, SCHRIFTSTELLER

«Die Menschen sind abweisend, die Stadt unwirtlich. Wollten Sie dahin? Viel Spaß.»
– MONTSERRAT CABALLÉ, SÄNGERIN

«Womit hab ich das verdient?»
– PEDRO ALMODÓVAR, REGISSEUR

ANDALUSIEN

Der Süden Spaniens bietet die Gelegenheit, islamische Baukunst zu loben, ohne ein islamisches Land betreten zu müssen. Die maurischen Eroberer kamen um das Jahr 700 und hielten beinahe achthundert Jahre aus. Geblieben sind ein paar Rezepte, Sprachbrocken und Bauformen vom Patio bis zu Minaretten und Palästen. Zu Andalusiens neueren Errungenschaften gehören der industrielle Anbau von Olivenbäumen und die Anreicherung von Fungiziden, Pestiziden und Insektiziden unter kilometerlangen Plastikplanen. Als Träger der Gifte dient Gemüse, das anschließend exportiert wird.

Öde Orte

Ronda. Andalusien wird als Land der weißen Dörfer verkauft. Ronda ist das einzige weiße Dorf. Die anderen sehen lediglich von weitem so aus. Nur Ronda wird für zahlungswillige Fremde geputzt, gekalkt, getüncht, gewienert. Von allen anderen Orten mit dicken Mauern und staubigen Gassen unterscheidet es sich durch eine hundert Meter tiefe Schlucht, die Altstadt und Neustadt trennt. Das ermöglicht spektakuläre Zooms von der Brücke abwärts («Der Kleine da unten ist Felix») und von unten aufwärts zur Brücke («Da oben winkt Kathrin»). Ronda besteht aus Hotels, Restaurants und Souvenirläden, allerdings nur zu hundert Prozent.

Jerez. Die Stadt ist hässlich, bietet aber kostenlosen Alkohol bei sogenannten Verkostungen in den Sherry-Kellern. Daher die vielen

Busse. Für Sherry («Jerez») wird Weißwein verwendet, der nicht mehr verkauft werden darf. In Fässern gelagert, wird er zu etwas Dickflüssigem, das alte Herrschaften in kleinen Schlucken trinken sollen. Akzeptable Sherry-Qualitäten werden exportiert, die inakzeptablen werden in den Gewölben von Jerez ausgeschenkt.
Sevilla. Eine Großstadt mit engen Straßen, in denen sich die Abgase als bleierne Dunstschicht ablagern. Aus dieser Schicht ragt ein Minarett hervor, das zum Kirchturm umgewidmet wurde: die *Giralda*, die zu besteigen Fremdenführer beharrlich empfehlen («toller Rundblick»), um Zeit zu gewinnen. Denn Sevilla bietet sonst nur eine bemitleidenswerte Ruine (*Alcázar*), ein paar Innenhöfe mit Fliesen und eine überdimensionierte Kathedrale, in der eine leere Grabstätte seit fünfhundert Jahren auf die Gebeine von Kolumbus wartet. Touristen laufen durch das *Barrio Santa Cruz*, ein zum Nepp-Shoppen hergerichtetes Altstadtviertel.
Córdoba. Individualreisende zerschrammen hier ihre Leihwagen. Die Gassen sind nicht breiter als eine Mülltonne und werden auch ähnlich genutzt. Alle Fremden streben zu einem einzigen Ort: zur *Mesquita*. Das ist eine Halle mit vielen hundert Säulen, die im Mittelalter als Moschee erbaut worden ist. In den rotgrauen Säulenwald wurde vor fünfhundert Jahren eine Kathedrale gesetzt. Studienreisende dünken sich tolerant und edel, wenn sie diesen Einbau tadeln. Tatsächlich passt er so gut in die Moschee wie ihr Reisebus auf den Vorplatz.
Granada. Die *Alhambra*, die muslimische Palastanlage über der Stadt, ist das meistfotografierte Gebäude Spaniens. Karten sind im Voraus zu ordern. Die kamerabewaffneten Reisetruppen werden in Garnisonsstärke durch Gänge und Säle getrieben, von Führern, die einem strikten Zeitplan unterworfen sind. Atmen ist nicht erlaubt. Entspannender, aber immer noch ein Massenerlebnis, ist ein Gang durch die Gärten des darübergelegenen Sommerpalas-

tes *Generalife*. Die Stadt bietet sonst die üblichen Gassen und eine Kathedrale und im Hintergrund kahle Berge mit Restschnee.

So wird man lästige Mitreisende los

Als 2010 das Minarett in der alten marokkanischen Stadt Meknès einstürzte, erhoben sich nicht nur vierzig Seelen in die Gefilde der Ewigkeit. Es stellte sich auch heraus, dass das Minarett in derselben Art und von denselben Baumeistern errichtet wurde, die Sevilla mit der Giralda beschenkten. «Da müssen Sie einfach rauf!», empfehlen wir also unserer redseligsten Mitreisenden. «Ich habe das vor drei Jahren gemacht», ergänzen wir, «absolut einmalig!» Es ist leider unwahrscheinlich, dass die Giralda gleich darauf zusammenbricht. Wahrscheinlich ist aber, dass unsere Schnatterreisende zusammenbricht – nach den fast hundert Metern auf einer stufenlosen steilen Spiralrampe. Zumindest wird sie einige Stunden sprachlos sein. Sehr schön sind dann zum Ausspannen die Besäufniskeller von Jerez. «Da müssen Sie sich einfach durchprobieren!» Ehe die Besucherin es wahrnimmt, hat sie mehr Sherry geschluckt, als selbst eine norddeutsche Bischöfin vertragen würde. Und tschüs. Jerez verfügt über spezialisierte Kliniken und Ausnüchterungszellen.

Typisch Andalusien

Stecken bleiben. Die Gassen in den alten Innenstädten sind so breit, dass zwei Eselstreiber sich aneinander vorbeidrücken können. Zwei Autos schaffen es nicht. Bereits *ein* Auto kommt nur hochkant und mit eingezogenen Rädern voran. Wer seines nicht für immer festrammen will, wählt eine Tiefgarage am Stadtrand oder einen bewachten Parkplatz. Wichtig: Vor allem selbsternannte uniformlose Wächter müssen bezahlt werden, sonst kommt das Auto auf mysteriöse Weise zu Schaden.

Flamenco. Guides und Busfahrer geben Geheimtipps für Flamenco-Vorführungen, zu denen sonst niemand findet, die also nicht kommerziell sind, sondern quasi privat stattfinden und auf jeden Fall authentisch sind. Allerdings kosten sie Eintritt, mehrere Busse stehen vor der Tür, und Gitarrenspiel, Gesang, Geklatsche und Tanz machen einen reichlich abgenudelten Eindruck. Kulturreisende kaufen gleichwohl die signierten DVDs und Remix-CDs. Wer geizig ist, nutzt wenigstens die Gelegenheit, den Gitanos klarzumachen, dass er das Wort «Zigeuner» niemals benutzt hat und auch sonst keinerlei Vorurteile hegt.

Semana Santa. Wenn der Verkehrsstau nicht mehr endet, handelt es sich entweder um einen Nationalfeiertag oder um die *Semana Santa*: Partyfrohe Gläubige kostümieren sich in Büßergewändern und stellen täuschend echt den Leidensweg zum Kreuz nach, in karnevalsähnlichen Umzügen. Anschließend trinken sie reuevoll blutrote Getränke aus Gläsern. Es handelt sich um eine alte Tradition, die auf dem tiefen Glauben der Südspanier an den Alkohol basiert.

Unverdauliche Landesspezialitäten

Die skrupellose Resteentsorgung namens *Tapas* wird auch in Andalusien emsig betrieben, seit die Müllgebühren gestiegen sind.

Touristen reagieren zuerst begeistert, dann mit heftigen Allergien. Besonders der gefürchtete *Serranoschinken* von hellhäutigen Hausschweinen (oder was man so nennt) hat nach zwölf Monaten Lufttrocknung Symptome zur Folge, die nur mit massiven Cortisongaben unterdrückt werden können. Das liegt nicht nur am hormongepäppelten Schwein, sondern auch an der feinstaubgesättigten Luft, der er ausgesetzt war. Harmloser ist das authentische Bauerngericht *Migas* aus Hartweizengrieß, Wasser, Olivenöl und Salz. Es wird als letzte Mahlzeit all jenen gereicht, für die der Nothubschrauber schon bereitsteht.

Das reicht für das Expertengespräch

Andalusien-Urlauber behalten in Erinnerung, dass das Land mal unter arabischer Herrschaft war. Dass es weiße Dörfer gibt. Und dass sie auf der Alhambra den Löwenbrunnen fotografiert haben. Ach ja, und dass die Mezquita (War sie in Sevilla? Oder in Granada?) besser unangetastet geblieben wäre. Wenn die Urlaubsbilder gezeigt werden, passt auf jeden Fall ein Lob des filigranen maurischen Stils. Als Ausweis der Toleranz genügt ein Hinweis darauf, dass die *Reconquista* (die katholische Rückeroberung) etwas ruppig war. «Sie können in abendlicher Runde die islamische Zeit als besonders tolerant verklären», meint der spanische Historiker Gregorio Marañon. «Oder Sie können daran erinnern, dass unter den Kalifen Steinigungen, öffentliche Erhängungen und lebendige Beerdigungen üblich waren.» Es kommt wohl auf die Atmosphäre des Gespräches an. Nicht fehlen darf eine Debatte über den Stierkampf. Authentisches altes Ritual oder mangelnde Tierliebe? Die Diskussion sorgt für hitzige Stimmung, gute Durchblutung und dafür, dass der billige Rioja vom Discounter als echt durchgeht.

Das meinen Kenner

«Ich empfehle Ihnen die Küste Andalusiens zwischen Malaga und Torremolinos. Sie werden ein für alle Mal vom Reisen geheilt sein.»
 – CAMILO JOSÉ CELA,
  LITERATURNOBELPREISTRÄGER

«Müsste ich in Andalusien wiedergeboren werden, dann bitte als Stier, um in der Arena möglichst schnell erlöst zu werden.»
 – LOLA FLORES, SÄNGERIN

«Was für ein Trübsinn! Was für ein elender Landstrich!»
 – JUAN DE TORQUEMADO, HISTORIKER

GRIECHENLAND

ATHEN

Niemand hat die Athener so überzeugend verteidigt wie der frühere Ministerpräsident Kostas Karamanlis: Die Athener seien weder taub noch stumm. Sie seien ansprechbar und könnten sogar antworten, allerdings nur innerhalb ihrer eigenen vier Wände. Karamanlis reagierte damit auf die Beschwerden von Reiseveranstaltern, ausländische Touristen könnten in Athen keinen Kontakt zur einheimischen Bevölkerung aufbauen. «Das liegt daran», erklärte Karamanlis, «dass echte Athener Ohrstöpsel tragen wegen des Lärms, also nicht hören können; und Atemschutzmasken wegen des Smogs, also nicht sprechen können.» Außerdem, ließ der Politiker durchblicken, beherrschten die Athener keine Fremdsprachen. «Wenn jemand Deutsch oder Englisch mit Ihnen spricht, ist das eine Prostituierte.»

Na, immerhin. Tatsächlich ist es erstaunlich laut und erstaunlich dreckig in dieser einst berühmten Stadt, die kürzlich in einem Fernseh-Voting zur hässlichsten des Landes gewählt wurde. Laut ist Athen vor allem deshalb, weil ein altes Verkehrssicherheitsgesetz die ständige Überprüfung der Hupe durch den Fahrer vorschreibt. So wie in Deutschland ein Lokführer regelmäßig ein Pedal oder eine Taste betätigen muss, andernfalls wird Alarm ausgelöst, so muss ein griechischer Autofahrer alle drei bis vier Minuten die Hupe drücken, sonst schöpft die Polizei Verdacht. Das Gesetz ist vor mehr als zehn Jahren abgeschafft worden, doch der innere Zwang lebt im Herzen der Fahrer fort. Es wird unaufhörlich gehupt. Dieser ständige Daseinsbeweis gilt auch für Roller- und Motorradfahrer und selbstverständlich in besonderem Maße nachts.

Deshalb tragen die Fußgänger Ohrstöpsel. Hotelgäste tun das am besten auch, wenn sie schlummern wollen. Denn die Stadtreinigung von Athen ist von Amts wegen verpflichtet, jeweils die erste Tiefschlafphase der Gäste gegen halb zwei Uhr nachts und die zweite Tiefschlafphase gegen halb vier Uhr morgens durch lärmendes Leeren und Herumbugsieren von Eimern und Containern zu stören.

«Die Unterbrechung der Schlafphasen bewirkt oft interessante Träume, und Träume spielten schon im antiken Griechenland eine große Rolle», lehrte die griechische Kulturministerin Dora Bakojanni. Dass es in Athen vorwiegend zu Albträumen kommt, erklärte sie mit dem hohen Schadstoffanteil der schwül-stickigen Luft. Direkt im Stadtzentrum befinden sich zahlreiche Industriebetriebe, die authentisch und im traditionellen Sinne produzieren, also ohne Rußfilter und Entgiftungsanlagen. «Tradition hat in Griechenland immer eine große Rolle gespielt.» Der Smog in der von Hügeln umgebenen Stadt wird obendrein durch die Hauptverkehrsstraßen angereichert, deren Verhältnis zu Grünflächen nach letzter Auswertung 97:3 beträgt; das ist olympischer Weltrekord.

Sicher hängt es auch mit diesem Umstand zusammen, dass so viele Hunde röchelnd auf der Straße liegen. Die meisten versuchen wild zu leben, schließen sich aber gern Menschen an, die freundlich zu ihnen sind; das sind ausschließlich Touristen. Denen folgen die Hunde gern durch die ganze Stadt oder zumindest bis zur Imbissbude, noch lieber aber bis ins Hotelzimmer und am allerliebsten noch ins Auto nach Deutschland. Tipp: Die Hunde trauen sich nicht in die U-Bahn. Sie sind in Athen einst angeschafft worden, um die Katzen zu vertreiben, die Jahre zuvor ausgesetzt worden waren, die Ratten zu vertreiben. Inzwischen haben die Ratten gelernt, die Hunde zu vertreiben. Das Leben ist ein Kreislauf, lautet ein Wahrspruch der alten griechischen Philosophie.

Gibt es sonst noch etwas in Athen? Ach so, ja, die *Akropolis*. Das ist das Ensemble antiker Bauwerke auf dem Hügel im Zentrum. Viele Touristen zieht es hierher, natürlich nicht, um die säurezerfressenen Säulen und Friese zu betrachten, sondern um einmal, nur ein einziges Mal, blauen Himmel zu sehen und Atem zu schöpfen. Die Stadt ist von hier oben nicht zu sehen. Aber man hört, wo sie liegt, unmittelbar zu Füßen, unter der undurchdringlichen Dunstglocke.

Was die Bauten da oben betrifft, die sogenannten Propyläen, das Erechtheion, den Nike- und den Parthenon-Tempel, so befinden sich ihre sehenswertesten Teile nicht hier, sondern im British Museum, also in London. Als Griechenland vor zweihundert Jahren unter türkischer Herrschaft stand, kaufte der englische Lord Elgin dem Sultan die bedeutendsten Teile der Akropolis-Reliefs ab. Vor wenigen Jahrzehnten noch haben griechische Kulturminister diese Werke zurückgefordert, seither sind die Stimmen leiser geworden. In Athen, darüber sind sich die Offiziellen mittlerweile einig, hätte keines der Stücke überlebt.

TÜRKEI

ISTANBUL

Istanbul ist eine Stadt an trüben Gewässern. In Nord-Süd-Richtung verläuft ein kilometerbreiter Abwasserkanal namens Bosporus. In der Antike wurde er zum Ende Europas erklärt. Inzwischen überspannt ihn eine Brücke, ein Tunnel ist im Bau, und Istanbul wirbt mit dem Slogan *Stadt auf zwei Kontinenten*. Bauten und Straßen wirken noch einigermaßen westlich, wenngleich Einwanderer aus Anatolien Wirtschaft und Stadtbild immer stärker beherrschen. Die europäische Seite wird von einer fjordartigen Bucht namens *Goldenes Horn* in einen szenigen Nordteil und einen touristischen Südteil getrennt. Dieses Horn verfügt über einen einzigartigen Reichtum an Quallen, den die Anwohner durch stetes Zufüttern von Müll aufrechterhalten. Die historischen Berühmtheiten – Hagia Sophia, Blaue Moschee, Topkapi-Palast – liegen alle auf der südlichen Halbinsel. Hier befindet sich der Ursprung Istanbuls, das bis 1930 Konstantinopel hieß. Die hügelige Altstadt blickt auf einen Ableger des Mittelmeeres, das Marmarameer. An dessen Färbung erkennen geschulte Anwohner, wann wieder ein russischer Tanker der Leichtbauweise zerbrochen ist und wie viel Öl er geladen hatte. Seismologen sagen der Stadt ein mächtiges Erdbeben binnen zweier Jahrzehnte voraus. Man solle vorher hinfahren.

Warum man es auch lassen kann

Istanbul ist vor allem eine Großstadt. Ein enges, staubiges, mit Lärm und Abgasen gefülltes Knäuel von Sackgassen. Auf dem Galataturm am Nordufer des Quallenhorns gibt es eine Webcam, die kaum Bilder sendet, weil die Dunstglocke bereits in sechzig Meter Höhe zu dicht ist. Wer sich selbst hinaufbemüht, kann auf knappem Raum aneinandergepferchte Häuser erspähen. Die meisten scheinen gerade zu verfallen oder abgerissen zu werden, oder sie sind nie fertig geworden. Zwischen ihnen staut sich der Verkehr, für den die schmalen Gassen nicht gebaut wurden. Und überall wimmeln Menschen, die so unterschiedlich aussehen, dass es jeden Touristen verwundert, dass er sofort als Tourist erkannt und von Händlern umworben wird. Das passiert natürlich besonders rund um die sogenannten Sehenswürdigkeiten.

Hagia Sophia. Dieser Kuppelbau sieht aus wie eine Moschee. Doch es ist umgekehrt: Die *Heilige Weisheit* war die erste große Kirche des Christentums und wurde zum Vorbild für große Moscheen. Als Konstantinopel 1453 von osmanischen Truppen geplündert wurde, blieb das tausend Jahre alte Gebäude stehen. Es wurde zur Moschee umgewidmet und mit Minaretten umstellt. Und eine Moschee blieb es, bis der unsentimentale Republikgründer Atatürk es vor knapp achtzig Jahren zum Museum erklärte. Im düsteren Inneren führt eine gewundene Rampe aufwärts zu überputzten Gemälden und grämlichen Mosaiken. Den besten Blick hat man, wenn man ein paar Postkarten anschaut. Vor Ort stören Gerüste den Blick, und zwar immer. Ein Arbeiter ist nie darauf zu sehen. Vermutlich sollen Ständer und Balken nur die Kuppel abstützen, die nach Prophezeiungen orthodoxer Gelehrter beim nächsten Beben den ganzen Dark Room unter sich begraben wird.

Blaue Moschee. In Sichtweite der Hagia Sophia, an leibhaftigen sechs Minaretten zu erkennen, steht die Sultan-Ahmed-Moschee, die *Blaue* genannt, weil blaue Fliesen und blaue Fensterscheiben zu bestaunen sind – und viele blaue Zehen. Denn hier muss man die Schuhe ausziehen. Diese Moschee ist in Gebrauch. Der Eindruck, in den Nischen oder Gewölben lagere Ziegenkäse zur Reifung, täuscht. Der Duft geht von den zahllosen Socken und Füßen aus, die hier nach tagelanger Pilgerschaft zum ersten Mal gelüftet werden. Unter der Kuppel hängen ausgeblasene Straußeneier. Interessierte Touristen erfahren, es handele sich um ein natürliches Mittel der Spinnenvertreibung; die Gelegenheit zum Erwerb solcher Eier ergebe sich später. In Wahrheit handelt es sich um Schmuck, der das Auge Gottes symbolisiert. Spinnen, besonders die von Kleinasien einwandernden, lieben Straußeneier.

Topkapi-Palast. Nicht aus Bescheidenheit, sondern aus Furcht vor Erdbeben bauten die osmanischen Herrscher nicht hoch. Die meisten Gebäude dieses Palastes sind zweigeschossig. Er fällt von außen nur durch eine Vielzahl an Kuppeln auf, über die in alten Krimis Spione und Juwelendiebe balancieren. Heute schreitet man ermattend von Hof zu Hof, ahnt schon, dass nach der Palastküche auch der Harem nichts hergibt, und endet nach ausgiebiger Waffenkontrolle im Topkapi-Museum, das mit pompösem Flitter gefüllt ist. Auch ein paar Reliquien sind dort zu bestaunen: von Johannes dem Täufer der Arm, der ihm beim Schwur «Ich gebe Ihnen mein Ehrenwort» abfiel. Und von Mohammed Teile seines Mantels sowie echte graue Haare – der verehrungswürdige Bart des Propheten. Das Beste von allem sind die Aussicht und die Erleichterung, wenn man wieder draußen ist.

Dolmabahce-Palast. Als die Sultane per Inzest in die finale Debilität drifteten, ließen sie sich rasch noch einen Palast am Bosporus-Ufer bauen. Mitte des 19. Jahrhunderts wurde er von europäischen Barockschlössern abgekupfert und geriet genauso langweilig. Die Fremdenführer erläutern den Durchschlurfenden, wie viel Blattgold, Keramik und Kristall für die Ausstattung verballert wurden und warum der letzte Sultan drei wassergespülte Toiletten gleichzeitig benötigte. Als Highlight gilt «der größte Kronleuchter der Welt» mit 750 Glühbirnen, von denen einzelne bereits von engagierten Klimaschützern durch Krampen erledigt werden konnten.

Großer Basar. Das überdachte Gängeviertel namens Großer Basar gehört zum Schnupperprogramm «Orient – beinahe echt». Hier gibt es alles, was keiner haben will. Kreischbunte Stoffe, schnörkelige Hängelampen, behämmerte Kessel, geklontes Gemüse, klapprige Smartphones, verpilzte Gewürze, siruptriefendes Gebäck, türkische Blusen, türkische Hemden, türkische Hosen, türkische Schuhe, schartenfreie Messer zum Schächten und Spaten zum Eingraben widerspenstiger Töchter. Die von den Händlern genannten Preise lassen sich um die Hälfte drücken und sind dann nur noch doppelt so hoch wie die Preise für gleiche Ware außerhalb.

Bosporus. Ob in fünf Stunden zum Schwarzen Meer und zurück oder nur eben rüber nach Asien: Alle touristischen Bootsfahrten dienen der Bewunderung des Reichtums an schwimmenden Nesseltieren und ihrer Tentakel. Wer den Blick über die Reling hebt, kann jedoch auch am Ufer reges Leben erblicken. Wolkenkratzer jener *anatolischen Tiger* entstehen, die mit frommer Gnadenlosigkeit die Macht im Land ergriffen haben. Alte und mit nostalgischen EU-Geldern restaurierte Holzhäuser werden eingerissen, um praktischeren Betonklötzen Platz zu machen. Auf beiden Seiten, vor allem aber auf der asiatischen, drängen sich die berüchtigten steuerfreien, «über Nacht erbauten» Häuser, die gewöhnlich auch über Nacht einstürzen.

Noch bitterer. Freiwillig sieht sich niemand das *Hippodrom* an, aber einheimische Reiseleiter sind stolz auf die Reste der antiken Pferderennbahn am *Sultanahmet-Platz*. Archäologen haben sie versehentlich freigelegt. Die meisten Bürger möchten sie wieder zuschütten. Nicht weit davon befindet sich eine unterirdische Zisterne aus römischer Zeit, die aussieht wie eine geflutete Kathedrale, *Yerebatan-Saray* genannt. Zurzeit wird erforscht, warum Besucher hier immer wieder ohnmächtig werden. Liegt es am Schimmel oder am Anblick der Glibberfische im Trinkwasser oder an unbekannten uralten Keimen? Überirdisch gibt es noch ein paar ermüdende Paläste zu vermeiden, obendrein die *Süleymaniye-Moschee*, die frommen Mosaiken in der *Chora-Kirche* und das gefürchtete *Museum für türkische und islamische Kunst*.

So wird man lästige Mitreisende los

➤ Beim Handeln. In Istanbul findet jeder Tourist schnell viele Freunde. Es sind Straßenhändler. Sie bieten echte Gürtel an, echte Schuhe, echte Badeschlappen, echte Mützen und echte T-Shirts, füllen Ayran ab, tüten Gebäck ein und wienern Obst mit ihrem Schnupftuch blank. Sie lassen sich ungern abschütteln. Sie zerren den Besucher auf eine lahmende Personenwaage, fangen dabei an, ihm die Sandalen zu putzen, und offerieren Lotterielose mit Gewinngarantie. Sie zaubern Flakons teuerster Parfüms herbei, und zwar überraschend billig, halbieren im nächsten Schritt den Preis, packen noch ein fabrikneues Handy dazu und schließlich ein Feuerzeug. «Tolle Atmosphäre!», erklären wir unserem lästigen Mitreisenden. «Probiere doch mal was aus!» Wenn ihm angesichts all der Plagiate der Schweiß auf der Stirn steht, schicken wir ihn zu dem freundlichen Herrn im Ladeneingang, der ein Tablett mit Teegläsern anbietet und einen Platz auf dem Sofa dazu. Kostenlos. «Das ist türkische Gastfreundschaft!», ermutigen wir. «Du musst nichts kaufen! Ruh dich da aus. Ich sehe mich hier draußen noch um.» Stunden später wird er eine antike Kalligraphie, eine goldene Kette oder einen Teppich gekauft haben. Oder er wird vom ständigen Abwehren und Erfinden nutzloser Entschuldigungen völlig geschafft sein.

⫸✦ **Bei der Besichtigung.** Es gibt den Doppeldeckerbus für Touris und die berühmte, einmal im Jahr gesäuberte Straßenbahn 38. Doch die meisten Wege geht man zu Fuß. Aus unklaren Gründen führen fast alle Straßen bergauf und nur ganz wenige bergab. Da die Autos ihre Abgase ungefiltert auspuffen, machen sich bei Touristen bald Konditionsmängel bemerkbar, an Füßen, Beinen und Lungenflügeln. «Dagegen trinken die Türken Raki», erklären wir unserem lästigsten Mitreisenden. Wir selbst dürften nicht, wegen unseres Magens. Prost oder vielmehr «Scherefe»! Wenn wir nun noch zu Fuß die Galatabrücke überqueren und dort um die Sardellenangler balancieren, ein paar Stationen in der vollgestopften U-Bahn fahren oder ein Museum besichtigen und anschließend in die Hitze treten, wird der Raki-Nebel plus Temperatur- und Atemschock letzte Dienste tun. All die Touristen, die auf einem Platz im Gras liegen, tun das nicht zur Entspannung, merkt nun auch unser Mitreisender. Sie haben einen Kreislaufkollaps erlitten. Es ist das häufigste Touristenerlebnis in Istanbul. Kein Atemzug, sagt der Prophet, geschieht ohne den Willen Allahs. Auch nicht der letzte.

⫸✦ **Beim Bauchtanz.** Ob wir Istanbul nun kennen oder nicht. Eines wissen wir ganz sicher: Diese Bauchtanzshow da auf dem Plakat, die ist authentisch. Aber total. Die muss man erlebt haben. «Wir haben sie schon vor ein paar Jahren gesehen» oder «müssen früh ins Bett». Viel Spaß! Besonders in der ruhmreichen Falle *Ori-*

ent-Haus mit freiem Eintritt und Zwangsmenü. Bauchtanzshows werden in Istanbul von importierten Tänzerinnen aus Russland bestritten oder von großkalibrigen Wuchtbrummen aus Bulgarien. Das Gefühl des Endlos-Repeat beginnt nach der dritten Minute. Zur Abwechslung werden unbegabte Leute aus dem Publikum auf die Bühne gezerrt und müssen mittanzen. Das amüsiert niemanden, am wenigsten unsere zum Tanz genötigten Mitreisenden. Im Web wird das Video allerdings gern gesehen.

Typisch Istanbul

Kopftücher. Um eine lästige Mitreisende loszuwerden, kann man ihr auch raten, nachts ein Taxi zu nehmen. Sie wird dann möglicherweise an einen Platz gefahren, etwas am Rand, den sie nicht kennenlernen wollte. Taxifahrer halten allein einsteigende Kundinnen vorwiegend für Prostituierte – besonders, wenn sie kein Kopftuch tragen. Eine stetige Islamisierung hat die letzten zwanzig Jahre bestimmt. Die Einwanderer aus Anatolien, religiös und ehrgeizig, prägen mittlerweile Stadt, Staat und Wirtschaft. Die Stadtteile Galata, Beyoğlu, Taksim, Şişli auf der nördlichen Landzunge zwischen Horn und Bosporus gelten noch als liberal. Doch auch hier tragen überraschend viele der jungen Frauen das Kopftuch. Nationalheld Kemal Atatürk, der markige Typ auf all den Denkmälern, hatte es einst unter viel Beifall abgeschafft. Mittlerweile ist es wieder ein Ausweis der Frömmigkeit, so ähnlich wie bei Männern der nikolausige Bart. Und es ist genauso ernst zu nehmen. Denn es signalisiert: Ich genieße Alkopops, ich liebe vorehelichen Sex, ich rauche, und für meine Eltern bin ich ein total anständiges Mädchen.

Katzen ja, Hunde nein. Istanbul ist gut für Katzen und ihre Fotografinnen. Weniger gut für Hunde. Der Orient, heißt es in einem alten Gleichnis, ähnele einer Katze, der Okzident einem Hund. Die Katze lässt sich von anderen aushalten, liegt den ganzen Tag herum, zwinkert mal in die Sonne, gähnt, rekelt sich, tappt ans Fenster, schaut lange auf die Straße, gähnt abermals und legt sich schlafen. Der Hund ist immer in Unruhe, läuft herum, wittert, erschnüffelt Gelegenheiten, trainiert die Muskeln, verschafft sich Gehör, will jagen. Nix da! Nur Katzen haben es gut in Istanbul. Ihnen wird Futter gestreut und Wasser vor die Hauseingänge gestellt. Worauf sie noch Appetit haben, finden sie im Abfall. Geschätzte dreihunderttausend Katzen, gut ernährt, streichen durch die Altstadt und um die Moscheen. Einige neigen zum aggressiven Betteln. Doch sie gelten als sauber und als Erdbebenwarner. Hunde hingegen sind unrein und potenziell tollwütig. Für sie gibt es ein Tierschutzgesetz, vor allem aber Kopfprämien. Gemeinden lassen Hunde einfangen, in Säcke stopfen und auf Mülldeponien abwerfen. Wer ohne Hundefoto nach Hause kommt, könnte in Istanbul gewesen sein. Wer ohne Katzenfoto kommt, auf keinen Fall.

Unverdauliche Landesspezialitäten

Es soll Reisende geben, die zum zweiten Mal nach Istanbul reisen und sich ausschließlich von Gurke ernähren, geschält und gesalzen. Wer zum ersten Mal anreist, kommt um Gegrilltes nicht herum. *Ekmek Balikcisi* – gegrillte Makrele mit dreißig Zwiebelringen im Fladenbrot – ist die feige Variante. Mutige oder vielmehr Unwissende bekommen die authentische Fassung: *Kokorec*. Dieser Grillspieß muss über Holzkohlefeuer garen und heiß verzehrt werden. Möglichst erst am letzten Tag, wenn der Abtransport im Flieger ohnehin unmittelbar bevorsteht. Dieses Nationalgericht besteht aus Hammelleber, Hammellunge, Hammelherz, Hammelmilz und Hammelfettstücken. Der Darm des geschächteten Hammels wird nach außen gestülpt und fest um die aufgespießten Leckerbissen gewickelt. Gegen die drohende Ohnmacht hilft *Turkish Delight*, auch *Loukoumi* genannt. Diese Köstlichkeit besteht aus Stärkemehl, gekochtem Reis, Zucker und einem Baumharz namens Mastix. Die aus der Masse geschnittenen Würfel müssen laut Gesetz so gut kleben, dass das damit gezogene Zahngold noch am selben Tag im Basar verkauft werden kann. Vom Erlös kann sich der Klient bis zum Abflug mit einer Wasserpfeife (*Shisha*) voller Cannabis betäuben.

Das reicht für das Expertengespräch

Die Stadt als lebendig und pulsierend zu beschreiben kann nicht verkehrt sein. Ein Hinweis auf verfallende innerstädtische Bezirke bei gleichzeitigem Bauboom taugt als Einstieg in einen problemorientierten Abend. Fromme und fleißige Aufsteiger aus den kurdischen Slums bilden mittlerweile das neue Establishment. Niemand weiß, ob ihr Weg Richtung Islamisierung geht oder eher Richtung Neoliberalismus und ob beides womöglich vereinbar ist. Sicher scheint, dass die Kurden in absehbarer Zeit die Mehrheit in der Türkei stellen. Sie neigen zu Patriarchat und Kahlschlagsanierung. Fehlt noch eine Erwähnung der *privilegierten Partnerschaft* mit der Europäischen Union, dann reicht der Stoff für eine unterhaltsame Runde. Im Hintergrund kann die Diashow eigener Fotos von

Minaretten vor nächtlichem Himmel, von Katzen hinter rostigen Fenstergittern und von Sonnenuntergängen am Bosporus laufen. Extrem authentisch: eine englisch untertitelte Folge von *Yaprak dökümü,* der klassischen Herzschmerz-Endlosserie (traditionsbewusster Vater schüttelt den Kopf über die Welt seiner Kinder). Raki-gestützter Höhepunkt des geselligen Abends: Er legt *Sounds of Istanbul* auf, sie führt das neue Bauchtanz-Kostüm vor.

Das meinen Kenner

«Ein begabter Künstler kann es in Europa zu etwas bringen. In der Türkei wird er für verrückt gehalten.»
– ORHAN PAMUK, SCHRIFTSTELLER

«Wanderer, wende dich ab in Trauer.»
– NIGAR BINTI OSMAN, DICHTERIN

«Nee, echt toll hier.»
– CHRISTOPH DAUM, FUSSBALLER

KAPPADOKIEN

Von den Felsenkirchen und phallusförmigen Wohnkegeln Kappadokiens gibt es eindrucksvolle Fotos. Kein Wunder, dass die Reisenden vor Ort stets enttäuscht sind. Für die bröckeligen Reste mussten sie von Ankara oder Antalya den Staub Anatoliens durchqueren, gewöhnlich per Bus. Nach fünfhundert Kilometern auf Rumpelpisten hat dann auch der Letzte kapiert, warum Kappadokiens Wohnhöhlen so früh wie möglich von allen guten Geistern verlassen wurden.

Die staubigsten Denkmäler

Hattusa. Wer sich von Ankara aus nach Kappadokien müht, muss sich unterwegs mit der Betrachtung von Lehmziegelhäusern begnügen. Als Unterbrechung der endlosen Fahrt wird die Besichtigung niedriger Feldsteinmauern angeboten. Sie werden als Ruinen einer Stadt namens Hattusa ausgegeben, die von einem Volk bewohnt wurde, von dem man wenig weiß und noch weniger wissen will: den sogenannten Hethitern. Halbwegs erkennbar ist ein von steinernen Löwen bewachtes Tor. Sein Durchschreiten soll ältere Menschen vor langem Leben schützen.

Göreme. Hier werden die Fotos gemacht. Zu sehen sind sogenannte Feenkamine, versteinerte Penisse, Erdpyramiden und ausgehöhlte Tuffsteinkegel. Einige dienten als Wohnungen und Liebesnester inzestuöser Christengemeinden, andere als Bußkapellen, weitere als Leichenhallen. Täglich fünftausend Touristen suchen nach der schönsten Perspektive und kriechen über Leitern, Staubpfade und Geröllhänge. Orthopädische Praxen vor Ort behandeln Prellungen, Verstauchungen und einfache Brüche. Für kompliziertere Fälle gibt es den Hubschrauberlandeplatz.

Liebestal, Taubental, Rotes Tal. Um die felsigen Einöden für Besucher unterscheidbar zu machen, hat die Tourismusbehörde sich Benennungen einfallen lassen. Als Höhepunkt gilt der kleine

«Grand Canyon» bei Ihlara. Hier gibt es stockdunkle Höhlenkirchen, in denen das Fotografieren verboten ist. Uniformierte Gardisten überwachen die Einhaltung des Gesetzes. Sie zu überlisten gilt als Höhepunkt jeder Kappadokien-Reise (Blitz abschalten!). Draußen im Hellen schießen offizielle Fotografen ungefragt Porträtbilder. Bei der letzten Erhebung antworteten drei Viertel der Besucher mit «Weiß ich nicht» auf die Frage, weshalb sie hergekommen seien.

Konya. Auf halbem Weg zwischen Aksaray und Konya liegt die Karawanserei Sultanhani. Wer sich bislang den überall angedrohten Kamelritten und dem Erwerb gefälschter Markenartikel entziehen konnte, wird hier dazu genötigt. In Konya gibt es das ausschließlich in Schweißsocken zu betretene Mausoleum des Mystikers Mevlana Rumi. Sein Derwisch-Orden hat sich längst zum gemütlichen Feierabendclub gewandelt. Männer, die tagsüber Gewürze oder Handys verkaufen, drehen sich abends im weißen Mantel für Touristen. Dass die Frauen nicht zu sehen sind, auch nicht in den Cafés, wo man Tee trinkt und an Wasserpfeifen nuckelt, hat seinen Grund in einer alten orientalischen Tradition: Sie arbeiten.

So wird man lästige Mitreisende los

⟫➜ **Im Ihlara-Tal.** «Die Feenkamine sollen das Beste von der ganzen Reise sein!», beteuern wir gegenüber unserem sabbeligen Mitreisenden. Die Anlagen können nur über Leitern besichtigt werden, deren Sprossen anfangs leicht erklimmbar scheinen, in der Höhe jedoch zuweilen einen halben Meter auseinanderliegen. Die Tuffstein-Stufen dazwischen gelten als brüchig. Der Reiseleiter weist auf die eigene Verantwortung hin. «Ja, dazu gehört Mut!», bewundern wir unseren Schwätzer. Was er nicht weiß: Die Hälfte aller Unfälle von Kappadokien-Reisenden ereignet sich exakt hier. Die andere Hälfte auf dem Höhlenberg von Cavusin. Da muss er auch hoch! Und er braucht nicht mal auf die Weiterreise zu verzichten: Eingegipste Beine können sehr schön auf der Rückbank des Busses hochgelegt werden.

》→ Per Ballon. «Eine Ballonfahrt über diese abwechslungsreiche Landschaft muss ein Traum sein!», behaupten wir und begründen gleich, warum wir auf diese angepriesene Attraktion verzichten: Die hundertfünfzig Euro haben wir nicht mehr übrig. Wenn unser lästiger Mitreisender sich traut, haben wir ihn die längste Zeit gesehen. In der unwegsamen Landschaft erreichen nur wenige Ballons innerhalb desselben Tages einen geeigneten Landeplatz. Etliche werden erst am folgenden Tag geortet, einige sogar erst Wochen später. Aus dem letzten Jahr gelten noch sieben Ballons als vermisst. Vielleicht kann unser Heißluft-Freund sie ausfindig machen.

》→ Auf den Kalksinter-Terrassen von Pamukkale. Das Neppmekka Pamukkale zählt nicht mehr zu Kappadokien, gehört aber häufig zur Reise. Ein kleines Sitzbad oder ein Waten auf den bewässerten Terrassen ist ein unerlässlicher Gesundheitstipp für unsere nervigste Kulturbegleiterin. Die vielstufigen Terrassen wurden von Thermalquellen geschaffen. «Das Wasser ist enorm heilsam!» Wenn unsere Nervtöterin ihre geschundenen Füße auf den glitschigen Boden setzt, rufen wir zum Foto: «Dreh dich mal schnell um!» Und wenn sie es tut: «Nein, andersherum! Schnell!» Jetzt die Videotaste drücken. Die etappenreiche Fahrt abwärts verkaufen wir der Pannenshow.

Typisch Kappadokien

Stromausfälle. Die Atomkraftwerke der Türkei sind altersschwach und undicht. Das Stromnetz schwachbrüstig. Stromausfälle gibt es in den Hotels meist unmittelbar nach Ankunft einer neuen Reisegruppe. Wenn nur die Hälfte ihre Rasierapparate, Aufladegeräte und Laptops einstöpselt, geht erst mal das Licht aus. Bedauerlich für die Leute, die sich gerade auf der Treppe oder im Fahrstuhl befinden, oder die Köche, die das Abendessen erwärmen wollten.

Verkaufsveranstaltungen. Teppiche, sagt man in Kappadokien, sind geknüpfte Albträume. Deshalb versucht man sie an Touristen loszuschlagen. Sogenannte Beratungen und Präsentationen mit Einkaufsmöglichkeit machen jede Kultur- oder Studienreise zur Butterfahrt. In Teppichknüpfereien, Töpferwerkstätten, Juwelenzentren, Ledermanufakturen wird mehr Zeit verbracht als bei den Sehenswürdigkeiten. Die Reiseleiter müssen ihre Provision eintreiben. Vor den Türen von Moscheen, Medresen, Mausoleen werden den Besuchern obendrein Kopftücher, Schnitzereien und Strümpfe aufgenötigt.

Karosserien im Taurus-Gebirge. Wer von Antalya aus nach Kappadokien fährt oder von Kappadokien zur türkischen Riviera reist, muss durch das Taurus-Gebirge. Die Schluchten werden gern als «wildromantisch» ausgegeben. Verdächtigerweise wird furchtsamen Reisenden zur Schlafbrille geraten. Nicht nur wegen der Serpentinen. Mehr noch wegen der Karosserien von zerschellten Urlauberbussen in den Abgründen. Sie werden nur an jedem ersten Dienstag im Monat geborgen.

Kappadokischer Abend. Wer in der Schule behauptet hat, er interessiere sich für die «Sitten und Gebräuche» fremder Völker, wird mit mindestens einem Heimatabend bestraft. Rund um

Göreme gibt es Höhlenabende mit Raki und Erdnüssen, dazu Gestampfe in Kostümen, missgestimmtes Fiedeln und schwabbeliges Bauchschwingen. Die klobigsten Zuschauer werden dazu auf die Bühne gezogen, damit bei den anderen wenigstens Schadenfreude aufkommt. Einige dieser Abende sind erfreulich kurz. Siehe Stromausfälle.

Unverdauliche Landesspezialitäten

Als Vorspeise lockt die Joghurtsuppe mit Kichererbsen und durchgedrehtem Lämmerhirn. Letzteres, behaupten die Einheimischen, verbessere die Intelligenz. Dann wird gern Weißkohlauflauf mit Zwiebeln und Gehacktem gereicht. Dieser Leckerbissen war früher den Stammesältesten vorbehalten; sobald sie verdauten, verließen die anderen freiwillig die Wohnhöhle. Jetzt beliebte Waffe von Rucksacktouristen in überbelegten Herbergszimmern. Nachspeisen werden meist «nach Art des Hauses» zubereitet. Egal, welches Haus – sie schmecken alle gleich, denn sie bestehen ausschließlich aus Mehl und Sirup. Kenner kleben damit die ungummierten Briefmarken auf Ansichtskarten.

Das reicht für das Expertengespräch

Der britische Historiker Christopher de Bellaigue, der ein Buch über die Gegend geschrieben hat, stellte fest, dass bei Treffen von Gelehrten bereits wenige Schlagworte genügten: «Sowohl die hellenistische Zeit als auch die byzantinische haben großartige

Spuren hinterlassen», oder: «Was die Erosion aus dem Tuffstein für Formen geschliffen hat, das muss man einfach gesehen haben.» Reisende können noch mit einem Hinweis auf die Hethiter punkten, deren Keilschrift ja leider ziemlich unlesbar ist. Von aktuellem Problembewusstsein zeugt der Hinweis auf die Gefährdung der Fresken in den Höhlenkirchen durch Umwelteinflüsse.

Das meinen Kenner

«In diesen Gegenden bleibt nichts, als Zuflucht bei Gott zu suchen.»
– MEVLANA CELALEDDINI RUMI, MYSTIKER

«Ohne Kappadokien könnte die Türkei schon sehr weit sein.»
– MUSTAFA KEMAL ATATÜRK, STAATSGRÜNDER

«Wer wissen möchte, wozu nach dem Tod die verdammten Seelen verurteilt sind, der muss hierher reisen.»
– CHARLES TEXIER, ARCHÄOLOGE

Europa – Kurz und knickbar

Alanya, Türkei: Vorbild gelungener Integration: Tausende Russen, Deutsche, Dänen, Niederländer leben hier von heimischer Rente oder von Grundsicherung plus Schwarzarbeit. Die Türken akzeptieren die Schmarotzer mit Migrationshintergrund ohne Klage.

Albufeira, Portugal: Unverändert seit der portugiesischen Militärdiktatur: Sonnenschirme in Reih und Glied, patrouillierende Milizen, Touristen im Broiler-Modus, Neonbeleuchtung rund um die Uhr.

Amalfi, Italien: Preis des Verbandes italienischer Vespa-Fans für den knalligsten Moped-Sound in den widerhallenden Gassen, Gourmet-Gurke für die fettigste Pizza der Nation

Amsterdam, Niederlande: Autos nicht abschließen, sie werden ohnehin aufgebrochen. Aus den Fahrradreifen die Luft rauslassen, sonst ist das Rad weg. Sonst super Stadt! Hat immer noch die dreckigsten Hotels des Kontinents, bleibt aber Top-Adresse des Junkie-Tourismus.

Antalya, Türkei: Eine Wand gruseliger Hochhaushotels am Küstenstreifen. Im Hafenviertel und rund ums Minarett ist die Welt noch in Ordnung: Alte Männer schlürfen Mokka und sehen Frauen bei der Arbeit zu. Türkischer «Traditionspreis für Bewahrung alter Werte».

Arcachon, Frankreich: Ehemaliger Atlantik-Badeort, jetzt voller heruntergekommener Hotels und weitgehend von Austernzucht verseucht. Labormäuse, die von hier gefischten Austern kosteten, starben binnen weniger Stunden. Menschen halten länger durch.

Baia del Silenzio, Ligurien, Italien: Die Bucht der Stille wird von mehreren Campingplätzen, Hotelreihen und Diskotheken eingeschlossen. Goldene Kammerpreismünze der Tourismusgenossenschaften für die «lauteste Stille des Landes».

Barcelona, Spanien: Hinkende Studienreisende in bemühter Bewunderung von Gaudí-Architektur. Zusammengefegte Markt-Reste als exklusive Häppchen in Tapas-Bars. Weltklasse: die Tricks der Diebe auf den Ramblas, die das Geld sogar aus den Socken wandernder Spaziergänger klauen.

Bath, England: Auch an schönen Tagen mausgrau, staubgrau, aschgrau, bleigrau, zementgrau. Getrübtes Wasser mit einem Schuss Kondensmilch wird hier «High Tea» genannt.

Belfast Lough, Irland: Der Blick über die Buch von Belfast war es, der den Autor James Joyce einst zum Auswandern trieb: grau, dunkel, verhangen, mit der Gewissheit, hier werde sich nie etwas ändern. Recht gehabt. Selbst hartgesottene Touristen erleben hier den Burn-out.

Benidorm, Spanien: Hochhäuser im Spalier. Empfohlen wird immerhin die dritte Reihe, denn die beiden Reihen davor wirken als Schallschutzmauern gegen den Autolärm. Chancen auf Meerblick ab 17. Stock aufwärts.

Bibione, Italien: Europäische Imker-Medaille für das echteste Bienenwabenfeeling in Hotels, «Schwarze Kamera» für die hässlichsten Postkarten der Adria.

Bodrum, Türkei: ehemals Standort eines der sieben Weltwunder, heute wichtige Kläranlage etwas oberhalb der Touristenstrände, beliebter Treffpunkt von Tankwagenfahrern.

Brügge, Belgien: Wer Neuschwanstein, Rothenburg ob der Tauber oder Heidelberg kennt, kann hier nicht geschockt werden. Es sind dieselben Leute, die sich durch Kirchen und auf den Turm quälen und die Spiegelungen im Kanal fotografieren. Günstige chinesische Klöppelarbeiten.

Cala Millor, Mallorca, Spanien: Höchste Dichte aufgedunsener weiß-rosa Leiber in einem europäischen Badeort, Strand optimal in Auspuffhöhe des vorbeiziehenden Stop-and-go-Verkehrs.

Cala Ratjada, Mallorca, Spanien: Der letzte von der Meeresschutzorganisation Mare Mundi hier gesichtete Fisch (2007) ist ansprechend präpariert im nahen Museum ausgestellt. Taucher nehmen schon lange mit dem Anblick ihresgleichen vorlieb. Abschüsse mit Harpunen erlaubt.

Capri, Italien: An jedem Sommertag landen achtzehntausend Touristen und schieben sich durch die Gassen der kleinen Insel (ein Zehntel von Sylt). Highlight: zwei Stunden Wartezeit im Stau der Boote vor der Blauen Grotte, dann drei Minuten Reinschauen, macht dreißig Euro.

Cardigan Bay, Wales: Sandstrände, türkisfarbenes Wasser und schmackhafte Einleitungen direkt aus der walisischen Intensivlandwirtschaft.

Chersonissos, Griechenland: Top-Besäufnis-Stadt Kretas, Strand bestens geeignet zum Sammeln von Flaschen und Scherben, größte Dichte verstopfter Abflüsse in einer mittelmeerischen Stadt.

Coopers Hill, England: Einwohner und Berg gestanklich top. Als größter Spaß gilt hier, betrunken auf Käselaiben den Berg hinunterzurodeln. Mehr Spaß ist auch wirklich nicht zu holen.

Delphi, Griechenland: Eine gehbehinderte Orakelpriesterin sonderte hier einst Sprüche ab und erreichte knapp die Qualität heutiger Zeitschriftenhoroskope. Geblieben sind drei Säulen, eine ungezählte Schar von Skorpionen und ein überfüllter Busparkplatz.

Dublin, Irland: Slummige Einwandererstadt mit 200000 Polen, 80000 Chinesen, 40000 Balten, 20000 Nigerianern, die alle auf echt Irisch machen und kohlensäureloses Schwarzbier trinken. Erleichterung angesichts des Dauerregens: Es gibt sowieso nichts zu sehen.

Fátima, Portugal: Vor hundert Jahren Schauplatz einiger nebelhafter Marienerscheinungen nebst verblüffend präziser Prophezeiungen («es wird Auseinandersetzungen, aber auch Frieden geben»). Heute heftiger Imbiss- und Andenkenvertrieb.

Funchal, Madeira: Parks und Meerblicke für Rentner mit Rucksack und Walking-Sticks. Abends Rotwein-Schunkeln zu Live-Schlagern. Begrenzte Fluchtmöglichkeiten (750 km zum Festland).

Goldstrand, Bulgarien: Nostalgieurlaub wie im Sozialismus. Einzige kapitalistische Erneuerung: die Promenade als Schlepper-Spalier. Sonst alles wie vor dreißig Jahren. Auch die Party-Hotels. Abgesperrte Strandbereiche für Draufzahler.

Großglockner, Österreich: Neue Rekordbuch-Eintragung für «die meisten leeren Einwegverpackungen an einem europäischen Bergpfad». Gemeint ist der Normalweg ab Adlersruhe mit der muffigen Erzherzog-Johann-Hütte. Reiz auf den anderen Anstiegen: Wetterstürze, Steinschlag, überraschende Vereisung.

Jungfrau, Schweiz: Lieblingsberg der Japaner. Die Zahnradbahn aufs Jungfraujoch ist zwar teuer, doch dafür im Sommer richtig knüppeldickerummelvoll mit Fotofans. Im Winter dominieren Teilnehmer am beliebten Spiel «Lawine-Treten».

Kamari, Santorin, Griechenland: Die zahlreichen Sperrmüllhaufen auf dem Schotterstrand dienen den tief einfliegenden Urlauberjets als Hinweise und Landebahnmarkierungen. Tröstlich: viele Ouzo-Kneipen zum Betäuben, Vergessen, Versinken.

EUROPA – KURZ UND KNICKBAR

Kapi, Türkei: Die enge Bucht gilt als Idylle, deshalb liegen hier immer etliche Großsegler gleichzeitig vor Anker. Trubel und Echoeffekt wie im heimischen Hallenbad, Harngehalt ebenso.

Kemer, Türkei: Angesagte Tankstelle für Fahrer mit Methanol betankter Fahrzeuge. Das wirksamste Methanol wird in Hinterräumen auf handliche Flaschen abgefüllt und unter dem Namen «Raki» verkauft.

Kusadasi, Türkei: Der Modergeruch in den Behausungen stammt angeblich von der Nähe der Ägäis, der Sound der Pressluftbohrer vom Versuch, den Schimmel aus den Duschen zu entfernen. Bei näherem Hinsehen plausibel.

Lascaux, Frankreich: «Steinzeitzeichnungen» (Kuh, Pferd), die vor siebzig Jahren von «Entdeckern» an die Wand gemalt wurden. Mittlerweile weitgehend verpilzt. Nachbildungen der Nachahmungen gegen hohe Gebühr zugänglich.

Lido di Jesolo, Italien: Am Plattenbaustrand sind Hunde willkommen, vor allem auf den Strandliegen und in den Duschen. In den Zimmern selbst gilt dasselbe jedoch nur für die schwarzen Punkte, die an der Wand hochlaufen.

Lissabon, Portugal: Lärmende Schwärme in den Straßenbahnen 12 und 28, in den Gassen der Baixa und im Aufzug zum Bairro Alto, beim Bewundern von Häusern, die seit Jahren hinter Gerüsten verborgen sind, abends in den dreihundert Geheimtipps für faden Fado.

Lloret de Mar, Spanien: Top-Destination preisgünstiger Regenbogen-Sauftours, jedoch auch Goldmedaille für die «am besten auf Alkoholvergiftung vorbereiteten Krankenhäuser Spaniens». Viele deutschkundige Bestattungsunternehmen.

Lourdes, Südfrankreich: Marienerscheinung vor 160 Jahren. Das Verhältnis von Heilungen zu Erkrankungen vor Ort steht seither 1:15763. Darmerkrankungen sind am häufigsten, gefolgt von grippalen Ansteckungskrankheiten, Listerien-Infektionen und akuten Depressionen.

Mailand, Italien: Ehemalige Trend- und Glamourcity, jetzt noch Hauptstadt der Magersucht und ramponierter Outlets. Vom Dom nur die Dachterrasse sehenswert. In der Nähe: die Ruine von Leonardos «Abendmahl» im Refektorium von Santa Maria delle Grazie. Vier Stunden Anstehen für 15 Minuten Betrachtungszeit nach dem Motto «Können Sie mal eben ein Stück zur Seite gehen?»

Marbella, Spanien: Trotz starker Konkurrenz unumstrittene Korruptionshauptstadt Südspaniens, höchste Zahl inhaftierter Bürgermeister in Europa. Zuflucht besichtigungsfreudiger Besucher: das Bonsaimuseum.

Marmaris, Türkei: Bettenburg mit guten Fastengelegenheiten, da die Restaurants aus hygienischen Gründen meist geschlossen und die Wasserleitungen aus Kostengründen häufig abgedreht werden. Überwinterndes Welkfleisch.

Medjugorje, Bosnien-Herzegowina: Marienerscheinung vor dreißig Jahren, vom Vatikan nicht anerkannt, desto erfolgreicher. Treffpunkt freischaffender Exorzisten und selbständiger Engelsvermittler. Stark überhöhte Weihrauch-Emissionen.

Molnar Janos, Budapest, Ungarn: Verzweigte Höhle unter der Stadt, ursprünglich mit Thermalwasser gefüllt, angeblich immer noch, in Wahrheit als Kloake genutzt. Interessante aquatische Lebensformen. Ein Muss für Freizeittaucher.

Montagne Sainte-Victoire, Frankreich: Seit Cézanne sie gemalt hat, Edelhügelgruppe gebildeter Senioren, denen hier der Mistral erst die Mütze, dann die Brille, danach das Toupet und schließlich das Gebiss vom Schädel weht. Fundbüro am Fuß des Berges.

Mykonos, Ägäis, Griechenland: Die Kykladen-Insel ist zu Recht stolz auf den höchsten Pro-Kopf-Alkoholkonsum im östlichen Mittelmeer. Es gibt Kirche, Kloster und fünf Windmühlen, aber die sind nichts gegen das einzigartige Besäufnisparadies: Die Häuser sind komplett zu Bars, Clubs, Pubs umgewandelt worden. Am Morgen sehen die Gäste unter ihrer heftigen Schminke so aus wie die Fassaden des Inselstädtchens: kalkweiß und blau.

Neapel, Italien: Bedeutendste Müllhalde am Vesuv. Viel Mief, jedoch auch Pizza und exzellente Auswahl gefälschter Markenartikel, angeboten von wispernden Afrikanern. Glänzend organisierter Straßenraub. Touristentötungen in letzter Zeit nur noch versehentlich bei Auseinandersetzungen der Camorra.

Ölüdeniz, Türkei: Sonnenliegen ab morgens sieben belegt. Dart-Pfeile ab mittags verschwunden. Toiletten durchgängig von Kebab-Kunden besetzt. Aber Superblick auf Gleitschirmflieger, die genau dort ins Mittelmeer abstürzen, wo die Haie schon das Maul aufreißen. Elf Vorkommnisse pro Sommer, Fernglas mitnehmen!

Oslo, Norwegen: Die eintönigste, dafür teuerste skandinavische Stadt. Ab 18 Uhr ausgestorben, vorher extrem ruhig. Viele orientierungslose Kreuzfahrtgäste. In der Nähe reichlich Wald und Wasser. Wegen der Alkoholpreise stürzen sich die Einwohner von der Holmenkollen-Schanze.

Paguera, Mallorca, Spanien: Badespaß mit Saugbarben, das sind Fische, die abgestorbene Hautzellen von den Füßen knabbern, für circa 15 Euro pro Viertelstündchen. Lobenswert kostenlos: die unermüdlich rumorenden Bagger am Strand.

Pamplona, Navarra, Spanien: Kathedrale Santa Maria, Festung, Museum und so weiter. Aber hier kommt man zum

Stierlauf im Juli: Eine Woche lang werden die Stiere durch die Straßen zur Arena getrieben, fangen bald an vor Begeisterung zu stürmen – und jeder Zuschauer ist willkommen mitzulaufen. Die gesamten achthundert Meter von Santo Domingo bis zur Estafeta schafft niemand. Aber dreißig Meter ohne Armbruch, Beinbruch, Schädelbruch oder anschließende Beinamputation sind schon beachtlich. Vorteil laut Hemingway: «Sterben fällt danach nicht mehr schwer.»

Paphos, Zypern, Griechenland: Die letzte Reinigung der Pools und der Bettwäsche fand im Bauboom der späten Siebziger statt. Trinkwasser bitte selbst entsalzen. Die alten Leitungen sind Weltkulturerbe.

Pisa, Toskana, Italien: Die Tourismus-Werbung bimst den Besuchern ein, es gebe noch mehr als den Schiefen Turm. Das stimmt, es gibt noch mehr, aber nicht in Pisa. Der Campanile neben dem Dom ist zu Recht der einzige Anlaufpunkt für gefühlte zwei Millionen Fotografen täglich. Vom monströsen Parkplatz herbeigeeilt, dirigieren sie Partner und Familienmitglieder so ins Bild, dass es aussieht, als stützten die den Turm. Nur gut, um hinterher sagen zu können: Es lohnt sich nicht.

Port de Pollença, Mallorca: Erster Inselort, in dem hundert Prozent der Hotel- und Restaurantbewertungen auf Bestechung beruhten. Baugenehmigungen nur zu dreiundachtzig Prozent, da ist noch Luft. Inzwischen als Vorbild vielfach nachgeahmt.

Radonstollen, Bad Gastein, Österreich: Schwach radioaktive Höhle. Etliche Gäste mit schwer definierbaren Beschwerden, die hier hyperventilieren und auf Verlängerung ihrer Halbwertszeit hoffen. Ein Kurzaufenthalt entspricht dem Blick auf Fukushima aus acht Kilometern Entfernung.

Rethymno, Kreta, Griechenland: Die Tourismusbehörde versichert: Die flinken braunen Tiere, die hier zwischen Bettlaken und Kopfkissen siedeln, wollen nur spielen! Ihre Ahnen stammen aus der osmanischen Zeit. Tolles Aroma im Meeresmuseum bei der Sammlung von Weichtieren.

Rhodos, Griechenland: Unvergessliche Tauchtrips zu unterseeischen Müllbergen, die liebenswerten Meerestieren und Nesselquallen Unterschlupf bieten. Allergische Schocks bitte gleich an Land behandeln lassen. Dort beißen lediglich Sandflöhe.

Rimini, Italien: Großes Kino vom Flugzeug aus: die endlosen Scharen in den Sand getackerter Urlauber, aufgereiht und sortiert wie Insekten im Schaukasten. Außerirdische machen hier Fotos und fliegen dann weiter. Vorbildlich.

Sacro Speco, Subiaco, Italien: Grotte, in die sich Benedikt von Nursia zurückzog, um Jahre später als erleuchteter Guru wieder herauszukommen. Der Eingang der Einsiedelei wird tausendfünfhundert Jahre später ganztätig von Reisebussen und Pilgerscharen versperrt.

Salzburg, Österreich: Mozart im Dauerrepeat. Deutsche, Italiener, Amerikaner, Japaner machen den Flashmob in der Getreidegasse. Wichtigste Sehenswürdigkeit: die massenhaft produzierten Mozartkugeln, mit denen der Meister einst vergiftet wurde. Klappt auch noch heute.

San Antonio, Ibiza, Spanien: Auf Ibiza ist eigentlich alles vorbei. Aber in San Antonio zuckt noch ab und zu die abgetakelte Clubszene. Ihr jungen Reisenden, zeigt Mitgefühl! Die Leute, die ihr hier seht, waren vor vielen Jahren noch nicht alt, fett, faltig und abstoßend ranzig!

San Gimignano, Italien: Die toskanische Tourifalle schlechthin, stolz auf ihre mittelalterlichen Hochhäuser. Ranzige Zimmer, zerkochtes Essen, gepanschter Wein. Dagegen echt süß: die im Dunkeln aus den Gullys kletternden und an Hauswänden entlanghuschenden Ratten.

Santiago de Compostela, Spanien: Lieblingspilgerort deutscher Entertainer, katholischer Gemeinden und spiritueller Wanderer, weltweit größter Umschlagplatz für Calamares mit Fritten plus Weihrauch satt. Zu wenig Klos, aber viele Suchende.

Siena, Italien: Das düstere Gegenstück zu Florenz. Kulturreisende im Gänsemarsch, die alle die Piazza del Campo toll finden, weil sie sich endlich hinsetzen dürfen. Klos dauerhaft belegt, weil die in den Restaurants servierten weißen Trüffel nachhaltig abführend wirken.

Skotino bei Gouves, Kreta, Griechenland: Labyrinthisches Gängesystem, das in mythischer Zeit dem Stiermenschen Minotauros als Wohnung und Indoor-Sportplatz diente. Er hinterließ eine Sammlung von Staub und Steinen nebst muffigem Geruch. Gibt's auch woanders.

Slantschew brjag, Bulgarien, auch Abendsonnenstrand genannt: Größtes Dementenheim am Schwarzen Meer (45 000 Betroffene auf 800 Hotels verteilt). Täglich Schweineborsten plus Sättigungsbeilage. Toleranzmedaille der National Alzheimer's Association.

Supetarska Draga, Kroatien: Von den vielen Buchten der Insel Rab ist diese die wandlungsfähigste: Ihr Aroma verstärkt sich im Laufe des Tages, bis man um 20 Uhr die Fenster schließen muss. In zwölf Jahren soll eine funktionierende Kanalisation gebaut werden.

Thorpe Park, Surrey, England: Sommerlicher Freizeitpark in der Nähe der Ortschaft Chertsey. Die schnellsten und steilsten Achterbahnen Europas oder der Welt oder des Universums führen bei älteren Besuchern (ab 28) zu Hörstürzen, Netzhautablösungen, Migräne, Schiefhals, muskulären Dysbalancen und Depressionen. Schmerzensgeldforderungen schwierig. Aber die

Geschäftsführer werden nach Unfällen auf dem Gelände regelmäßig ausgewechselt.

Torremolinos, Spanien: Vor vierzig Jahren Ziel junger Aussteiger, die jetzt an quietschenden Rollatoren in den Supermarkt schlurfen. Der Ort ist längst gnadenlos zubetoniert und gilt als Symbol des Gruselgrills namens Costa del Sol.

Tschenstochau, Polen: auch Częstochowa oder kurz Zahnstochau: Fünf Millionen Bustouristen pro Jahr sorgen dafür, dass die Stadt schwarz von Abgasen ist. Die Hotels sind düster, mittlerweile ist sogar das angebetete Gnadenbild (Madonna) schwarz. Günstige Zahnarztpraxen.

Wien, Österreich: Ansehnlichste Stadt des Balkans, zugleich dessen Eintrittstor nach Europa. Opernfußball, Wasserwein, Hofratswitwen. Einflussreiche Kanalisation. Nur unzureichend umgesetzt wurde der Sanierungsvorschlag von Karl Kraus: Änderung des Dialekts und Verbot der Fortpflanzung.

AFRIKA

ÄGYPTEN

Wer sich an Gräbern nicht sattsehen kann, ist in Ägypten richtig. Wer sich für Inzest interessiert, ebenfalls. Hier heirateten Geschwister untereinander, Herrscher schwängerten ihre Töchter, und Königinnen holten ihre Söhne ins Bett, um die Ahnenreihe sicherzustellen. Diese *Kultur der Pharaonen* hat ein paar geschrumpfte Leichen hinterlassen sowie einige Tempel, Keller und übertriebene Grabhügel. Erbaut wurden diese Denkmale von Millionen zum Frondienst gepeitschten Sklaven und Zwangsarbeitern. Grund genug für die Unesco, die Stätten zum Weltkulturerbe zu erklären. Vierzehn Millionen Touristen stolpern jedes Jahr durchs Geröll und fahren mit gefälschten Andenken und Lungen voller Staub wieder ab. Das angebliche Rätsel von Grabkammern und Pyramiden haben sie nicht gelöst. Aber immerhin haben sie das Interesse daran verloren. Den Daheimgebliebenen können sie fortan erzählen, wie lästig die Händler sind, wo *Tod auf dem Nil* gedreht wurde und warum *Die Mumie* nicht so bald wiederkommt. Und dass es überall schrecklich voll war. Seit Thomas Cook vor hundertfünfzig Jahren die Pauschalreise für Briten und Amerikaner erfand, hier in Ägypten, ist der Fremdenverkehr zur unverzichtbaren Einnahmequelle des Landes geworden. Der Nobelpreisträger Nagib Machfus hielt die Tourismusindustrie für die moderne Plage Ägyptens. Die eigentlichen Plagen sind hingegen die Besichtigungen, denen unschuldige Reisende hier unterworfen werden.

Die zehn ägyptischen Plagen

1. Die Pyramiden. Die Pyramiden befinden sich gleich außerhalb von Kairo, auf einem Plateau namens Gizeh. Laut Umfrage der Tourismusbehörde besteht die erste Reaktion bei ihrem Anblick nicht in Enthusiasmus oder nur Staunen, sondern in Äußerungen wie: «Aha, da sind sie also.» Es sind eben nur sandfarbene Kunstberge, die keineswegs an Prachtentfaltung erinnern, sondern an Abraumhalden. Dass im Inneren Sarkophage standen, deren Inhalt auf erneuerte Weltherrschaft wartete, macht den monumentalen Flop nur noch deutlicher. Die zweite Reaktion ist übrigens nicht Enttäuschung, sondern ein Fluchtreflex. Das liegt an der Fülle schwitzender Einheimischer, die Kamelritte, Postkarten, heilsamen Skarabäenkot und Pharaonenpüppchen aus Plastik verkaufen wollen.

2. Das Sphinx. Die Pyramiden – Cheops, Chephren, Mykerinos plus drei kleinere für Damen – sind schnell umrundet, die paar Reliefs besichtigt, die Gruppenfotos gemacht, die insektenhaften Händler abgewimmelt, vielleicht noch ein stickiger Gang durchkrochen, fertig. Da trifft es sich gut, dass nebenan jener Löwenkörper mit verrutschten Gesichtszügen wartet, der lange «die» Sphinx hieß, dann dreißig Jahre lang «der» Sphinx. Nun soll der pfuschartig behauene Bröckelfelsen in «das» Sphinx umgetauft werden; weil es sich um ein sexuelles Neutrum handele oder vielmehr um ein doppelgeschlechtliches Zwitterwesen. Doch der Gag rettet auch nichts mehr. Der die das Sphinx ist live wesentlich unscheinbarer und jämmerlicher als auf den Fotos. Alle hoffen auf die demnächst geplante pausbäckige Replik.

3. Die Pyramiden von Sakkara. Es ist üblich, eine Nilkreuzfahrt zu buchen, aber man kommt auch mit dem Bus hin: Jenseits einiger Lehmhütten und braunstichiger Felder steht eine Stufenpyramide, von deren Treppenaufgang vor dreitausend Jahren ein Pharao zur Himmelfahrt abheben wollte. Hat nicht geklappt. Bei den benachbarten kleineren Pyramiden misslang sogar die Statik. Mal gab es einen Knick in der Optik, mal geriet das Ganze zu einer Art verfallenem Ameisenhaufen. In einige dieser Ruinen kann man hineinkrabbeln. Faustregel: Wer nicht wieder rauskommt, wird unter einem Pharao wiedergeboren, üblicherweise in der mittleren Beamtenlaufbahn. Tröstlich für die Hinterbliebenen ist ein Gartenrestaurant am Rand des versandeten Gräberfeldes.

4. Tempelstau in Karnak. Karnak ist ein Dorf bei Luxor. Luxor hieß noch Theben, als die Pharaonen sich hier immer neue Standbilder und Tempel zusammenbauen ließen. In Karnak gibt es die größte Ansammlung mittelmäßig behauener Steine. Also jede Menge Obelisken, Reliefs, dicke Säulen und flachbäuchige Statuen, die man alle herrlich filmen oder fotografieren könnte, wenn nicht rund hunderttausend Leute pro Tag dasselbe tun wollten. Warum nur, warum? Für Werbefotografen und *Hercule-Poirot*-Verfilmungen wird die Anlage immer gesperrt. Für den Rest der Besucher ist sie ungenießbar. Es bleibt: «Aber wir waren wenigstens da.»

5. Luxor-Tempel. Dieses Gelände wird gewöhnlich abends besichtigt, weil es mitten in der Stadt liegt und bei Tag zu trübsinnig wirkt. Die Beleuchtung widmet sich vor allem den Kapitellen der Säulen und den Gewölben und lässt die unten sich drängenden Massen in Dämmerung versinken. Sphinxen (Kenner sagen Sphingen) mit verwaschenen Widderköpfen liegen Spalier an einer Allee, die mal nach Karnak führte, jetzt aber an baufälligen Mietskasernen endet. Es gibt noch eine sitzende Statue von irgendeinem Ramses sowie eine stehende Statue und einen Obelisken, bei dem die meisten Besucher sagen: Nun reicht es langsam. Aber es geht immer weiter.

6. Tal der Könige. Hört sich prächtig an, ist aber nur ein staubiges Wüstental gegenüber von Luxor auf der anderen Nilseite. Absperrgitter wie in Disneyland lotsen die Warteschlangen an gnadenlosen Folterknechten vorbei: schwitzenden Souvenirhändlern, die jeden Besucher komplett mit «Ramsches» ausrüsten möchten, wie sie es nennen. Der halbe Kilometer bis zum eigentlichen Eingang wird so zur gefühlten letzten qualvollen Todesmeile. Das Tal selbst besteht aus Sand und Fels und Schachteingängen. Von angeblich über sechzig sollen sich zehn Grabkammern lohnen. Von denen sind immer drei geöffnet – wechselweise und verlässlich so, dass man denkt, die anderen wären toll gewesen. Sind aber alle nur heiß und stickig. Fotografieren ist wegen ein paar schwächelnder Wandgemälde verboten.

7. Hatschepsut-Tempel. Um die Ecke von den Herren Königen: die Königinnen. Vor allem eine Regentin hat sich hier monumentale Tempelterrassen nebst Statuen an einen Berghang pflanzen lassen: die gestrenge Hatschepsut. Ihr Ehemann starb unter ungeklärten Umständen, sodass sie selbst Pharaonin wurde. Sie regierte über zwanzig Jahre lang, bevor sie mit einem gewaltigen Niesen verstarb («Hatschepsut»), dem angeblich der Nil seinen Ursprung verdankt. Man kann Stufen hinaufsteigen und zwischen Pfeilern hin und her gehen und die ewigen Reliefs mit den immer gleichen Gestalten betrachten, die laut Reiseleiter immer etwas anderes bedeuten.

8. Horus-Tempel in Edfu. Nach Assuan gelangt man gewöhnlich per Nilschiff. Auf dem Weg treibt man an ein paar Tempeln vorbei (*Kom Ombo* für einen verdorrten Krokodilgott, *Philae* für Inzestgöttin Isis). Der Blick von der Reling reicht vollkommen; nur wer sich eine extra ausgiebige Reise hat aufhalsen lassen, muss hier noch aussteigen. Nicht erspart bleibt einem auf halbem Weg ein Tempel, der dem Falkengott Horus geweiht ist und der unglücklicherweise als gut erhalten gilt. Schon wieder Säulen, Höfe, Vorräume, Nebenkapellen, Gänge, ein muffig riechendes, längst entweihtes Allerheiligstes und viele Reliefs, die von den Reiseleitern schamlos zur Erläuterung der ägyptischen Geschichte genutzt werden. Das Beste: die Fahrt zurück zum Schiff.

9. Assuan. Ägyptens südlichste Stadt ist zugleich Hauptstadt der Provinz Nubien, die geographisch weit in den Sudan reicht. Die ockerfarbene Stadt bietet eine touristische Fußgängerzone, ein grämliches arabisches Viertel, Bootsfahrten zu den Nilkatarakten und eine Insel namens Elephantine, auf der ein gewienertes Museumsdorf als echt nubisch ausgegeben wird. Unvermeidlich ist der Abstecher zum Staudamm, dessen erste Version hundert Jahre und dessen neuere Fassung fünfzig Jahre alt und brüchig ist. Üblich ist die emsige Debatte: Ist der Damm umweltverträglich? Hat er nicht den wertvollen Nilschlamm zurückgehalten? Den Fischbestand im östlichen Mittelmeer reduziert? Reicht als Thema für Busfahrt und Abendessen.

10. Abu Simbel. Man kann nach Abu Simbel am Südufer des Stausees fliegen. Das Übliche ist eine Bustour im Konvoi, zu der man in Assuan gegen fünf Uhr aufbricht, um gegen halb acht dort zu sein. Der Haupttempel ist nach den Pyramiden das meistfotografierte Bauwerk Nordafrikas: Vier zwanzig Meter hohe Sitzstatuen, zwei davon mit Ziegenbart, eine ohne Kopf und Oberkörper, die allesamt Ramses Zwo darstellen, den König, der vor dreitausend Jahren mit seiner Mutter und mit seiner Tochter verheiratet war, nebenbei wohl auch noch mit anderen Frauen. Wegen seiner siegreichen Kriegszüge ging er als Friedensfürst in die Geschichte ein. Der Tempel wäre vom Stausee überspült worden, hätte man ihn nicht zerlegt und an höherer Stelle wiederaufgebaut, was heute allgemein bedauert wird. Denn die Rückfahrt ist noch ermüdender als die Hinfahrt.

So wird man lästige Mitreisende los

≫→ Beim Kamelritt. Die letzte Entführung von Touristen in Ägypten liegt schon ein paar Jahre zurück. Mehr Verlass ist auf einen Kamelritt, wie er vor allem rund um die Pyramiden angeboten wird. Zwar fallen nur elf Prozent der Touristen vom Höcker. Und davon wiederum verstaucht sich nur die Hälfte die Gliedmaßen so nachhaltig, dass die Reise lediglich mit Verband auf der Rückbank des Busses fortgesetzt werden kann. Doch wir können angeberische Mitreisende zu einem waghalsigen Ritt ermutigen, zumal sie dann wenigstens eine Weile beschäftigt sind. Wir selbst beherrschen das wichtigste Wort Ägyptens: *La Schokran* – Nein danke. Wer es mantramäßig vor sich hin murmelt, gewinnt Ruhe und Kraft.

≫→ In Kairo. Alle Reisen schließen Übernachtungen in Kairo ein. Im chaotischen Verkehr bleiben Reisegruppen zunächst unbehaglich nah zusammen. In der Altstadt lockert sich die Stimmung. Hier gibt es eine abgetakelte Zitadelle und eine muffige Alabastermoschee. Vor allem aber einen wuseligen Basar und ein Ägyptisches Museum. Beide sind glänzend geeignet, um geschwätzigen Mitreisenden zu sagen: In zwei Stunden treffen wir uns wieder am Eingang, sonst im Hotel! Auf Letzteres läuft es hinaus. Der Khan-el-Khalili-Basar mit der betäubenden Fülle von Parfüms, Tüchern, Teppichen aus echter Kinderarbeit, frischgedruckten uralten Papyri und eben fertig geschnitzten Antiquitäten weckt bei den meisten Besuchern einen in die Gene geprägten Wunsch: den Wunsch zu überleben. Nur ist es schwerer, hinaus- als hineinzukommen. Das gilt genauso fürs Museum: Konkurrierende Reisegruppen mit krakeelenden Führern drängeln um Mumien, Stelen, Totenmasken. Unser lästiger Mitreisender wird sich hoffentlich ausgiebig informieren, während wir im Café eine extrem verdächtige Wasserpfeife rauchen.

Typisch Ägypten

Bakschisch. Im alljährlichen Ranking von Transparency International hält Ägypten seit Jahren einen der Spitzenplätze unter den korruptesten Ländern der Welt. Die berühmten Bakschisch-Forderungen von Wärtern, Grabeshütern, Parkwächtern und selbsternannten Aufsichtspersonen sind also nichts Ungewöhnliches. Sie sind authentische ägyptische Kultur. Bakschisch bedeutet so viel wie Geschenk, und nichts anderes wird von einem Gast erwartet, und zwar minütlich, sobald er den Fuß auf ägyptischen Boden gesetzt hat. Es gibt keine Gepäckausgabe ohne Bakschisch, keinen Klobesuch, keinen Blick auf die Pyramide oder in eine Grabkammer. Wer sich an einen Fels lehnen möchte, muss Bakschisch bereithalten für den Hüter des Felsens. Das Positive: Für dergleichen freiwillige Spenden bekommt man nahezu alles: Einlass in gesperrte Museumsräume, Zugang zu Grabkammern sowie kleine schwärzliche Zähne und Haare von jahrtausendealten Mumien.

Nilfahrt. Bei Agatha Christie ereignete sich eine Menge an Bord des Nildampfers, während die Landschaft im Hintergrund vorbeizog. Für Reisende, die keinen Mord aufzuklären haben, ist die Fahrt pure Langeweile. Die Uferlandschaft ist von ermüdender Eintönigkeit. Felder, Palmen, Sand und Schlick. Frauen waschen, Kinder planschen, Männer schlafen. Als besonderer Kick bleiben das Käptns Dinner und die Ausfahrt mit einem Segelboot, dessen entscheidende Originalität darin besteht, dass es Felukke genannt wird. Es gibt auch Fähren und Motorboote und ein paar grasbewachsene Inseln. Der Nil sei nicht nur lang, bemerkte der britische Kommandant Edmund Allenby, sondern vor allem langweilig. Was er übersah: Der ägyptische Flusslauf unterhalb von Assuan bietet eine abwechslungsreiche Fauna: Fische, Flöhe und Wasserratten.

Unverdauliche Landesspezialitäten

Ägypten gehört zu den zahlreichen Ländern der Welt, die dicke Bohnen als Nationalgericht schätzen. Und wenn gerade keine Bohnen da sind, dann Linsen oder Kichererbsen. Reisende, die schon anderthalb Grillspieße mit Hammelleber, Schafsbrüsten und Bauchfett samt gewickelten Zwiebelschalen überstanden haben, ziehen sich oft auf Fladenbrot und Reis zurück. Vom dritten Tag an gewöhnlich auf ärztlichen Rat. Dabei sind es weniger die verdorbenen Fleischbestandteile als vielmehr die verpilzten Pasten, deren undefinierbare Grundsubstanz immer wieder stoisch umgerührt und verlängert wird. Garküchen in Kairo und Alexandria sind sogar stolz darauf, dass ihre Pasten noch Kreuzkümmel und Knoblauch aus osmanischer Zeit enthalten, also mindestens hundert Jahre alt sind. Die Lebenserwartung in Ägypten ist vielleicht nicht zufällig fünfzehn bis zwanzig Jahre geringer als in Deutschland, allerdings nur zehn Jahre geringer als bei Deutschen, die eine Woche in Ägypten verbracht haben. Trost bieten übrigens die zahlreichen Kronenzieher aus Sirup, Zucker, Honig, Kleister und Nüssen sowie eine äußerst laxe Auslegung des islamischen Alkoholverbotes.

Das reicht für das Expertengespräch

Die wichtigsten Kunstschätze Ägyptens sind zunächst von den Franzosen unter Napoleon abtransportiert worden. Der damals sichtbare Rest wurde unter englischer Herrschaft ins British Museum verlegt. In Berlin gibt es eine Büste der Nerfertiti alias Nofretete. Handelt es sich bei all diesen Altertümern um Raubkunst? Sollten diese Werke womöglich zurückgegeben werden? Diese Frage ist ein schöner Einstieg in einen Abend über den Umgang mit Kolonialwaren. Eher Quizcharakter haben dagegen die Mutmaßungen über die Welt der Götter und Dynastien. Wer Amenophis, Thutmoses, Echnaton und Tutanchamun zwei Wochen nach der Reise noch nach zeitlichem Auftreten zu ordnen vermag oder wer Altes, Mittleres und Neues Reich den Jahrtausenden zuordnen kann, hat gewonnen. Die verdiente Strafe: ein Buch über die Entzifferung der Hieroglyphen. Oder ein Lexikon der Mythologie, damit nicht nur Isis und Osiris im Gedächtnis bleiben. «Das lies mal durch, denn wenn einer einen Sinn dafür hat, dann du.» Die anderen prosten sich unterdessen völlig unmythologisch zu.

Das meinen Kenner

«Ich reise nicht in Länder, in denen das letzte intelligente Leben vor dreitausend Jahren ausgestorben ist.»
– ISAAC BABEL, SCHRIFTSTELLER

«Man weiß inzwischen, dass die Sphinx angesichts des letzten großen Rätsels der Menschheit verstummte: Warum gibt es so viele tolle unverheiratete Frauen und so wenig tolle unverheiratete Männer?»
– SARAH JESSICA PARKER, SCHAUSPIELERIN

«Packen Sie mir diesen Obelisken ein, und schicken Sie ihn nach Hause.»
– NAPOLEON, FELDHERR

MAROKKO

FÈS, MARRAKESCH, CASABLANCA

Ja, natürlich, es gibt einen Grund, nach Marokko zu reisen, am besten mit Gleichgesinnten, und dafür auch noch tief in die Tasche zu greifen. Einen einzigen Grund: dort bei Nacht ein Boot zu besteigen und über die Straße von Gibraltar nach Spanien zu setzen, um den gruseligsten aller Kontinente für immer hinter sich zu lassen. Das tun viele.

Dass auch der umgekehrte Fall vorkommt – dass also Leute von europäischen Schleppern verführt werden und nach Marokko fahren –, das scheint Afrikanern, und speziell den Marokkanern, schier unbegreiflich. Aber es geschieht. Europäische Schlepper, Reiseveranstalter genannt, geben Marokko als «Land der Königsstädte» aus. Mit diesem goldfarbenen Wort bezeichnen sie eine Reihe von Slums, die unter den Namen Fès, Marrakesch, Meknès und Rabat im Lexikon zu finden sind.

Da steht dann auch, dass irgendwann mal vor vielen hundert Jahren ein paar meuchelnde Könige in diesen Städten wilderten – aus fragwürdigen Dynastien namens Idrisiden, Almoraviden, Almohaden, Meriniden, Saadiern und Alawiden. Ihre Herrschaftsberechtigung leitete sich vor allem aus der Kunst des Mordens her. Sie haben befestigte Häuser mit Zinnen hinterlassen, die jetzt als Paläste ausgegeben werden, und aus Schuldgefühl ein paar Moscheen von Sklaven erbauen lassen.

Rabat ist die Hauptstadt. Außer wuseligem Verkehr und Plattenbauten sind ein paar historische Ruinen zu durchstolpern. Anschließend gibt es Pfefferminztee. Schluss. Nebenan in Meknès erhebt sich immerhin ein Getreidespeicher. An der Stadtmauer erleichtern sich tierquälerisch bepackte Esel. Wer in die Gassen der Handwerker und kleinen Läden späht, in die sogenannten Souks, wird sofort hineingezogen und Stunden später gegen Lösegeld wieder zum Ausgang geführt. Eine schnellere Freilassung ist nur zu erreichen durch den Kauf von Kupfertöpfen oder Teppichen.

Das gilt noch viel mehr in Fès. Reiseleiter zeigen hier gern ein oder zwei Mausoleen von islamischen Gelehrten, auch die *Medresen* genannten Koranschulen, und entlassen ihre Gruppe dann zum Schnuppern ins Labyrinth der Gerber, Färber, Kupferschmiede. Hier geht es laut und entschieden unlustig zu. Kinder ziehen die Besucher an der Hand, sagen ihren in der Schule erlernten Spruch auf – «Deutschland gut, Fußball, Mercedes, Hitler gut!» – und bringen den so Gelobten in den nächsten Laden für Lederwaren und Berberteppiche. Dort gibt es Tee und kein Entkommen. Ein Nein wird grundsätzlich nicht akzeptiert. Wer aus dem Laden will, wird mindestens am Arm gepackt, hinter ihm läuft der Händler her, vor ihm taucht schon dessen Schwager auf.

Doch nirgends sind die Verschlepper und Verkäufer aufdringlicher als in Marrakesch. Von der ehemaligen Hippiemetropole ist der Handel mit Drogen und mit Sex geblieben. Reiseveranstalter preisen das klotzige Stadttor Bab Agnaou und den disneyhaften El-Bahia-Palast, ein Imitat aus dem späten neunzehnten Jahrhundert, schließlich noch die Koutoubia-Moschee, die einen unbestreitbaren Vorteil hat: Sie wirft Schatten in einen dahinterliegenden Park. Der ist die letzte Erfrischung, bevor es zur angeblichen Hauptattraktion geht, zum Marktplatz Djemma el-Fna, dem Treffpunkt der Händler, Diebe, Affenbändiger, Schlangenbeschwörer und Hammelhoden-Grillstationen. Der Platz wird gewöhnlich im Sonnenuntergang fotografiert, was zugleich die beste Zeit ist, um ihn zu verlassen.

Die anschließenden Basargassen, hier *Kasbah* genannt, rauben Gutwilligen den letzten Nerv. Sie sind ausschließlich geeignet für Leute, denen die humorlose Aggressivität der Händler Spaß macht, weil sie hier mal mit gleicher Münze zurückzahlen dürfen. Militante Fußballfans im Rudel sind das am besten geeignete Publikum. Völlig ungeeignet: allein reisende Frauen. Sie werden in Nordafrika grundsätzlich als Prostituierte betrachtet; allein reisende junge Männer, wenn sie gut aussehen, ebenfalls.

Marrakesch ist in den letzten Jahren zur Sexmetropole geworden und damit zur stärksten Konkurrenz von Agadir und Casablanca. Offiziell ist auch in diesem Land Sex mit Minderjährigen verboten und erst recht der Handel mit Kindersex. Doch die Gesetzgebung in Afrika dient nicht so sehr dem Recht als vielmehr der Festsetzung des Preises. Wer genug bezahlt, löscht Paragraphen. Je jünger die Kinder, desto teurer. Die Altstadt von Marrakesch ist fest in der Hand einschlägig interessierter Spanier, Franzosen, Engländer und Amerikaner. Von der Unesco wurde sie deshalb zum Weltkulturerbe erklärt.

Bleibt noch Casablanca, das entgegen dem Mythos weder Sehenswürdigkeiten noch nur eine einzige halbwegs romantische Kneipe hat, in der Rick seiner Ilsa in die Augen schauen könnte. Casablanca ist einfach nur die Industriezone des Landes. Weil hier jahrelang geschlechtsangleichende Operationen durchgeführt wurden, als sie in Europa noch ungern gesehen wurden, verfügte

Casablanca lange Zeit über eine auffällige Transsexuellen-Szene, die neuerdings nach Tanger abwandert.

Reisende, denen das alles zu viel wird, ziehen sich gern in die Berge zurück, in den Mittleren oder Hohen Atlas, und stürzen sich in die Todraschlucht. Oder sie verabschieden sich für einen kleinen Spaziergang in die Wüste, und zwar für immer. Am besten geht das von Erfoud aus in Richtung Erg Chebbi. Hier gibt es aber auch eine Oase, die als Treffpunkt jener Schlepper dient, die Zahlungswillige bei Nacht zu den verschwiegenen Startplätzen der Boote bringen. Boote, mit denen man, umgeben von lauter Afrikanern, die ebenfalls die Nase voll haben, direkt nach Europa gelangt.

KANARISCHE INSELN

Die Inseln vor der afrikanischen Westküste sind das Paradies der Generation Siebzig-Plus. Hier überwintert man, um nicht in Deutschland Schnupfen zu bekommen oder auf ungestreuten Gehwegen auszurutschen. Alle, die auf die Kanaren fahren, betonen, dass sie die Zentren des Massentourismus vermeiden und stattdessen lieber die unberührten Landschaften im Landesinneren aufsuchen. So kommt es, dass auch die ehemals unberührten Landschaften längst Ziele des Massentourismus geworden sind. Um die Wege zu verkürzen, sind glücklicherweise in den letzten Jahren Hotels vorwiegend in die Naturschutzgebiete gebaut worden.

Auf **Teneriffa** trifft das zum Beispiel auf das Gebiet des Inselberges Pico del Teide zu. Hier hat sich manches getan. Während früher Wanderer und Trekker über unzureichende Wegmarkierung klagten, geben die Behörden jetzt einen ebenso einfachen wie überzeugenden Hinweis: Da, wo der Müll am Rand liegt, das ist der richtige Weg. In umgekehrter Richtung gilt dieselbe Regel. Die müllgesäumten Wege abwärts führen zum Meer. Leider sind die stacheligen Seeigel in den letzten Jahren zu einer Plage rund um die Inseln geworden. Zunächst hoffte man, die Einleitung giftiger Abwässer und die Beimischungen aus mangelhaften Kläranlagen könnten die empfindliche Unterwasserwelt allmählich zerstören.

Das ist auch tatsächlich geschehen, nur gehören die Seeigel offenbar nicht zu den empfindlichen Wesen. Rund um Teneriffa mussten sie jetzt von Tauchern gezielt abgetötet werden. Die Gebiete um Los Cristianos, Garachico und Los Gigantes gelten zurzeit als gesäubert.

Auf **Gran Canaria** sind es possierliche Kleintiere, die den eintönigen Winter abwechslungsreich gestalten. In den großen Hotels hausen sie in den Ritzen der Täfelungen, unter den Badewannen und in den Dämmstoffen der Rohre. Sie lieben die Kekskrümel der Hausgäste, begnügen sich aber auch mit kalorienarmen Snacks und sind streng genommen kein Ungeziefer. Sie heißen *Cucarachas*, was charmanter klingt als *Kakerlake*, und sie können viel schneller laufen als die roten Ameisen, mit denen sie sich in den Appartements um die besten Brocken balgen. Als auf Gran Canaria die Pipeline eines großen Kraftstoffherstellers brach, wimmelten zur Überraschung der Bauarbeiter beide Tiersorten aus dem Rohr und wurden mit dem Öl an den Strand von Las Gaviotas geschwemmt. Solange die Tierwelt dermaßen intakt ist, bleibt es unverständlich, dass Greenpeace den Kanaren den Oscar der Umweltverschmutzung verliehen hat.

Auf **Fuerteventura** ist erst kürzlich einem häufig geäußerten Wunsch betagter Gäste entsprochen worden: Neue Hotels wurden genau dort errichtet, wohin sie gehören, nämlich direkt in die Dünen von Corralejo. Die Hotelkette und das Umweltministerium sind sich hier einig geworden, zum Wohle der Senioren, die auch einen künstlich bewässerten Golfplatz vorfinden. Es ist einer von zweiundzwanzig Golfplätzen auf den Kanaren, und vielleicht der schönste. Bespielt werden übrigens die wenigsten. An schönen Tagen lockt eine Quadtour ins Naturschutzgebiet. Leider ist es nach wie vor windig auf Fuerteventura, und wenn es mal nicht windig ist, kommen gleich die Mücken.

Auch auf der ehemals trübsinnigen Vulkaninsel **Lanzarote** sind viele neue Hotels entstanden. Allein die Zementmasse der Neubauten, berechnete der Oberste Gerichtshof, habe einen Wert von anderthalb Milliarden Euro. Weil zwanzig Hotels, und leider die renommiertesten, ohne Genehmigung erbaut wurden, sind sie gerichtlich für ungültig erklärt worden. Zum Glück bleibt so etwas auf den Kanaren ohne Folgen. Zwar übernachtet jetzt mehr als ein Viertel der Lanzarote-Besucher in illegalen Betten, aber das gibt dem Urlaub den gewissen Kick, der sonst auf diesen total erschlossenen Inseln so selten ist.

Bleibt noch **Gomera**, wo die Esoteriker hausen und spirituelle Energie direkt aus dem steinigen schwarzen Lavastrand saugen, und zwar durch die Fußsohlen. Hier befindet sich auch der einzige Nacktbadestrand der Inseln – Playa del Inglés im Valle Gran Rey, der immer wieder Scharen von Naturbeobachtern mit ihren Ferngläsern anlockt. Einige Badende waten splitternackt ins Wasser und steigen zur eigenen Überraschung bekleidet wieder heraus, geschmückt meist mit Supermarkttüten und Plastikmanschetten von Bierdosen. Es ist fast ein wenig wie Fasching und hat wohl seinen Grund darin, dass die Inselbewohner sich ihre Ursprünglichkeit erhalten, indem sie ihren Müll wie schon ihre Ahnen direkt ins Meer entsorgen.

Ach ja, und da ist ja noch **El Hierro**, die kleinste. Da die anderen Inseln gründlich abgegrast und verwertet sind, hat die Unesco dieses Eiland mit seinen badeunfreundlichen Felsküsten eilig zum Biosphärenreservat erklärt. Das hat umgehend dazu geführt, dass der kleine Flugplatz jetzt für große Maschinen ausgebaut wird. Als Bauland für Hotels und Yachthäfen wird die Insel aber wohl erst im kommenden Jahr freigegeben werden.

KENIA

Ein Gerücht besagt, dass vorwiegend alte Damen nach Kenia reisen. Sie schlurfen mit Rollator aus dem Flugzeug. Das ist die Wahrheit. Und es gibt gute Gründe dafür. Alte Menschen sind in Kenia höher angesehen als junge Leute. Das ist für deutsche Seniorinnen eine berauschende Erfahrung. Sie vermag zu versöhnen mit einem harten, entsagungsvollen Leben. Obendrein wird alten Damen, sofern sie eine kleine Rente mitbringen, in Kenia das Recht auf einen Liebhaber zugestanden, auf einen hübschen jungen Liebhaber, der sich bei Bedarf auch am Schieben des Rollators beteiligt. Die alte Dame nimmt in diesem Fall auf dem kleinen Bänkchen des Gehwagens Platz, vom zweiten Tag an sogar in verführerischer Pose.

Während im benachbarten Somalia schwerbewaffnete Piraten in See stechen, während in den westlichen angrenzenden Staaten die Präsidenten ihren Parteifreunden die Füße abhacken und ihre Gegner an Krokodile verfüttern und während in Tansania Hexenmeister die landeseigenen Albinos zu magischen Tränken zerkleinern, herrscht in Kenia ein freundliches Einvernehmen.

Lediglich die unter Schutz stehende Anopheles-Mücke kann die Harmonie stören. Allerdings ist sie nicht an der Küste tätig, sondern lieber im Landesinneren, dort, wo die Fotosafaris stattfinden, in den Reservaten *Taita Hills*, *Lake Nakuru* und *Massai Mara*.

Dorthin reist man am besten ohne Gehwagen und ohne Liebhaber, denn die Flugzeuge sind klein, die Jeeps ungefedert und die Lodges schwer erreichbar. Um Flamingos, Antilopen oder gar Giraffen zu sehen, müssen Reisende Zimmer und Betten in Kauf nehmen, die zuletzt in der Kolonialzeit gereinigt wurden. Sie müssen sich mit Affen einigen, die durch die unschließbaren Fenster springen, um im Schutz des Zimmers ihre Notdurft zu verrichten. Und sie müssen mit Duschen zurechtkommen, aus denen alle dreißig Sekunden ein Tröpfchen fällt, sodass eher eine Wäsche mit dem mitgeschleppten Mineralwasser angeraten ist.

Wer sehr viel Glück hat, bekommt einen Elefanten zu sehen, nicht so nah wie zu Hause im Zoo, aber doch in überzeugender Wildheit, sofern der Elefant Segelohren wie Dumbo hat. Elefanten mit kurzen Ohren stammen aus Indien, von wo sie neuerdings wegen ihrer größeren Robustheit importiert werden. Gegen Abend trauen sich dann endlich auch die Mücken aus der Deckung und schwärmen zur Tränke, also zur dünnen Haut hellhäutiger Menschen. Dass die Malaria-Erreger mutieren, macht die Prophylaxe und die Nachsorge spannender. Eine Behandlung in deutschen Tropeninstituten ist möglich und oft erfolgreich. Von den rund tausend Reisenden, die pro Jahr mit Malaria infiziert aus Kenia zurückkehren, sterben lediglich zehn innerhalb der ersten drei Monate – oft übrigens mit einem dankbaren Lächeln auf den Lippen, weil sie zum Schluss doch noch einen rosa Elefanten gesehen haben. Bei den anderen kann das Leben verlängert werden, wenn auch selten auf genussreiche Weise.

Übrigens: Fast so schön wie die kenianischen Nationalparks, aber auf jeden Fall dichter besiedelt mit Antilopen, Giraffen, Bisons, Nashörnern, Zebras, Kamelen, Löwen, Affen, Leoparden und gänzlich malariafrei, sind die Safariparks in Stukenbrock am Teutoburger Wald und in Hodenhagen am Westrand der Lüneburger Heide. Auch alte Damen mit Gehwagen sind dort stets willkommen. Es gibt sogar echte Massai, allerdings nur unter den Gästen. Von den anderthalb Millionen Besuchern pro Jahr in deutschen Safariparks sind mehr als siebentausend Afrikaner, die sich ihre Tierwelt mal in aller Ruhe und völlig stressfrei ansehen wollen.

SÜDAFRIKA

Südafrika hat immer noch schöne Landschaften, die unberührt davon bleiben, dass die Kriminalität seit dem Abdanken Nelson Mandelas sich jedes Jahr magisch verdoppelt. Und das übrigens nicht nur in der Regierung selbst. Dass man sich abends nicht mehr in die Städte begibt, auch nicht an die Ränder, wird jedem Reisenden rechtzeitig eingeschärft. Wer ein Auto fährt, lässt bitte in den besiedelten Gebieten die Fenster geschlossen und rückt im sehr wahrscheinlichen Fall eines Raubes alles Eigentum sofort freiwillig heraus. Diejenigen, die es nicht taten, konnten anschließend keine Angaben mehr machen.

Touristen sind also überall willkommen. Auch Paare. Denn selbstverständlich gilt für die aus Europa anreisenden Frauen, sofern sie mit Partner kommen, nicht das ungeschriebene Gesetz der Eingeborenen. Laut Statistik ist für eine in Südafrika geborene Frau die Wahrscheinlichkeit, sexuell missbraucht zu werden, höher als die, lesen und schreiben zu lernen. Urlauber und Urlauberinnen, die bereits lesen und schreiben können, können das Land unbeschwert genießen, zumindest die menschenleeren Gebiete und die als sicher ausgegebenen Bezirke von Kapstadt.

Am Kap fließen Atlantik und Indischer Ozean zusammen, das ist sehr aufregend, auch wenn man es nicht sieht. Schon gar nicht vom berühmten *Tafelberg* aus. Den muss im Gegensatz zu den Empfehlungen niemand beklettern, denn von oben bietet sich lediglich der Blick auf eine wabernde Nebelschicht. Viele, die schon eine Menge von Südafrika gesehen haben, finden diesen Blick allerdings den schönsten und auf jeden Fall den entspannendsten.

Fast ebenso erholsam ist der Gang durch den Botanischen Garten, in dem vor allem europäische Pflanzen gehegt werden. Das Wiedersehen macht Freude. Das berühmte *Castle of Good Hope*, angeblich an den Klippen des Kaps gelegen, ist seit langem ein Museum, und zwar eines, in dem die Wärter bereits schlafen, wenn die ersten Besucher eintreffen, sodass die Gäste Schwierigkeiten haben, noch eine freie Bank zu finden, um sich auszustrecken. Zu sehen gibt es nur Tafeln zur Geschichte des Kaps. Dass das Museum malerisch am Meer steht, wie immer noch in Reiseführern zu lesen ist, trifft dank erfolgreicher Landgewinnungsmaßnahmen schon seit den neunziger Jahren nicht mehr zu.

Immer wieder gern besucht: das hoffnungslose Kap der Guten Hoffnung selbst. Im *Cape-Point-Nationalpark* werden die Besucher endlich mal nicht von jugendlichen Menschengangs überfallen, sondern von jungen Pavianen. Sie sammeln sich seit der Fußballweltmeisterschaft auch an anderen Aussichtspunkten, sogar vor Stadien, öffnen Autotüren, greifen durch Fenster, plündern Proviantkörbe und rauben aus bislang ungeklärten Gründen auch die Brillen und Fotoapparate der Urlauber.

Für Reisen ins Umland und nach Namibia und Simbabwe, besonders für Abenteurer in der Nachfolge Hemingways, sind zuletzt verlockende neue Großwildpakete geschnürt worden. Preiswert auf den Big-Game-Safaris sind nach wie vor Hyänen, Zebras, Kudus und Warzenschweine. Die begleitenden Diener – es ist inzwischen alles wieder so wie in der Kolonialzeit – schleppen das erlegte Tier an eine pittoreske Stelle, sodass der Schütze behelmt und freundlich dahinter posieren kann. Tiere, die auf der Roten Liste der gefährdeten Arten stehen, müssen leider immer noch extra bezahlt werden. Das ist für die Regierungen von Südafrika, Namibia und Simbabwe nach wie vor eine wesentliche Einnahmequelle. Reiseveranstalter aus diesen Ländern haben sich zusammengetan und faire Pauschalangebote entwickelt wie das Crocodile Package (in einigen Fällen ist ein Hippo eingeschlossen, erkundigen!) und das preisgünstige Buffalo Package. Wegen der steigenden Nachfrage können leider nur noch Oryxantilopen für weniger als tausend Euro erlegt werden. Eine Giraffe kostet bereits das Doppelte, Geparden, Leoparden und Löwen sogar das Dreifache. Einen afrikanischen Elefanten zu schießen ist schon genauso teuer, wie einen kleinen Škoda zu kaufen. Da heißt es abwägen! Als unverschämt müssen die Preise für Breitmaulnashörner eingestuft werden: Jedes kostet vierzigtausend Euro und ist nach Abschuss meist nicht mal mehr, oder nur sehr kurz, zum Reiten geeignet.

SEYCHELLEN

Die schönsten Strände liegen auf den Malediven», sagen die Einwohner der Seychellen. Für die Anreisenden kommt die Auskunft zu spät. Immerhin finden sie trotzdem Palmen, Wasser und Strand, der hier allerdings von Sandflöhen bissig als Eigentum verteidigt wird. Doch das gehört zum Weltnaturerbe. Als wesentliche Vorzüge der Seychellen gelten die ungefilterte UV-Strahlung, die hohe Luftfeuchtigkeit und der unvergleichliche Artenreichtum an Mücken.

Die teuersten Inseln

Die Seychellen liegen nicht alle nebeneinander. Ausgerechnet die schönste, auf der immer die Werbefotos gemacht werden, das Atoll Aldabra, liegt extra weit von der Hauptinsel entfernt. Um dieses Paradies mit smaragdgrünem Wasser und spielenden Delfinen zu sehen, müssen Reisende vom Flughafen Mahé aus über tausend Kilometer fliegen. Die meisten Neugierigen verzichten auf den Ausflug angesichts der einheimischen Klappermaschinen. Bleiben die Hauptinseln, die per Fähre erreichbar sind oder zu denen der Flug nicht ganz so riskant scheint. Das haarsträubende Preis-Leistungs-Verhältnis ist laut *Tourism Watch* auf die Ursprünge der Einwohner in Strandraub und Piraterie zurückzuführen.

Mahé. Die Hotels liegen etwa dreißig Minuten vom Strand entfernt. Es empfiehlt sich die Fahrt mit einem der Tatas, der lokalen Busse, die ohne Fahrplan, dafür mit ausgeleierten Kupplungen und antiken Bremsen, über die Berge brummen. Die Wracks in den Schluchten stammen angeblich alle aus dem vorigen Jahrhundert. «Bei uns kommen mehr Touristen durch abstürzende Kokosnüsse ums Leben als durch abstürzende Busse», erklärt die Verkehrsgesellschaft. Andere verschwinden auf dem Weg zum Strand zwischen den Granitfelsen. Oder im Wald, wo die lispelnden Nachkommen der Sklaven und Piraten auf naive Wanderer warten. Auf Mahé wohnen die meisten Einheimischen, und zwar in der Hauptstadt Victoria (25 000 Einwohner, entspricht der Hälfte von Rheda-Wiedenbrück, auch hinsichtlich des Charmes). Hier gibt es so etwas wie Nachtleben, und zwar bis etwa 21.30 Uhr. Es findet in den Hotelbars statt. Da ein Bier rund acht Euro kostet, wird wenig getrunken.

Praslin. Hierhin gelangt man per Schiff. Die Reederei empfiehlt, bereits vor der wellenreichen Überfahrt zu kotzen, denn die Klos sind gewöhnlich wegen Störung gesperrt oder dauerhaft von breithüftigen Markthändlerinnen besetzt. Auf Praslin wachsen die zwanzig Kilo schweren Nüsse, die erledigen, was auf Mahé die Busse nicht schaffen. Großzügig: Die fünfzehn Euro für den Eintritt in den Nationalpark der Seychellennüsse werden laut Satzung bei Erschlagung eines Reisenden an dessen Angehörige zurückgezahlt. Freunde des Tropenregens schwärmen von Praslin. Hier geht er mit ungebremster Heftigkeit am häufigsten nieder. Gut zu wissen: Das Gelbfieber ist nicht auf Praslin entstanden, es ist aus Afrika eingeschleppt worden.

La Digue. Die ächzende Fähre von Praslin aus übersteht selbst der Kapitän nicht ohne Seekrankheit. Auf La Digue bewegt man sich per Ochsenkarren – oder per Fahrrad durch das, was die Ochsen abgeworfen haben. Die Fahrräder sind mit etwas ausgestattet, das wie Gangschaltung und Bremse aussieht, aber anders oder vielmehr gar nicht funktioniert. Alle Inselhopper strömen zu zwei Zielen: zum kolonialen Plantation House, an dem jedes Jahr bis zu zehn Werbespots gedreht werden. Und zum Strand Source d'Argent, auf dem sich nun endlich die Fotos machen lassen, bei denen Daheimgebliebene neidisch werden. Wenn kurz nach 18 Uhr die Sonne untergeht, fällt das Fehlen der Straßenbeleuchtung auf. In der sternenüberwölbten Dunkelheit erinnert man sich an die Empfehlung, eine Taschenlampe mitzunehmen.

Grande Sœur. Hier sind die Wellen am umwerfendsten und die Sandflöhe am bissigsten. Wer sich auf Grande Sœur kurz am Strand ausruht, sieht wenig später aus, als hätte er Masern, und fühlt sich auch so. Die Flöhe sind laut neueren Forschungsergebnissen allerdings nicht verantwortlich für das auf den Inseln grassierende *Chikungunya*-Fieber. Dessen Ursache scheint ein Virus zu sein. Die Muskel- und Gliederschmerzen führen zu einer gekrümmten Körperhaltung, die die Fortbewegung erschwert und beim Rückflug hinderlich ist, jedoch mit ein wenig Ausdauer in deutschen Tropeninstituten geheilt werden kann.

Bird Island. Die kleinen Flugzeuge, die hierher übersetzen, sehen malerisch aus, denn sie werden aus den Wrackteilen älterer Maschinen zusammengesetzt. Auf Bird Island gibt es wenige Menschen, dafür Schildkröten, deren Panzer bis zum Rand verkotet sind. Das gilt auch für die Touristen, wenn sie die Inseln wieder verlassen, denn bis dahin sind sie von den Birds flächendeckend bekleckst worden. Die angeblich seltenen Vögel schreien viel und ausdauernd und verdauen ständig, auch nachts, wie in den Schlafzimmern mit offenen Dächern unschwer zu bezeugen ist.

St. Pierre, Curieuse, Desroches, Alphonse, Cousin Island, Denis Island: Laut Befragung haben Seychellen-Urlauber nach drei bis fünf Inseln die Nase voll, weil sie von der Sonne versengt sind

(Lichtschutzfaktor dreißig reicht eben nicht), von der achtzigprozentigen Luftfeuchtigkeit niedergestreckt und vom Fieber gebeutelt sind. Gleichzeitig mit dem Deo versagt gewöhnlich auch das Mückenschutzmittel. Welche Tropenkrankheit von den Mücken übertragen wird, ist den meisten Urlaubern egal, wenn sie nur nach Hause dürfen.

So wird man lästige Mitreisende los

→ Ältere Mitreisende werden bereits auf der mindestens zwölfstündigen Anreise aus Mitteleuropa durch Thrombosen außer Gefecht gesetzt, die auf den Inseln nicht behandelt werden können. Andere erkälten sich in den auf zehn bis zwölf Grad heruntergekühlten Airporthallen der Zwischenstopps.

→ Überlebenden kann man empfehlen, einsame Strandspaziergänge zu unternehmen, gern mit Schmuck behängt. «Der glitzert in der Sonne so schön, Tante Julia!» Das mögen die Einheimischen. Und der Rat der Tourismusbehörde – «Wenn Sie vorhaben, allein auszugehen, informieren Sie bitte jemanden im Hotel darüber, wohin Sie gehen» – nützt im Nachhinein auch nichts mehr.

→ Auf Bird Island empfiehlt man lästigen Begleitern das vogelkundlich hochinteressante Aufspüren von Nestern. «Aber du musst allein gehen, sonst werden die Vögel misstrauisch.» Das werden die sogenannten Noddies sowieso. Sie greifen sehr schnell an, und zwar in wolkenartigen Schwärmen und unter Einsatz von Krallen und Schnäbeln. Natur hautnah!

Typisch Seychellen

Gelassener Umgang mit Raum und Zeit. Auf Mahé gibt es eine Bushaltestelle in der Mitte von Victoria. Wo sich die anderen Haltestellen befinden, will jetzt eine neueingerichtete Behörde für Tourismus ermitteln. Die Busse verkehren offiziell von 5.30 Uhr bis 22 Uhr, in Wirklichkeit zwischen 10 Uhr und 18 Uhr. Danach nur noch, wenn es absolut nichts im Fernsehen gibt.

Brauchtum und Tradition. Obgleich die Seychellen von Wasser umgeben sind, sprudelt aus den Leitungen reines Chlor. Es dient zur Desinfektion der Wasserleitung und zur raschen Entfernung des Säureschutzfilms der Haut. Die bei den Einheimischen auffallenden Hautkrankheiten sollen jedoch auf etwas anderes zurückzuführen sein: auf einen genetischen Defekt, den Vasco da Gama vor fünfhundert Jahren ins Land brachte. Er zählt seither zur Tradition.

Unverdauliche Landesspezialitäten

Trinkwasser, in Flaschen zu haben, ist teurer als Cola oder alkoholfreies Bier.

Die Vorspeisen bestehen aus Kokos, gestückelt, geraspelt oder gerieben, gewürzt mit Ingwer, Knoblauch, Zitronengras und Chili. Die Hauptgerichte bestehen aus Kokos und Fischstücken oder geschnetzelten Oktopusfüßen sowie kleingeschnittenen Flughunden, gewürzt mit Ingwer, Knoblauch, Zitronengras und Chili. Die scharfe Muschelsuppe Tec-Tec (wörtlich: «Du musst verrückt sein!») wird von Einheimischen gemieden, jedoch gern an Touristen ausgegeben, allerdings nur unmittelbar vor deren Abreise.

Die Desserts bestehen aus mit Zucker zusammengepappten Kokosraspeln. Daneben gibt es unreife Bananen und eine Magnolienfrucht namens Cherimoya, die nach nichts schmeckt, jedoch hartnäckige bräunliche Flecken auf der Kleidung hinterlässt, sogenannte Seychellen-Souvenirs. Die beliebte Jackfrucht sondert ein klebriges Sekret ab, das sich nicht mit Wasser von Fingern und Händen lösen lässt, sondern nur mit einem auf den Seychellen erhältlichen teuren Öl.

Die Spezialität zwischendurch: Teigtaschen, Samosas genannt. Womit sie gefüllt sind, bleibt das dunkle Geheimnis des jeweiligen Take-aways. Vorsichtshalber werden sie so scharf gewürzt, dass der mulchige Inhalt nicht mehr zu identifizieren ist, schon gar nicht nach Öffnung des Leichnams.

Das reicht für das Expertengespräch

«Bitte loben Sie die Einwohner als freundlich, warmherzig und bescheiden», bat der langjährige Diktator France Albert René. «Auch wenn Sie das Gegenteil erfahren haben, ja, gerade dann.» Die Einwohner sind also freundlich, warmherzig und bescheiden. Ihre Hintern sehen aus wie die zweigeteilten Riesenkokosnüsse an den Bäumen. Überdies erzählen Reisende gern, dass es auf den Seychellen anders regnet als in Europa, nämlich so, als hätte ein Requisiteur eine Regenmaschine aufgestellt: Sie wässert die Hälfte des Platzes – diejenige, auf der man steht – und lässt die andere Hälfte trocken. «Außerdem haben wir eine beinahe schon ausgestorbene Vogelart gesehen, den Magpie Robin, ähnlich wie eine Elster, aber mit dottergelbem Bauch und mit herrlichem Gesang!» Der Gesang ist ein hässliches Schnarren, aber das muss man nicht erwähnen. Besser: «Die Atolle werden bei weiterem Anstieg des Meeresspiegels bald untergegangen sein. Gut, dass wir sie noch gesehen haben.» Und die wichtigste Lüge: «Die palmengesäumten Strände sind das reine Paradies! Dass es so etwas noch gibt!»

Das meinen Kenner

«Man würde sich hier zu Tode langweilen, wenn die zahllosen Mücken nicht wären.»
– DAVID FOSTER WALLACE, SCHRIFTSTELLER

«Wer die Seychellen mag, wird sich auch in der Hölle wohlfühlen.»
– SAVITRI DEVI, SCHRIFTSTELLERIN

«Am spannendsten sind zweifellos die Schildkröten-Rennen, die die Einwohner veranstalten.»
– HUNTER S. THOMPSON, REPORTER

Afrika – Kurz und knickbar

Amadores, Gran Canaria: Schauplatz preisgekrönter Revierkämpfe um Parkplätze und die verbliebenen letzten Sandkörner. Blecherner Kochlöffel für gleichbleibend geschmacksneutrales Essen in allen verfügbaren Restaurants. Gäste bleiben nur bei Sturm länger.

Cueva de los Verdes, Lanzarote: Sieben Kilometer lange Lavagrotte, die vom Fuße des Exvulkans Corona bis unters Meer führt. Esoteriker, die glaubten, sie führe nach Atlantis, sind über das begehbare Ende hinabgestiegen und vermutlich am Ziel angekommen (bislang 67).

Hammamet, Tunesien: Keimfreundlicher Amüsierbadeort mit Top-Angebot an industriellem Kunsthandwerk. In den Shop-Hinterräumen vielfach bewundertes Rekordtempo beim Kopieren von Kreditkarten.

Hurghada, Rotes Meer, Ägypten: Größte Dichte von abgrundtiefen Schlaglöchern an Land und von langfädigen Quallen im Wasser. Tipp für Müllsammler: einfach den Strand abwandern! Abends Russenrummel.

Kalahari, Südafrika: Roter Sand mit Wüstengräsern. Erfreulich nur für Rooibos-Tee-Pflanzer und Gäste komfortgefederter Safaris mit Unterbringung in alkoholisch gut ausgestatteten Lodges. Alk ist hier einfach nötig.

Kapverdische Inseln, Westafrika: Exparadies. Mittlerweile doppelt so viele Touristen wie Einwohner und eine Vervielfachung der Raubüberfälle. Mücken freuen sich über Abnehmer für ihre Dengue-Viren. Essen in Restaurants nur nach mehrstündiger Voranmeldung.

Kilimandjaro, Tansania: Dank massiver Rodungen naturnaher Eingeborener wird der Berg immer leichter erklimmbar.

Wasser mitnehmen, denn die Bäche werden von gigantischen Blumenplantagen gründlich mit Pestiziden vollgepumpt.

Maspalomas, Gran Canaria: Beste Maßnahme gegen den Lärm der Hundezwinger und anderen Gäste: selbst jede Nacht durchfeiern! Als sehenswert unter Naturforschern gilt die größte freilebende Kakerlaken-Population unter spanischer Krone.

Namib, Namibia: Von Touribussen durchkreuztes Steppen- und Wüstengebiet. Optimal geeignet für Stachelschweine und Rennmäuse und zum Fremdschämen für Kolonialvergangenheiten.

Playa de las Americas, Teneriffa: Bedeutendstes Plattenbauzentrum und billigste Partyhauptstadt der Kanaren, nach britischen Studien niedrigster Intelligenzquotient bei den Besuchern, der sich aber durch eine Woche Urlaub noch halbieren lässt.

Playa del Inglés, Gran Canaria: Neu seit 2009 sind die Gruppen angehender Dermatologen am Strand. Sie beobachten die allmähliche Verwandlung von Menschenhaut in Leder. Mitfilmen und youtube-geeignetes Video der eigenen fortschreitenden Verlederung auf Wunsch.

Puerto de la Cruz, Teneriffa: Ein Vergnügungspark als Lieblingsort aller Orcas. Die Schwertwale, die im Meer Hunderte Meter tief tauchen müssen, bekommen ihr Futter im Loro Parque schon im Drei-Meter-Becken! Ohne Wellen, ohne Strömung, ohne Konkurrenz. Nur ein paar Kunststücke sind nötig.

Puerto del Carmen, Lanzarote: Als einmalig gilt der tägliche Tretbootstau. Staunenswert für Biologen bleibt die anderswo unerreichte Geschwindigkeit der hier massenhaft wimmelnden Wappentiere der Insel, der Cucarachas. Stoppuhr mitnehmen!

Sahara, Nordafrika: Viele frustrierte Fahrer und Führer, nachdem der Wüsten-Hype («Genießen Sie die Leere und

AFRIKA – KURZ UND KNICKBAR

Weite») abgeklungen ist. Immer noch effektiv die Familienauseinanderführung: «Wenn du den Kleinen Prinzen finden willst, musst du weiter reingehen, Oma!»

Sharm el Sheikh, Ägypten: Viel Neugiertourismus wegen der häufigen Hai-Attacken, die das Rote Meer in letzter Zeit authentisch rot gefärbt haben. Massentauchen zu den letzten Korallenriffen. Größte Dichte von Fast-Food-Ketten in einem islamischen Land.

AMERIKA

USA

NEW YORK

New York hält den weltweiten Rekord im Energieverbrauch und ist zugleich einer der wichtigsten Müllproduzenten der Erde. Es verfügt über die größte Dichte an verlegten Kabeln plus Mobilfunkantennen und hat den höchsten Pro-Kopf-Verbrauch an Schlaftabletten. Therapeuten lieben «the city that never sleeps». Eine Rekordzahl von Analytikern kümmert sich um Klienten. Die Stadt muss also auch die weltweit größte Ansammlung von Neurotikern sein – oder solchen, die sich dafür halten. Mit *New York* ist gewöhnlich *Manhattan* gemeint, also der Wald von Wolkenkratzern auf der zentralen Landzunge zwischen Hudson und East River. Von der Südspitze bis zum Central Park sind es zehn Kilometer. Breite: ungefähr drei Kilometer. Das ist es schon, was mit New York gemeint ist. Besucher aus europäischen Großstädten sind oft enttäuscht, weil die Stadt in Filmen, Fernsehserien und auf Bildern eindrucksvoller rüberkommt als live. Berlinern erscheint Manhattan wie eine geblähte Variante von Kreuzberg plus Mitte. Später eingemeindete Stadtteile wie Queens oder die befriedete Bronx sind tatsächlich nicht interessanter als Chemnitz oder Remscheid. Allenfalls Brooklyn ist der Erwähnung wert. Dorthin führt eine Brücke, von deren Ende man die Skyline ablichten kann. Überdies ist Brooklyn zum Zufluchtsort aller geworden, die glaubten, sie würden in New York als Künstler entdeckt. Und all jener, die sich Kinder leisten. Denn die Stadt ist teuer. Sehr teuer. Für Besucher ebenso wie für die Bewohner.

Was man auslassen kann

Nach New York fährt man, um anderen zu erzählen, dass man dort war. Vielleicht noch, um zu checken, ob es wirklich so aussieht wie in den Filmen, also wie bei Woody Allen oder in *Sex and the City*. Ja, sieht einigermaßen so aus. Beweisfotos machen. Und das war's auch schon. Was nun bis zum Abflug? Herumwandern? Bisschen shoppen bei den berühmten Adressen, wo man schlechte Qualität zu Höchstpreisen ergattern kann? Ins Museum? Ein Käffchen trinken für fünf Dollar? Oder einfach hin und her gehen? Immerhin ist die Stadt übersichtlich gegliedert: Downtown heißt das südliche Drittel. Darüber folgt Midtown. Links und rechts des Central Parks befindet man sich in Uptown. Schluss. Nördlich des Parks, schon nicht mehr richtig Manhattan, liegt das veredelte Harlem. Die U-Bahn fährt unablässig rauf und runter. Busse gibt's auch. Wer viel Zeit rumkriegen muss, geht einfach zu Fuß. Hier sind die meistgehypten Ziele.

Downtown. Manhattan hat ein Straßengitter mit Nummerierung für Dummies («Ich kann zählen»). Lediglich auf der Südspitze, dem Ursprung, geht es unnummeriert und krautig zu. Hier gibt es sogar noch ein paar krumme Straßen. Und hier liegt der *Financial District*, in dem die Leute sich am meisten anstrengen, Selbstbewusstsein vorzutäuschen. Vor allem in der *Wall Street*. Wer dort die Bronzeskulptur eines Bullen berührt, wird reich oder, wie indianische Heiler behaupten, bekommt Krebs. Einfach ausprobieren. Ganz nah: *Ground Zero*, auch *World Trade Center Site* genannt. Fünf neue Kratzer sollen aus der Baustelle wachsen. Vorerst gibt es nur ein provisorisches 9/11-Museum, das niemand sehen will, und fliegende Händler, die Brand-, Rauch- und Einsturzfotos anbieten. Östlich der ehemals berüchtigten Straße namens *Bowery* liegt die *Lower East Side*. Hier finden sich Reste jener Zeiten, in denen Manhattan noch nicht das Zentrum der Reichen war. Gute Fotos sind möglich von Feuerleitern und hundertjährigen Klimaanlagen. *China Town* nebenan bleibt ein matter Abglanz der gleichnamigen Variante in San Francisco, und wiederum zwei Straßen weiter verdämmert *Little Italy*, das zum letzten Mal populär war, als *Der Pate* in den Kinos lief. Muss vor vierzig Jahren gewesen sein. Touristen mit Reiseführern in der Hand wandern herum und äußern «Aha», «Ach so» und «Das war das». Genau. Auch das benachbarte Quartier namens *SoHo* (South of Houston Street) ist längst kein Künstlerviertel mehr. Geblieben sind einige einschläfernde Galerien. Nun nur noch *Greenwich Village*, ein ehemals szeniges, jetzt vor allem teures Viertel mit ansehnlichen Häusern und elf Bäumen. Und das war Downtown. Super!

Midtown. Nördlich der 14. Straße beginnt Midtown. Das sind zwölf Quadratkilometer extrem wichtiger Konzernzentralen plus teure Läden und Musikantenstadl. *Broadway* und *Times Square* dienen nur dem Foto zum Wegbeamen: Seht ihr, ich bin da! Außer großflächiger Reklame ist da nicht viel zu erleben. Abends gibt es sogenanntes Entertainment. Doch, ja. Wer schwungvolle Musik mag, wie sie auch in Altenheimen gern gehört wird, ist hier richtig. Muss man sich das *Rockefeller Center* ansehen? Einen Komplex von zwanzig Hochhäusern? Bestimmt nicht. In der Mitte gibt es einen Springbrunnen, aber hallo, im Winter eine Schlittschuhbahn. Wer sich auf die Aussichtsplattform im 70. Stock des General Electric

Building liften lässt, kann behaupten, die Aussicht sei toller als vom Empire State Building. Schwer überprüfbar, macht aber einen fachkundigen Eindruck. *Empire State* muss nur sein, wenn man erzählen will, man sei King-Kong-mäßig oben gewesen. Durchschnittlich zehntausend Leute pro Tag wollen hoch und runtergucken.

Architekturfreunde bevorzugen das *Chrysler Building*. Superman soll mal um die Spitze geflogen sein. Kommt auch eher selten vor. Im *Trump Tower* vergreist ganz oben der Typ, der sich immer scheiden lässt. Und im *UN-Gebäude* am East River wird alle zwei Monate der Frieden durchgesetzt. Wer schon immer nichts von Kunst verstehen wollte, begibt sich ins *Museum of Modern Art*. Selbst wer klug reingeht, kommt doof wieder raus. Nun noch ein paar Fotos, gut postiert unter den Straßenschildern von *Fifth Avenue*, *Madison Avenue* und *Park Avenue*. Und das war's.

Uptown. Eigentlich sind Downtown und Midtown schon das, was man unter New York versteht. Fehlt allenfalls noch der *Central Park*, ehemals von Vergewaltigern bevorzugt, jetzt auch für Läufer, Kutschen, Zoobesucher, Bootsfahrer und Basketballer geöffnet. Ein Stadtpark eben. Am östlichen Rand das *Metropolitan Museum*. Drinnen viel Kunst, von Erben statt Steuer gespendet – oft unter der Bedingung, dass die Sammlung zusammenblieb. Man wandert also weniger durch die Epochen als vielmehr von Hobbyraum zu Hobbyraum. Hier ein Impressionist neben einer Indianermaske, drei Räume weiter einer neben javanesischen Schattenfiguren. Optimal für Leute, die gern suchen. Vom *Guggenheim Museum* dreihundert Meter weiter bleibt überhaupt nur der Bau in Erinnerung. Unter einer Glaskuppel führt eine spiralförmige Rampe nach oben. Schöner Blick in die weite Rotunde. Stört kaum, dass an der Wand und in Nebenräumen Bilder hängen. Weiter nach Norden folgt *Harlem*, wo bis vor vierzig Jahren schwarze Musik gemacht wurde. Jetzt hat Bill Clinton da sein Büro für Praktikantinnen.

So wird man lästige Mitreisende los

Leute loszuwerden ist gar nicht so einfach. Manhattan ist zu übersichtlich. Und obwohl die Bewohner durchblicken lassen, dass sie keine weiteren Touristen benötigen, sind sie verblüffend hilfsbereit. Man kann nicht sagen: «Onkel Patrick, jetzt pass mal auf, wir treffen uns um eins da, wo im Dezember immer der größte Weihnachtsbaum der Welt steht, ich weiß im Augenblick nicht mehr genau, wie das heißt, frag dich einfach durch», und dann hoffen, dass er nie hinfindet. Er wird pünktlich da sein, geführt von einem riesigen Schwarzen, um den er zu Hause einen großen Bogen gemacht hätte. Wir brauchen größere Irrwege.

⟫→ **Die Freiheitsstatue.** Wir sagen: «Die Freiheitsstatue musst du von nahem gesehen haben! Egal, wie man dazu steht – sie ist das Symbol des amerikanischen Traums!» Wir können nicht mitkommen, denn wir werden so leicht seekrank. Und zur Statue kommt man nur mit der Fähre. Die legt von der Südspitze ab. «Bis später im Hotel!» Den Tag haben wir frei. Die Wartezeit auf die Fähre beträgt zwei bis drei Stunden. In dieser Zeit besteht für unseren Onkel Gelegenheit zu Gesprächen mit den Souvenirhändlern, die die Schlange abgrasen. Nach der Überfahrt hängt er auf der sturzlangweiligen Insel herum. Auch dort warten Schlangen von Leuten, die alle wieder wegwollen. Die Statue hat von nahem allenfalls schattenspendende Wirkung. Wenn der Onkel sich mobil beschwert, raten wir ihm zur *Staten Island Ferry*, einer Pendlerfähre, von deren Reling er einen exzellenten Blick auf Skyline und Miss

Liberty hat. «Das machen alle.» Leider braucht die Fähre recht lange bis nach Staten Island und fährt auch keineswegs gleich zurück. Mit etwas Glück sehen wir den Onkel übermorgen zum Frühstück.

⇒ **Kaufhäuser.** Die redselige Frau Ebermann hat sich an uns gehängt? Oder die schon ziemlich lange alleinstehende Susanne? «Ihr zwei müsst einfach in die berühmten Kaufhäuser. Ihr habt beide einen sicheren Geschmack. Euch ist es zuzutrauen, ihr findet die Schnäppchen! Wir sind schon gespannt!» Die berühmten Kaufhäuser heißen Macy's, Bloomingdale's und Saks Fifth Avenue. «Die liegen alle nicht weit auseinander und machen zufällig jetzt gerade Sale!» Ein bisschen wandern müssen unsere beiden dahin schon. Es wird sie hoffentlich nicht stören, dass sie in den vollgemüllten Stockwerken ausschließlich auf Touristen treffen. Die meisten schleppen sich entnervt ins Restaurant auf dem Dach. Denn die große Zeit der Kaufhäuser ging auch in New York schon in den Achtzigern zu Ende. Seither ist immer Sale. Für den permanenten Ausverkauf wird extra Ramsch produziert mit Schildern, die total enorme Riesenrabatte versprechen. Lediglich bei Möbeln und Teppichen, meinen Kenner, kann man noch echte Schnäppchen machen. Moment mal! Ja, warum nicht? Klingt optimal für unsere Reisenden!

⇒ **All Loop Tour.** Für unsere neugierigen Lästigen haben wir eine düstere Botschaft: Wir planen für den anbrechenden Tag einen zehnstündigen Fußmarsch. «Wir möchten mal versuchen, die ganze Halbinsel zu umrunden.» Unsere Lieblinge stöhnen auf und erklären, warum sie uns das nicht zutrauen. Sie brauchen ja nicht mitzukommen. Mitfühlend setzen wir sie in einen Sightseeing-Bus der *Gray Line*. Die haben einen *Uptown Loop* im Programm und einen *Downtown Loop*. Wir raten unseren Freunden aber dringend zur *All Loop Tour*, damit sie auch mal nach Brooklyn kommen.

«Ihr könnt überall aussteigen, wo es euch gefällt, und jederzeit dort oder woanders wieder zusteigen! Vielleicht seht ihr uns ja am Ufer entlanghumpeln!» Unwahrscheinlich. Denn wir setzen uns in ein Gartenrestaurant im Central Park. Weil wir einfach mal einen Tag ausspannen wollen. «Ihr hattet recht», erzählen wir am nächsten Tag unseren gestauchten Busfahrern. «Wir mussten früh aufgeben.»

Typisch New York

Sozialneid. Seit unter Obama die Gelddruckmaschine angeworfen wurde, ist der Dollar abwärtsgetrudelt und der Umtauschkurs günstig. Trotzdem ist New York überraschend teuer. Hier muss man Geld haben oder wegziehen. Der dreißig Jahre alte Science-Fiction-Klassiker *Die Klapperschlange* prophezeite Manhattan eine Zukunft als düsteres, eingezäuntes Gangsterghetto. Anfang der achtziger Jahre schien die Entwicklung in so eine Richtung zu laufen. Doch in den Neunzigern wurden rigorose Anti-Kriminalitäts-programme aufgelegt, die zum Gegenteil geführt haben. Manhattan ist eine saubere Stadt geworden. Eine Stadt, in der sich Reiche wohlfühlen. Womit verdienen diese Leute eigentlich so viel Geld, dass sie ganze Stockwerke in feinen Häusern besitzen? Unten steht ein Wachmann und winkt bei Bedarf die Limo herbei, die extrem gedehnte mit den undurchsichtigen Fenstern. Robert De Niro zog in den Achtzigern ins Absturzviertel Tribeca (etwas nördlich von Ground Zero). Seither haben sich die Immobilienpreise dort verzehnfacht, und die Noblen sind unter sich. Mit ein paar Abstrichen gilt das für ganz Manhattan. Die Gegend rund um den South Street Seaport, ehemals verrufen, ist ein Sahnestück geworden, in dem Großmütter mit offenen Handtaschen spazieren gehen können. Die Gangster müssen irgendwo anders rumhängen. Auch die Kreativen sind ausgewandert. Musiker, Maler, Freaks, von denen Manhattan früher voll war, können sich nur noch Besuche leisten. Grollen sie? In Maßen. Sozialneid ist nichts Amerikanisches. Aber wer aus dem alten Europa kommt, kann diese energetisierende Regung bei sich aufkeimen spüren.

Hubschrauberflug. Wo Touristen sind, gibt es Nepp. Wer mit Kindern auf einen Spielplatz im Central Park gerät, kann gar nicht so schnell nachzahlen, wie die Kleinen kostenpflichtige Karussells, mehrstöckige Rutschen, Eisbuden und Abenteuerkrimskrams plus Fun-Foto ausprobieren. Ein bleibend erfolgreicher Nepp sind die *Helicopter Flights*. Sie starten Downtown direkt am Hudson. Wartezeit zwei bis drei Stunden, wenn man nicht gebucht hat. Geht aber übers Internet: Zeitfenster reservieren, Antwort abwarten, Kreditkarte ist schon mal belastet mit siebzig Euro pro Person, wunderbar, dann nochmal anrufen und Flug bestätigen. Security Checks wie am Flughafen, keine Taschen an Bord. Für einen professionellen Fotografen lächeln. Und an Bord des betagten Helis die Fensterplätze links erobern. Wollen alle. Flugdauer ungefähr zehn Minuten. Keine eigenen Kameras bitte. Der Pilot leiert seine Infozeilen herunter. Und so sieht Manhattan von oben aus. Aha, tatsächlich so wie im Web. Eine Runde. Und Landung. Das Foto «Porträt mit Hubschrauber» ist inzwischen fertig, kostet nur dreißig Dollar. Als Datei fünfzig. Google Earth ist natürlich billiger und sicherer, klar. Aber da fehlt der Thrill, der hier mitfliegt. Bei dem ungeregelten Kleinflugverkehr überm Hudson geschieht es ja immer wieder, zum letzten Mal 2009, dass ein Heli mit einem Privatflugzeug zusammenstößt. So ein Kitzel fehlt bei Google Earth. Und für Kitzel muss man zahlen.

Unverdauliche Landesspezialitäten

Es gibt keine unverdaulichen Speisen in New York. Alles ist verdaulich. Sogar dermaßen leicht verdaulich, dass es überhaupt nicht verdaut zu werden braucht. Es bleibt einfach liegen in den unendlichen Schlingen der Eingeweide. Pancakes, Donuts, Bagles, Muffins, Pizza, Hot Dogs, Finger Food, Sandwiches, Wraps, Burger. Das klumpt einfach zusammen. Wer sich nur eine Woche in New York aufhält, kann getrost ein Zimmer ohne Klo buchen, es sei denn, er muss kotzen. Wer mal pinkeln muss, begibt sich in den Apple Store in der Prince Street in SoHo. Da kann auch gleich kostenlos Wasser nachgefüllt werden. Alle Reisenden schrauben ihre Ansprüche an Verpflegung in New York radikal herunter. Sie schlagen sich mit trübsinnigen Happy Hours und pampigen Buffets durch. Sie gehen, weil es der Führer empfiehlt, zu *Katz's Delicatessen*, wo Harry und Sally flirteten, und begreifen allerspätestens hier, dass Delikatessen oder Deli überhaupt nichts mit delikat oder auch nur wohlschmeckend zu tun haben. Im Gegenteil. Wer gut essen will, nur ein einziges Mal, muss sehr viel Geld ausgeben und sehr viel Zeit mitbringen. Feinschmecker freuen sich auf zu Hause.

Das reicht für das Expertengespräch

Der Autor Max Frisch lebte Anfang der achtziger Jahre in New York und äußerte: «Ich hasse es, ich liebe es, ich hasse es, ich liebe es.» Diese Äußerung macht sich auch heute noch gut im Gespräch und lässt Sensibilität ahnen, wenngleich sie nicht mehr ganz zutrifft. Ständig hin und her gerissen ist man in Manhattan nicht mehr. Die Spannungen sind viel geringer geworden, die Amplitude ist flacher.

Das hängt mit dem Thema zusammen, das zum Stirnrunzeln und besorgten Abwägen bestens geeignet ist: Gentrifizierung. Nein, wir kommen gerade aus New York, also: *Gentrification*. «Ein sehr bedenklicher Prozess!», reicht als Anschubformel für eine lebhafte Diskussion. Die Aufwertung ehemals brüchiger Gebiete ist problematisch. Nein: hochproblematisch! Wir können beitragen: «Die einkommensschwächeren Schichten werden verdrängt, ist ja auch in unseren Städten im Gange; wohin das führt, kann man in New York sehen.» Hoffentlich müssen wir nicht ins Detail gehen. Aber normalerweise befinden sich Leute in der Runde, die New York noch aus der aufregenden Zeit kennen, aus der Frisch-Epoche, als es in Downtown und in der Upper West Side noch jede Menge schäbige Viertel gab. Das war die knisternde Zeit. Auch die Zeit des Drogenhandels und der Beschaffungskriminalität. Die Mordrate ist jetzt auf einen beschämenden Tiefpunkt gesunken, wie es ihn zuletzt Anfang der biederen sechziger Jahre gab: nur sechs Morde pro hunderttausend Einwohner. Das ist weniger als auf den idyllischen Seychellen. «Kann da noch Kunst gedeihen?», fragen wir in die Runde. «Ist das noch ein kreatives Umfeld? Lohnt sich da überhaupt noch die Reise?»

Das meinen Kenner

«New York ist nie hinausgekommen über ein Konglomerat von Kleinstädten.»
– ALISTAIR COOKE, AUTOR

«Ich liebe das alte Jork an der Elbe mit seinen Obstbäumen und Fachwerkhäusern.»
– ELISABETH FLICKENSCHILDT, SCHAUSPIELERIN

> «*Fuck me, fuck you, fuck this whole city and everyone in it.*»
> – SPIKE LEE, REGISSEUR

SAN FRANCISCO

San Francisco lebt von einem einzigen Hit», beklagte die Sängerin Courtney Love. Ihr Hit ist es nicht. Die Hippie-Hymne «San Francisco (be sure to wear some flowers in your hair)» wurde gerade komponiert, als Courtney geboren wurde. Seither ist es nicht nur der meistgespielte Song über eine Stadt, sondern laut Bürgermeister Gavin Newsom auch «die dauerhafteste kostenlose Werbung, die es je für eine Stadt gegeben hat». Und falsch ist diese Werbung obendrein.

Das relaxte Laid-Back-Gefühl, das die *foggy city* vor vierzig Jahren auszeichnete, hat sich längst verflüchtigt. Die Stadt liegt immer noch hübsch auf Hügeln überm kalten Pazifik, und der Nebel deckt die Slums an den meisten Tagen wohltuend zu. Doch die einst massenhaft eingewanderten Hippies und Beatniks und hoffnungsvollen Musiker und spirituellen Optimisten sind, wenn nicht gestorben, so doch krank und alt geworden. Arm waren sie natürlich von Anfang an, nur fiel das zu Beginn nicht so auf.

Jetzt wankt eine Menge ranziger Greise und Lumpenfrauen durch die Stadt, speziell in den abgehalfterten Vierteln nahe dem ehemals coolen Bezirk *Haight Ashbury*. Obdachlose, Dreck und Drogenkriminalität gehören hier schon länger zu den auffallendsten Erscheinungen, der Geruch von Urin und Fäkalien zu den häufigsten Aromen – obgleich immer ein kühler Wind weht. Natürlich wird immer noch Marihuana geraucht, doch den Top-Platz nimmt San Francisco bei den Alkoholikern ein. Das muss den Besucher nicht stören, nein, überhaupt nicht, ist aber so auffallend, dass es doch stört. Bereits bei Kurztrips. Und die genügen, wenn sie überhaupt sein müssen.

Was muss man besonders meiden? Natürlich die berühmten Straßen. Auf jeden Fall zwei: diejenige über die *Golden Gate Bridge* und die *Lombard Street*. Lombard ist die krummste Straße und die meistgefilmte. Hier will jeder mal am Steuer gesessen haben. Deshalb winden sich zu jeder Tageszeit Schlangen von Leihwagen im Stop and go durch die steilen Serpentinen. Wenn es zu Unfällen kommt – was verblüffend häufig der Fall ist, weil wieder jemand versuchte, eine Filmszene nachzuahmen –, dann ist für einen Tag Schluss. Solche Tage (immerhin 127 im vergangenen Jahr) sind die schönsten im Leben der Anwohner.

Ebenso gestockt voll ist es beim *Ferry Building* und am *Fisherman's Wharf*. Früher als alle anderen Hafenstädte begann San Francisco mit der Veredelung seiner trübsinnigen Wasserseiten. Seither wird an den Kais über Lautsprecher und von Straßenmusikern am laufenden Band «Sitting on the dock of the bay» intoniert. Und seither wird aus Chile importierter Fisch aufgetaut und als fangfrisch an die Touristen verbraten. Für diesen Nepp muss man sich auch noch anstellen, denn alle Busse kommen gleichzeitig und werden sofort durch nachrückende ersetzt, allerdings nur zwischen sieben Uhr morgens und zehn Uhr abends. Mitbringsel: Golden Gate auf Sammeltellern, T-Shirts und chinesische Armbanduhren sowie *I-was-a-prisoner-of-Alcatraz*-T-Shirts.

Alcatraz ist die ehemalige Gefängnisinsel in Sichtweite. Sie kann per Boot erreicht und besichtigt werden. Man sieht Zellen und die Fotos von Insassen und, am wichtigsten, kann sich hinter Gitterstäben fotografieren lassen. Eine weitere beliebte Folter ist *Chinatown*. «Eine richtige Reise muss quälend sein», schrieb der ortsansässige Autor Gary Snyder. Und da ist Chinatown mit seinen stinkenden Fischsuppen und vergammelnden Austern die erste Wahl. Dass ein Film von Roman Polanski den Bezirk im Titel führte, hat den Umsatz der Salmonellen-Take-outs enorm gesteigert, bis heute, obgleich nur eine einzige Szene des Films hier gedreht werden musste.

Wer einen Leihwagen hat, kurvt gewöhnlich noch die Küstenstraße (*Pacific Coast Highway*) entlang nach Norden, bis allen Mitfahrern schlecht ist. Bald wird klar, dass die Parkenden an den Aussichtspunkten nicht fotografieren, sondern kotzen. Die Möwen mögen das. Es gibt noch ein Getty-Museum, das man in Kauf nimmt nach dem Motto: «Wenn wir schon mal hier sind». Und eingemeindete Städtchen der Bay Area wie das slummige Oakland und das von Ökogreisen besiedelte Berkeley.

Als ruhigster Platz gilt der *Golden Gate Park*. Hier gibt es ein japanisches Teehaus und eine holländische Windmühle. Hier meditieren die Bewohner von San Francisco und sehnen sich nach anderen Orten.

LOS ANGELES UND HOLLYWOOD

Niemand kommt wegen Los Angeles nach Los Angeles», deklamierte der Saufpoet Charles Bukowski. «Ich bin wegen der Pferderennen gekommen.» Das ist ein überzeugender Grund.

Andere Reisende kommen wegen Disneyland. Das ist natürlich auch ein toller Grund, besonders für Leute, die gern Schlange stehen und nach einer Stunde den Punkt erreichen wollen: «Von hier aus nur noch zwei Stunden Wartezeit.» Wenn sie dann ganz nah am realen Einstieg sind, beinahe schon im befahrbaren Wasserfall oder im Space Shuttle, dann hat sich gewöhnlich ein technischer Fehler eingeschlichen, und es werden Gutscheine ausgegeben zum Wiederkommen an einem anderen Tag.

Das ist schon mal nicht schlecht. Noch besser aber, wenn man schon in Los Angeles ist (für absolut coole Insider-Kenner: L.A.), ist Hollywood. Hollywood soll mal was mit Filmgeschäft zu tun gehabt haben, und zwar noch bis in die fünfziger Jahre des vergangenen Jahrhunderts. Damals soll es nicht nur Kinos in diesem Stadtteil gegeben haben, die gibt es auch jetzt noch, sondern auch Filmstudios. Ein oder zwei davon haben als Museen überlebt.

Aber Filme werden in Hollywood schon lange nicht mehr gedreht, noch nicht mal produziert. Die Produktionsgesellschaften sind international und kratzen für jedes Projekt neue Geldgeber zusammen, die in London, New York, Bombay, Shanghai oder Acapulco sitzen. Aber bestimmt nicht in Hollywood. Kulissen sind ebenfalls überflüssig geworden. Statt großer Hallen sind nur noch große Speicherplätze auf den Computern nötig. Und was noch real gedreht werden muss, kann überall auf der Welt gedreht werden, und das wird es auch, nur eben nicht in Hollywood.

Dennoch schreibt die Yellow Press in Mitteleuropa beharrlich von Hollywood-Stars und Hollywood-Skandalen. Man weiß genau, was gemeint ist, bis man den Ort selbst zu sehen bekommt. Dann wird klar: Hier ist kein Star. Hier spielt sich auch kein Skandal ab, außer dass mal ein Betrunkener gegen einen Laternenpfahl rennt.

Die Hauptstraße des Bezirks, der Hollywood Boulevard, beginnt in verwarzten Randbezirken jenseits des Freeway und verliert sich sieben Kilometer später in hügeligen Wohngegenden, immer parallel zum noch trübsinnigeren Sunset Boulevard. Ziemlich genau in der Mitte, bei der U-Bahn-Station Hollywood/Vine, erstreckt sich in beide Richtungen und auf beiden Straßenseiten, mittlerweile sogar in zwei Querstraßen, der letzte berühmte Rest der Filmstadt Hollywood: der *Walk of Fame*.

Hier besitzen längst vergessene oder nie bekannte Schauspieler, Sänger, Fernsehansager und Radiosprecher einen metallenen Stern mit Namen in den Bodenplatten. Ein Faltblatt erklärt alphabetisch und mit Karte, wo welcher Stern glänzt, wo etwa Humphrey Bogart oder Katharine Hepburn zu finden sind. Nicht real natürlich, nur als eingelassener Stern.

Eigentlich ist kein Missverständnis möglich. Aber es kommt immer wieder vor, dass unkundige Besucher, in der Regel aus Mexiko, bei Nacht versuchen, die Granitplatten anzuheben, um die darunter befindlichen Gräber auszurauben. Das ist technisch und muskulär eine bewundernswerte Leistung, nur befinden sich eben keine Gräber darunter. Gleichwohl sind bei diesen archäologischen Bemühungen erstaunlich viele Knochen geborgen worden. Wenn es noch Detektive gäbe in Hollywood, käme man hier womöglich düsteren Rätseln auf die Spur. Aber es gibt sie nicht mehr, die Detektive, und auch nicht die Rätsel. Es gibt eigentlich gar nichts hier außer ein paar Fressbuden und den Weg zum Flughafen.

DER SÜDWESTEN

Im Südwesten der USA gibt es eine Reihe von Nationalparks. Sie sind am besten mit einem Leihwagen zu erreichen, und zwar mit einem, in dem man schlafen kann. Denn es gibt entlang der Strecke Übernachtungsmöglichkeiten, aber nicht viele und nur für Leute, die ein Jahr im Voraus gebucht haben. Das sind überraschend viele. Fünf Millionen Reisende begeben sich in den Zwischenjahreszeiten auf die Canyon-Route.

In Utah gehören zu den absolut überflüssigen Must-sees der *Arches-Nationalpark* (zwei bis drei durch Erosion entstandene Bögen aus Sandstein und eine Menge Staub), der *Bryce Canyon* (Klüfte in Orange und Rosa, nur vom Rand aus im Abendlicht akzeptabel) und der *Canyonlands-Nationalpark*, der weniger besucht ist, weil er keinen auffallenden Höhepunkt hat. Überhaupt leidet der Tourismus in Utah, und zwar vor allem unter einer bundesstaatlichen Verordnung: Es gibt hier keinen Alkohol, obwohl das Land so öde ist. Dafür bekommt man an allen Tankstellen und in allen Läden das kostenlose *Book of Mormon*, eine von Gott persönlich diktierte Schrift aus dem neunzehnten Jahrhundert, die keinerlei Trost birgt, die man zum Scherz dennoch mitnimmt und spätestens vor dem Abflug weiterreicht.

Arizona ist besser besucht, und die Abende hier verlaufen erkennbar heiterer. Das Land ist noch trockener, aber die Kehle wird feuchter. Die Leute, die aus Utah herüberkommen, haben leuchtende Augen, selbst an vernachlässigbaren Highlights wie dem *Petrified Forest* (ein Dutzend versteinerte Baumstümpfe) und dem *Canyon de Chelly* (rote Schluchten mit alten Wohnhöhlen). Der Oberhit hier ist der *Grand Canyon*. Auch wenn niemand ihn gerade per Motorrad überspringt oder mit dem Gleitschirm durchsegelt, ist er voll, nicht unten, sondern oben am Rand, wo es Restaurants und Erfrischungen gibt. Man kann auch hinabklettern, wird daran aber meist von Rettungskräften gehindert, die dehydrierte Wanderer vom Boden der Schlucht bergen oder die Insassen eines Hubschraubers abtransportieren, der seine Rotorblätter am Fels zerschreddert hat.

Einer der Latest Hits ist der *Grand Canyon Skywalk*, der aus folkloristischen Gründen von Nachfahren eines Indianerstammes (den Yuma-Apachen oder Hualapai) verwaltet wird. Das Betreten der über die Schlucht gebauten U-Plattform kostet etwas weniger als hundert Dollar. Dafür darf man nicht nur über die gläserne Brüstung starren, sondern kann das Rinnsal des Colorado sogar durch den gläsernen Boden erkennen. Jeder auf dem Skywalk trägt schonende Überschuhe, die beim Eintritt ausgegeben werden. Dennoch zeigt der Glasboden erstaunliche Kratzer, angeblich von heruntergefallenen Gebissen. Die eigene Kamera muss übrigens abgegeben werden. Dafür gibt es eine festinstallierte, die sehr gern von den Nachfahren der Hualapai bedient wird. Die Einnahmen kommen der Konservierung des Stammes durch hochprozentigen Alkohol zugute.

MEXIKO

CHICHÉN ITZÁ

Wer Ausgrabungsstätten mag, also eine Menge Steine, die von Flechten bewachsen sind und von fleißigen Archäologen wieder zu Säulen und Ruinen zusammengesetzt wurden, wer gerne in gemauerte Gräben schaut, in denen mal Wasser floss, und zwar vor tausend Jahren, wer gerne steinerne Gartenzwerge betrachtet, die von einem längst ausgestorbenen Volk hergestellt wurden, wer einen gepflasterten Platz sehen möchte, auf dem mal Ball gespielt wurde, aber nicht mehr in den letzten fünfhundert Jahren, und wer sich schließlich angesichts von alten Altären und Opfersteinen gern vorstellt, wie sexy junge Männer und Jungfrauen hier rituell geschlachtet und zerlegt wurden, auf dass die Götter besänftigt waren – der ist genau richtig in Chichén Itzá.

Also eigentlich jeder. Und tatsächlich kommen pro Jahr zwanzig Millionen Leute hierher. Die Zahl scheint schwer vorstellbar, wenn man sie liest. Und völlig untertrieben, wenn man am Ort selbst ist. Voller kann es nicht mehr werden. Nirgends. Nie. Oder doch: 2012, wenn am 21. Dezember die Welt untergeht. So prophezeit es bekanntlich der Kalender des geistig extrem hochstehenden Volkes, das hier einst gelebt, geschlachtet und gemordet hat, das Volk der Maya.

Wer also am 21. Dezember 2012 hier in Chichén Itzá steht oder sitzt oder liegt oder gerade plattgesessen oder zertrampelt wird, so lautet die Prophezeiung, der wird überleben. Natürlich nicht an diesem Ort selbst, überhaupt nicht in dieser Welt, die geht ja unter, aber irgendwo anders, wo es schön ist, weil dort bereits ganz viele tolle Maya leben und auch schon wieder eine Tempelstadt errichtet haben und dem Kriegsgott in einer Pyramide huldigen und Opferrituale feiern, um alsbald in die nächsthöhere Welt aufzusteigen. Und so weiter.

Leider ist der Maya-Kalender ein wenig kryptisch und lediglich für Esoteriker einfach zu deuten. Experten tun sich schwerer mit dem Entziffern, speziell der Zahlen. Es kann auch sein, heißt es neuerdings, dass die Welt erst am 12. Dezember 2102 untergeht oder sogar erst 2210. Das wäre schade. Aber die Reihenfolge der Ziffern bleibt ein Problem. Vielleicht ist die Welt auch schon vor längerer Zeit untergegangen und nur noch virtuell existent. Die Welt der Maya jedenfalls ist versunken, und, wie ein besichtigender Berliner Politiker vor Ort feststellte, «das ist gut so».

PERU

MACHU PICCHU

Niemand weiß genau, warum die Inka dieses Städtchen vor fünfhundert Jahren verließen. Möglicherweise wollte der angebetete Sonnengott ihnen partout nicht scheinen. Das tut er auch heute nur selten. Vielleicht kamen die Gebäude ihnen unpraktisch vor und die ewigen Treppen zu mühsam. Beides trifft zu. Damals flohen ein paar hundert Leute aus dem öden Ort. Heute besuchen ihn jedes Jahr mehrere Millionen und fragen sich, weshalb eigentlich. Hier sind die Gründe.

Warum man unbedingt hinmuss

Weil es in Peru liegt. Jeder hat mal von korrupten Ländern gehört. Hier ist der Prototyp. Man muss ihn erleben. Bislang haben alle Präsidenten Perus zuerst milliardenschwere Konten in der Schweiz angehäuft und sind dann winkend außer Landes gegangen. Bis heute gilt die Regel: Wer gewählt ist, darf das Volk schröpfen. Gern mit Hilfe seiner Familie und Freunde, die auch beteiligt sein wollen. Beamte müssen, bevor sie handeln, zünftig bestochen werden. Polizisten nehmen selbst bei Mord Ermittlungen erst auf, wenn sie mit Dollars motiviert werden. Auf der Straße stoppen sie lieber sexy Passantinnen, als den Straßenraub vor ihren Augen zu beachten. Das ist großzügig und hat Stil. Man nennt es *la vida loca*, das lockere peruanische Daseinsgefühl. Man muss es erlebt haben.

Weil Lima der Ausgangspunkt ist. Wer nach Machu Picchu will, wird in Lima zwischenlanden. Die Stadt ist mit sechs Millionen Desorientierten chronisch überfüllt und chaotisch. Gerade deshalb macht der Straßenverkehr Spaß. Taxis ohne Taxameter und bremsfreie Kleinbusse machen Jagd auf Fußgänger. Die Zebrastreifen heißen bei den Einheimischen Todesstreifen, weil Passanten sich dort besonders einfach erlegen lassen. Menschenopfer gehörten von jeher zu den peruanischen Riten. Leichen, Müll und Altöl werden in den Fluss Rimac entsorgt, in dem auch die Wäsche gewaschen wird. Weil Klospülungen nicht funktionieren, hinterlassen Bürger ihre Ausscheidungen an Straßenecken und Durchgängen. Die gelblichen Schwebstoffe belasten die Schleimhäute? Von den Einheimischen lernen und ausrotten.

Weil es so viele andere Dumme gibt. Der einstündige Flug von Lima bringt Touristen aus Amerika, Japan, England und Deutschland auf dreieinhalbtausend Meter nach Cuzco, ehemals Hauptstadt des Inkareiches. Hier werden sie genötigt, Mauern zu fotografieren, die von der Tourismusbehörde als «echt Inka» ausgegeben werden, und klobige Quadersteine, die als PR-Maßnahme zum «Sonnentempel» umgewidmet wurden. Ein nahes Tal ist vor einigen Jahren zum «Heiligen Tal» ausgerufen worden. Gewöhnliche Terrassen zum Gemüseanbau werden zu antiken Kultstätten hochgejubelt. Die zahlenden Besucher fotografieren. In der Höhenluft fällt ihnen mit dem Atmen auch das Denken schwerer. Und die Apathie der Bewohner steckt an.

Weil es Erinnerungen an Las Vegas weckt. Per Bahn geht es von Cuzco über Ollantaytambo in das Touristendorf Aguas Calientes unterhalb von Machu Picchu. Dorthin fahren rumpelige, überteuerte Backpackerzüge, rumpelige und noch teurere Vistadomezüge (mit zugestaubtem Panoramadach) und rumpelige, extrateure Luxuszüge, in denen Popmusik, Cocktails und indianische Ponchos angeboten werden. Aguas Calientes besteht aus Hotels, Spielkasinos, Fast-Food-Restaurants, Internetcafés, Bars und dem Machu-Picchu-Ticketbüro. Wer in Cuzco noch nicht sein Machu-Picchu-Shirt, den echten Archäologenhut und den originalen Inka-Goldschatz erworben hat, muss es hier tun, sonst können die Straßenverkäufer sehr ungemütlich werden.

Weil die Wirkung magisch ist. Für die Enttäuschung so vieler Machu-Picchu-Besucher hat die peruanische Tourismusbehörde eine Reihe von Gründen ermittelt. Erstens ist die Anlage live lange nicht so eindrucksvoll wie auf den überarbeiteten Prospektfotos. Sie wirkt beim Durchschreiten eher wie ein verlassenes Dorf englischer Minenarbeiter. Zweitens herrscht auf dem kleinen Hügel mit seinem Besucherstrom von zwei- bis dreitausend Touristen täglich eine Art Basargedränge. Drittens gibt es erheblich mehr Treppenstufen, als die Abbildungen ahnen lassen, nämlich ungefähr dreitausend. Eine Agentur hat den Guides deshalb werbewirksame Magie verordnet. Die Führer erklären jetzt, an diesem Tor aus Steinblöcken vibriere eine besondere Energie, aus jener Wand ströme heilsamer Magnetismus, aus der Brunnenmauer pure Lebenskraft. Wenn die Inka schon davon gewusst hätten, wären sie womöglich geblieben.

So wird man lästige Mitreisende los

➤ Besonders anstrengend sind Mitreisende, die alles so ursprünglich wie möglich erleben wollen. Sie wettern gegen die Seilbahn, die von Aguas Calientes zum Machu Picchu hinaufgebaut werden soll. Da haken wir ein. Ja, Seilbahn ist ganz schlecht. Aber es ist auch nicht schön, mit dem Bus die Serpentinen zum Eingang der Anlage hinaufzufahren. «Die Inka sind auch selten Bus gefahren», erklären wir unserem authentischen Nachbarn. «Sie sind die acht Kilometer hinaufgewandert. Das soll ein ganz eigenes wunderschönes Erlebnis sein. Ich bin nur zu schwach dazu.» Das lässt sich der Ursprünglichkeitsfan nicht zweimal sagen.

➤ Sogenannte indigene (vornehmlich für «eingeborene») Völker ziehen Mystiker an. Besonders alternde Esoteriker hoffen, von den geheimnisvollen Kraftströmen in Sonnen- und Mondtempeln zu profitieren. Zum Glück wissen wir genau, wie das geht. Tante Friederike schwärmt vom verborgenen Wissen der Indianer? Bitte sehr: «Nach dem Glauben der Inka lebt lange und glücklich, wer alle Stufen der Machu-Picchu-Zitadelle einmal abgeschritten hat. Los! Wir treffen uns am Ende wieder hier!» Das kann Stunden dauern. Dreitausend Stufen unterschiedlicher Höhe fördern obendrein nachhaltige Verstauchung und Aduktorenzerrung. Das war schon bei den Inka so.

➤ Fotografen auf der Suche nach der besten Perspektive sind Spaßbremsen. Doch Sonnengott Inti sei Dank: Wir wissen, wo die besten Aufnahmen gelingen. «Den schönsten Blick hat man vom Huayna Picchu», erzählen wir. Das ist der zuckerhutförmige Berg hinter der Anlage. Der Aufstieg ist möglich, aber beschwerlich. «Andere schwören auf den Blick vom Putucusi.» Das ist der schmale hohe Felsen gegenüber. Er ist über einen Weg mit Holzleitern zu erreichen und bietet tatsächlich einen großartigen Überblick. «Aber mir fehlt der Mumm», fügen wir hinzu, damit unser Fotograf im Gefühl besonderer Verwegenheit allein aufbricht.

⇛✦ Echtheitsfanatiker, die bereits in Cuzco unangenehm auffallen, weisen wir auf den absolut authentischen Weg hin: auf den Inka-Pfad (*Camino Inca*), der als einziger durch das total ursprüngliche Sonnentor führt. Den längsten Teil der Strecke müssen die Wanderer neben der Bahnlinie hergehen oder von Schwelle zu Schwelle hüpfen. Das verraten wir besser nicht. Dass die Siebzig-Kilometer-Tour vier Tage dauert, braucht auch nicht an die große Glocke gehängt zu werden. Wir trinken unterdessen unseren Pisco Sour und sättigen uns am Buffet des Hotels Machu Picchu Sanctuary Lodge am Eingang des Inka-Bezirkes.

Typisch Machu Picchu

Gerüche. Den wenigsten Touristen wird erzählt, dass es in der gesamten Anlage keine Toiletten gibt. Jedenfalls keine offiziellen. Die inoffiziellen hingegen sind überall, wo eine Mauer ein bisschen Sichtschutz gewährt. Bei Wärme liegt über den Ruinen deshalb ein subtiler biologischer Duft. Viele Touristen entdecken erst nach der Rückkehr beim Betrachten ihrer Videos, dass sie ungewollt etliche hockende oder in eine Ecke sich drückende Leidensgenossen aufgenommen haben.

Moskitos. Auch davor hat niemand gewarnt. Erst beim Anblick des dick eingemummelten Führers schöpfen argwöhnische Besucher Verdacht. Erst recht, wenn er sich Handschuhe überstreift. In der Höhenluft hat sich eine verblüffend hartnäckige Gattung von Moskitos durchgesetzt. Sie gedeihen im Nebelwald und fühlen sich von den aufbauenden Kräften im Blut der Touristen angezogen. Sie nutzen jeden Flecken unbedeckter Haut. Die roten Punkte bleiben etliche Tage, die übertragenen Bakterien mitunter viele Jahre.

Steinewerfer. Wer in Zug und Bus unterwegs ist, ist einigermaßen geschützt. Backpacker hingegen, Mountainbiker und alle, die das Land möglichst naturnah erkunden möchten, tragen höchstwahrscheinlich Blessuren davon. Kinder und Halbwüchsige werfen in einsamen Gegenden rund um Machu Picchu bevorzugt mit Steinen auf ausländisch wirkende Wanderer. An Serpentinenwegen treten sie gern einen kleinen Erdrutsch los. Das ist echt und authentisch. Die Nachfahren der Inka haben sich ihren ursprünglichen Fremdenhass unverfälscht bewahrt.

Unverdauliche Landesspezialitäten

Die ehemalige Arme-Leute-Speise *Causa rellena* wird arglosen Touristen als Spezialität aufgenötigt. Gestampfte Süßkartoffeln sind wie Lasagne mit Fisch oder Hähnchen geschichtet, deren Aroma zuweilen ebenfalls ins Süße übergeht. Um den *Hautgoût* zu überlagern, werden gehäckselte Chilischoten zugemischt.

Bei den *Ceviche* wird der sehr spezielle Geschmack abgelagerter roher Fische von reichlich Chilis, Zitronensaft und roten Zwiebeln übertönt. Zum Neutralisieren gibt es das nationale Verdauungsproblem Mais.

Cuy chactado wird im ganzen Stück serviert. Am Kopf erkennen auch Uneingeweihte, dass es sich um gebratenes Meerschweinchen handelt. Es schmeckt wie Hühnchen mit extra vielen Knochen. Dieses Gericht lässt sich in Deutschland am leichtesten nachkochen.

Das reicht für das Expertengespräch

Vor hundert Jahren wurden die Inka-Ruinen von einem Team um den amerikanischen Archäologen Hiram Bingham freigelegt. Das Magazin *National Geographic* widmete der Entdeckung 1913 eine eigene Ausgabe. Seither wächst der Tourismus. Der peruanische Autor Mario Vargas Llosa hat darauf hingewiesen, dass sich ein Abend unschwer mit Vermutungen darüber füllen lässt, warum die Inka die Anlage verließen und ob sie überhaupt je bewohnt war. Möglicherweise machte das Auftauchen des Spaniers Francisco Pizarro die Einweihung der Kultstätten überflüssig. Er wurde für den Gott gehalten, der mit Menschenopfern und umständlichen Ritualen beschworen worden war. Endlich war er da!

Das meinen Kenner

«Wer eine Weile durch dieses Land reist, wird verstehen, warum Pizarro irgendwann die Geduld verlieren musste.»
– JOHANN JAKOB VON TSCHUDI, FORSCHUNGSREISENDER

«Nichts ist enttäuschender, als nach Schätzen zu suchen und nur alte Steine zu finden.»
– HIRAM BINGHAM, ARCHÄOLOGE

«Je weniger man von den Inkas weiß, desto bedeutender kommt einem die Kultur vor. Wer sich die Illusion erhalten will, sollte sich nicht darein vertiefen.»
– CÉSAR VALLEJO, AUTOR

BRASILIEN

RIO DE JANEIRO

Gewiss, Rio ist zugebaut bis in das letzte Zipfelchen der allerletzten Bucht, aber immer noch eine der schönsten Städte der Welt. Das Wasser ist nicht mehr sauber, aber das liegt nur an den illegalen Einleitungen und ändert nichts daran, dass die Strände von Ipanema und die Copacabana immer noch zu den Traumstränden zählen, solange man nicht ins Wasser geht.

Und es ist auch richtig, dass die Luft das Atmen gelegentlich schwermacht, besonders in der warmen Jahreszeit, den europäischen Wintermonaten. Aber das liegt nur an den vielen Autos, die hier keiner Überprüfung unterworfen werden und keine Abgasnorm erfüllen müssen. Brasilien ist kein Land der Normen, sondern hat sich einen Rest spontaner Ursprünglichkeit bewahrt.

Deshalb hat man allerdings vom *Corcovado*, dem Berg mit der Jesus-Statue, einst das Wahrzeichen, keinen Blick mehr auf die Stadt. Aber nun muss man auch nicht mehr hochfahren! Als Alternative bleibt immer noch der *Pão de Açúcar*, der Zuckerhut, der niedrige Berg mitten zwischen Buchten und Hochhäusern. Abends kann man von hier an den Lichtern ungefähr erkennen, wo die Stadt liegt.

Die Menschen sind freundlich. Sie singen und tanzen gern.

Kleine Combos grasen die Lokale ab, meist mit einer winzigen Gitarre und einigen nervtötenden Rhythmusinstrumenten, welche die Gäste zum sofortigen Herausgeben aller Barschaften nötigen.

Und hier sind wir bei einem ernsten Thema. Leider wird im Zusammenhang mit dieser großartigen Stadt immer wieder von Kriminalität berichtet. Natürlich nicht völlig zu Unrecht. Durchschnittlich zehn Menschen pro Tag werden erschossen, etwa doppelt so viele werden erstochen, aber nicht einmal ein Drittel davon sind Touristen. Wenn Reisende sich aus den von Drogengangs beherrschten Slums heraushalten, hier Favelas genannt, und ein paar Vorsichtsmaßnahmen beachten, kann nichts passieren. Oder kaum etwas. Oder nur manchmal. Nicht immerzu. Mit den folgenden Hinweisen kann der Aufenthalt in Rio sogar zum reinen Genuss werden.

➤ Es gibt viel Armut in Brasilien. Wer etwas spenden will, tut das aber am besten nicht vor Ort. Sonst findet er auf Anhieb sehr viele Freunde, die ihn nicht wieder gehen lassen wollen.

➤ In den öffentlichen Verkehrsmitteln bitte keine neuwertigen Markenturnschuhe tragen (Adidas, Puma, Reebok, Nike). Es gibt viele Menschen im Bus, die diese Markenschuhe gerne haben möchten. Falls so ein Wunsch geäußert wird, die Schuhe ohne langes Herumnesteln ausziehen und hergeben. Auch die anderen Markensachen. Und das Geld. Dann passiert nichts! Den Busfahrer fragen, wo der nächste Nacktbadestrand ist.

➤ Wenn am helllichten Tag auf der Straße jemand verprügelt oder erstochen wird, bitte nicht anhalten und nach dem Grund erkundigen. Die meisten hier können kein Englisch.

➤ Keine Kirchen besichtigen. Erstens lohnt sich das nicht. Und zweitens halten sich in den Kirchen Personen auf, die auf Touristen warten, die Kirchen besichtigen wollen.

➤ Keinen echten Schmuck tragen. Die vielen Frauen mit blutendem Riss im Ohrläppchen sind Touristinnen, die sich nicht ausreichend informiert hatten.

⇒ Falschen Schmuck immer so tragen, dass er von Vorübergehenden leicht vom Armgelenk oder vom Hals gerissen werden kann. Sonst kommt es zu unnötigen Komplikationen.

⇒ Kreditkarten und Geld gehören in den Hotelsafe. Und zwar eines Hotels in Nordamerika oder Mitteleuropa.

⇒ Die Adresse der deutschen Botschaft und den Fluchtweg zum Flughafen bitte schon vor der Abreise in den Arm eintätowieren. Am besten in beide. Und ins Bein. Man kann nie wissen, was dranbleibt.

Amerika – Kurz und knickbar

Aconcagua, Argentinien: Heiliger Berg der Inka. Kenner beschränken sich auf ein Lob von weitem, fünftausend Unbelehrbare pro Saison versuchen hinaufzuwandern. Die Nachfahren der Inka bringen hier bis heute Menschenopfer, vor allem unter Fremden, die den sorgsam gehüteten Kokaplantagen zu nahe kommen.

Atacama, Chile: Schauplatz der von der Nasa gedrehten «Mondlandung» 1969. In einem Privatmuseum in San Pedro de Atacama werden beweiskräftige Restbestände ausgestellt. Ausgedörrte Bustouristen müssen sich Geysire ansehen (Aufbruch 4 Uhr morgens bei 0 Grad, Ankunft mittags bei 30 Grad) und die montonen Salzfelsen im Valle de la Luna. Abends Salsa-Kurs und Flucht vor Straßenhunden.

Baffin Bay, Kanada: Bekam den Greenpeace-Preis für den ersten komplett von Walen befreiten Meeresarm des Nordatlantiks. Wird immer wieder wegen der «Discoinsel» besucht, auf der aber nur ein paar Inuit tanzen. Die Form der Insel gleicht einer Diskusscheibe. Entdecker John Franklin verlor hier die Lust am Leben.

Banff, Rocky Mountains, Kanada: Gute Auswahl zwischen heruntergekommenen Motels und auf Englisch getrimmten Edelabsteigen. Seit ein paar Jahren steil im Aufwärtstrend: das Helikopter-Skiing, das auch zur natürlichen Umsiedlung der schädlichen Bergtiere dient. Einfach mit dem Hubschrauber nach oben, auf Brettern abwärts und wieder los. Adieu, ihr blöden Caribous, Brummbären, Elche und Geier!

Bay of Fundy, Atlantik, Kanada: Macht Reklame mit 21 Meter Tidenhub. Darüber hinaus gibt es vor allem Wald und Gebüsch und eine Tankstelle. Die Einwohner sind Nachfahren notgelandeter schottischer Einwanderer mit hohem Promillegehalt. Heimatabend mit Sehnsuchtsliedern nach Schottland und Dudelsack-Terror.

Bridgetown, Barbados: Wellnessort schlaganfälliger amerikanischer Runzelgreise, die ihren Tag mit heilkräftigem Rum auf Zucker beginnen und mit Zucker in Rum ausklingen lassen. Sie sind leicht zu verwechseln mit den ebenfalls herumkriechenden Lederschildkröten, können aber nicht so gut sprechen.

Cancun, Mexiko: Die Riviera Maya erlebte in den letzten vierzig Jahren eine Vertausendfachung der Einwohnerzahl. Unter den schnell hochgezogenen Wohntürmen haben Archäologen jetzt Maya-Stätten geortet. Zugang durch die Keller möglich (einfach Müll beiseiteschieben). Lustig am Strand: die Verknotung der Schnüre von Fischern mit denen von Kitesurfern.

Cayo Largo, Kuba: Strandparadies amerikanischer Nudisten. In deren Geschnorchel und Geschwabbel erkannte Fidel Castro in seiner Spätzeit die Ursache für die häufigen Hurrikane in diesem Gebiet. Die demente These ist noch nicht widerlegt. Abends Überflutung der Nasszellen nach den rituellen Saufgelagen.

Chimborazo, Ecuador: Seit Humboldt oben war, beliebtester Berg deutscher Südamerika-Touristen. Bus bis auf 4800 Meter Höhe, dann nur noch 1500 gemütliche Wandermeter bis zum höchsten Papierkorb der Welt voller Chipstüten und Schokoverpackungen. Zahlreiche neue Graffiti und Namenseintragungen in Felsen und Hölzern.

Havanna, Kuba: Die ruinierteste Stadt der Karibik glänzt mit staatlich geförderter Prostitution und einem Restbestand rostender Straßenkreuzer. Aufwärts geht es mit der Musik:

Mittlerweile über siebentausend Kubaner behaupten, sie hätten in *Buena Vista Social Club* eine Hauptrolle gehabt, und geben gegen Pesos Autogramme.

Hudson Bay, Kanada: Für Touristen sind leider nur Eisbären-Safaris möglich. Ureinwohnern ist darüber hinaus das massenhafte Robben-Schlachten genehmigt. Dagegen allen erlaubt und im Sommer lebensnotwendig ist die Treibjagd auf Mücken. Sie beginnt in den frühen Morgenstunden und endet in den frühen Morgenstunden im Endlos-Repeat.

Key Largo, USA: Wichtige Therapiestation für Delfine, die zu viel mit empfindsamen Menschen geschwommen sind. Leider sind die Heilungschancen für die Tiere gering. Gern gesuchtes Motiv bei Tauchern und gleichzeitig gute Mitbringsel-Station: eine in den Korallen versenkte Jesus-Statue, deren absägbare Teile (Kopf, Hände, Füße) regelmäßig ersetzt werden.

Lechuguilla, New Mexico, USA: Zweihundert Kilometer lange Tropfsteinhöhle, laut Unesco die schönste der Welt. Zutritt allerdings nur für Gesteinshändler mit entsprechendem Werkzeug (Bohrer, Hammer, Steinsäge). Vor dem Eingang günstige Kaufgelegenheiten für Draußenbleiber. Vorsicht: Stalagtiten werden häufig als Stalagmiten angeboten; Kalkfluss beachten!

Mount McKinley, Alaska: Bei Windgeschwindigkeiten bis zu 120 km/h der optimale Berg zum Entlüften chemisch hochbelasteter Outdoor-Mode. Der Nationalpark rundherum bietet viel Staub und Steine und ist glänzend geeignet zur Beobachtung schlechten Wetters.

Orlando, Florida, USA: Alles, was darüber erzählt wird, ist wahr. Siebenundfünfzig Vergnügungsparks, fünfzig Millionen Besucher pro Jahr (in der Hochsaison 500000 täglich). Die längsten Warteschlangen der Welt mit den meisten Ohnmachten Nordamerikas. Notariell beglaubigte Garantie für Familienkrach und am Folgetag eingeleitete Scheidung.

Philippsburg, Antillen: Pro Tag zehntausend Kreuzfahrtgäste suchen das Bacardi-Feeling und finden die weltweit niedrigste Einflugschneise über einem Badestrand. Damit sind auch die geköpften Palmen erklärt und die massenhafte Emigration flug- und lauffähiger Tiere sowie der letzten indigenen Einwohner.

Playa del Carmen, Karibikküste, Mexiko: Ehemaliges Fischerdorf, das dank umsichtiger Planung zum Pilgerziel des amerikanischen Sauftourismus geworden ist. Gäste haben die hier ansässigen Hotels ins Rekordbuch eintragen lassen für den weltweit höchsten Schwund an mitgeführten Wertsachen. Der Ort ist zugleich traditionsbewusster Ausgangspunkt der Mexiko-Grippe.

Prince William Sound, Alaska: So wie die Leute hier heute leben, vegetierten früher die Seefahrer: vitaminfrei, von altem Zwieback, verrottetem Fisch und verdorbenem Trinkwasser. Die Region gilt als Weltkulturerbe, denn sie ist der letzte wichtige Verbreitungsort der Zahnausfall- und Knochenbrösel-Krankheit Skorbut.

Robber Baron Cave, Texas, USA: Gern besuchtes Geflecht von Grotten unter San Antonio. In den wasserführenden Teilen der bevorzugte Aufenthaltsort des berühmten augenlosen, lungenlosen und farblosen Brunnenmolchs, der sich aus natürlicher Scheu oder Eitelkeit ungern fotografieren lässt. Postkarten erhältlich.

San Francisco Bay, USA: Ältestes Naturschutzgebiet der USA, zugleich toleranteste Naturschutzbehörde. Ölpest, Rotschlamm, betrunkene Kapitäne, Giftmülldeponien und kontinuierliche Abwassereinleitung. Die Bucht war früher auf natürliche Weise vernebelt, jetzt ist sie es auf synthetische Art. In den Redwood-Wäldern am Nordufer leben seit einiger Zeit faszinierende genmanipulierte Primaten.

Schweinebucht, Playa de Girón, Kuba: An Land eine fünfzig Jahre alte Bunkeridylle, lange der Lieblingsrollstuhlweg von Fidel Castro. Im Wasser Drückerfische, und zwar jene rare Art, die mit den Zähnen knirscht, mit der Schwimmblase trommelt und mit der Rückenflosse kackt.

Sonora, USA, Mexiko: Cowboyland und Western-Drehort. Rentner im Wohnmobil-Konvoi. Von zerstrittenen Ehepartnern gern besuchtes Klapperschlangen-Aufmarschgebiet. Übliches Verfahren: Kopfschmerzen vortäuschen, Begleiter vorausschicken.

Sotano de las Golondrinas, Mexiko: Tiefer kegelförmiger Schacht, Top-Destination des Base-Jumping-Tourismus (300-Meter-Sprünge), Bergungsseil vorhanden. Tipp: Dörfler von den Sprüngen rechtzeitig in Kenntnis setzen. Sie sind gewohnt, Abfälle, Schutt und Giftmüll in den «Keller der Schwalben» zu entsorgen.

Vancouver, Kanada: Windig, kalt und unwirtlich, aber am Wasser. Mag die City seelenlos und einförmig sein, sie bleibt doch Kanadas wichtigster Drogenumschlagplatz. Günstige Preise in China Town (350 000 meist aus Hongkong eingewanderte Chinesen) und bei den Alt-Hippies im Stanley Park. Vorgelagerter Flop: Vancouver Island. Im Küstengewässer ein bezahlter Wal, der beim Nahen von Touristenbooten prustet.

ASIEN

INDIEN

Reisende, die nach Indien fahren, freuen sich auf den vielgepriesenen «Kulturschock». Sie wollen also einerseits in sauberen Hotels wohnen und vollklimatisiert zu Tempeln und Palästen rollen. Und möchten doch später glaubhaft von Dreck, Gestank, Elend, Lärm und Chaos erzählen können. Für die meisten geht dieser Traum in Erfüllung. Zwar rühmt sich das Land offiziell als Hightech-Labor und globaler Dienstleister. Es betreibt dreihundert Fernsehkanäle, sämtliche Warteschleifen deutscher Hotlines sowie den größten Leihmutterservice für westliche Länder. Obendrein ist es Weltmeister im Kopieren von Medikamenten, Viren und Textilien sowie größter Hersteller und Verbraucher hautbleichender Mittel. Dennoch hat es sich seine farbenprächtigen Traditionen bewahrt wie öffentliche Leichenverbrennung, das Vertreiben niederer Kasten aus Wohnbezirken und Restaurants, das Übereignen minderjähriger Mädchen an Tempelpriester zu heiligen Zwecken und natürlich die Witwenverbrennung, die nach neuen Gesetzen allerdings als Selbstmord deklariert werden muss.

Das wichtigste Gepäckstück jedes europäischen Reisenden ist das Moskitonetz. Die einheimischen Mücken übertragen nicht nur Malaria, sondern mittlerweile auch Dengue- und Chikungunya-Fieber sowie die neu eingeführte japanische Enzephalitis. Hinzu kommen einige Borrelien-Arten, die in Deutschland schwer diagnostizierbar sind. Zum Glück gibt es vor Ort jede Menge passende Medikamente oder wenigstens ziemlich gut gemachte Nachahmungen. Außerdem wichtig: ein eigener Generator, weil der Strom regelmäßig ausfällt. Dann: Ohrenstöpsel. Nach einer Erhebung der Unicef gehört Indien neben Brasilien zu den lautesten Ländern der Welt. Motoren werden schallverstärkt, weil Lautstärke Wichtigkeit bedeutet und zuweilen das Überleben sichert. Alle Hupen sind auf maximalen Output getrimmt. Wer nicht hupt, wie Fahrradkulis aus niederen Schichten, betreibt wenigstens eine Glocke. Polizisten trillern auf schrillen Pfeifen. Finanztipp: Hörstürze auf oder nach einer Indien-Reise werden nach dem deutschen Beamtengesetz als sofortiger Grund für eine Frühpensionierung akzeptiert, und zwar ohne eingehende Untersuchung, als Beweis reicht das Flugticket.

Zwingend zur Reiseapotheke gehören Klopapier, Immodium, ein Electrolyt-Glykose-Mittel, Tabletten gegen Migräne, Pillen gegen Durchfall, weitere gegen Juckreiz, für Gläubige Rescue-Tropfen, für Ungläubige Breitbandantibiotika, Wundsalben, Desinfektionsmittel, Schmerztabletten, Einwegspritzen (indische Ärzte benutzen Spritzen so lange, bis die Spitze stumpf wird), Betäubungsmittel sowie ein chirurgisches Basisbesteck zum Vernähen von Stichwunden, Entfernen von Steckgeschossen und zur Amputation schwärender Gliedmaßen. Und schon kann's losgehen!

Mumbai Wegen der vielen Bombenattentate ist Bombay vor fünfzehn Jahren in Mumbai umgetauft worden. Mittlerweile scheint den Einheimischen der frühere Name wieder aussagekräftiger. Unter beiden Namen ist die Stadt Startpunkt oder Abflugort der meisten Rundreisen und daneben wichtigster Produzent des steigenden indischen Smoganteils an der Erdatmosphäre (bislang 57%). Auch an bombenfreien Tagen füllen Rauch und Abgase die Straßen. Ein Atemzug in Mumbai entspricht dem Äquivalent einer halben auf Lunge gerauchten Zigarette, teilt die Weltgesundheitsorganisation mit. Arme Inder ziehen aus diesem Grund hierher;

die Stadtluft erspart den Tabakkauf. Die ausgedehnten Slums haben zwischen fünfzehn und zwanzig Millionen Bewohner, je nach Tageszeit und Niederschlag. Die meisten Bewohner befinden sich dort auf der Straße, wo der Bus sich ein paar Zentimeter vorwärtsrobben will. Oder sie scharen sich um den hellhäutigen Besucher und geben sich als dessen alte Facebook-Freunde zu erkennen, sobald er ein paar Rupien spendet, woraufhin noch viel mehr Freunde herbeigeeilt kommen. Einige davon wissen günstige Gelegenheiten zum Kauf echt seidener Saris, echt goldener Armbänder und echter Chinintabletten oder kennen Angebote zum Umnähen langer Ärmel, Abrasieren der Kopfhaare und Ziehen gesunder Zähne. Es gibt Läden. Doch Händler und Handwerker sitzen bevorzugt auf der Straße, auf einem aufgetrennten Sack oder einer Plastikplane, schärfen Messer oder hämmern auf Leder und Metall herum. Frauen zeigen ein geliehenes Kleinkind (für Kinderausleihe zum Betteln fallen je nach Alter und Aussehen des Kindes unterschiedliche Gebühren an). Andere ziehen einen mit Lumpen hochbepackten Handkarren oder drei Bretter hinter sich her oder stoßen gerade mit einer Mopedrikscha plus einem Autowrack zusammen oder stolpern über Schlafende, Leichen und Kühe.

Die meisten europäischen Besucher bemühen sich, das alles als absolut faszinierend zu empfinden. Lediglich zweiunddreißig Prozent der Besucher wollen die Stadt sofort wieder verlassen. Immerhin siebenundzwanzig Prozent halten es bis zum zweiten Tag aus und wollen erst dann abreisen. Einundvierzig Prozent möchten am dritten Tag weg, aber dann nur noch weg und nun nichts anderes mehr, gar nichts, höchstens sterben und nie mehr wiedergeboren werden. Mit diesem Gefühl sind sie ganz und gar authentisch in Indien angekommen und eigentlich bereits eingebürgert.

Die aromatischsten Sehenswürdigkeiten

Theoretisch liegt Mumbai auf einem Klumpen von Inseln namens Salsette. Praktisch merkt man das nicht, so eng klebt das Konglomerat am Festland. Nur dass es nach Süden in den Indischen Ozean ausfranst, in jenen Teil, den man irreführend «Arabisches Meer» nennt, und dass auf diesem Südzipfel der alte und zur Besichtigung vorgeschriebene Teil der Stadt liegt, das merkt man mit der Zeit. Sonderbarerweise ist der Wind vom Meer hier niemals frisch. Das mag daran liegen, dass dieser Teil des Indischen Ozeans dem Namen gerecht zu werden versucht, den ihm die Marine Conservation Society verliehen hat: größte Kloake der Weltmeere. Einheimische Fischer verstehen das als Auszeichnung. Denn viele Fische lieben Abfälle und Ausgeschiedenes. Vor allem jene, die in Mumbai auf den Teller kommen, selbstverständlich erst, nachdem sie auf dem Markt einige Tage lang Gelegenheit hatten, ihre Schadstoffe auszudünsten.

Crawford Market. Hier wird in schillernder Farbenpracht gezeigt, was nach Rat des Auswärtigen Amtes kein Europäer verzehren sollte, der sein Testament noch nicht gemacht hat. Arthur Crawford, zu dessen Gedenken die Markthallen benannt wurden, starb an dem schlichten Nationalgericht «Dal», einem Linseneintopf, in den außer Linsen alles eingerührt werden darf, was die Wand hochläuft oder sich zu weit aus dem Ausguss wagt. Crawford, einst Queen Victorias Statthalter in Bombay, ließ die erste funktionierende Kanalisation der Stadt anlegen. Seine Anlage ist bis heute die einzige ihrer Art geblieben, nur funktioniert sie nicht mehr. Crawford trug nebenbei den Ehrentitel «Guru Dooshan», den selten ein Europäer erhält. Er bedeutet so viel wie «Genie der Korruption». Mittlerweile sind die Markthallen aufmunternd umbenannt worden in Mahatma Jyotiba Phule Market. Jyotiba Phule setzte sich zu Crawfords Zeit dafür ein, dass das Analphabetentum von siebzig auf vierzig Prozent reduziert wurde. Da liegt es hundertfünfzig Jahre später immer noch. Die Markthallen stiften Reisende bisweilen zu Rufen des Entzückens an, was die Behörden auf die hochprozentigen Gärungsaromen zurückführen. Britische Reiseführer erklären es mit dem altenglischen Baustil der Hallen: normannisch-gotisch mit viktorianischen Reliefs. Der Anblick ließe Reisende «kurz vor der Ohnmacht noch einmal der Heimat gedenken».

Chhatrapati Shivaji Terminus. Ein paar hundert Meter südlich der Markthallen ist das Empire noch greifbarer: Der Bahnhof von Mumbai gleicht einem Schloss des englischen Landadels, nur dass seine Fassade von steinernen Affen erklettert wird und von gemeißelten Dschungelpflanzen umrankt ist. Bis zur Jahrtausendwende hieß der Prachtbau Victoria Terminus, und die meisten Einheimischen können diesen Namen bis heute leichter aussprechen. Für europäische Reisende ist der neugotische Prunk ein gesuchter Fluchtpunkt, besonders wenn sie vor Händlern aus dem Marktviertel Reißaus nehmen (besonders gefürchtet sind die Schmuck- und Flitterbanausen des Zaveri Bazaars), die ihre Überredungsversuche angesichts der bewaffneten Bahnhofswachen aufgeben. «Dieses Stück Alt-England bietet Trost und Zuversicht all jenen, die in Indien ihre Belastbarkeit überschätzt haben», vermerkte der Reisepoet Bruce Chatwin. Viele legen hier auch die Tücher ab, die sie sich am Mangaldas Market, dem nahen Kleiderbasar, haben aufschwatzen lassen und die bei einer Schnüffelprobe all die (anderswo längst verbotenen) Chemikalien ahnen lassen, mit denen sie gebleicht, gefärbt und imprägniert worden sind. Wer sich vor einer Extraportion Chemie nicht fürchtet, kann hier kostenlos Stoffe einsammeln, besonders wenn er die Lebenserwartung indischer Baumwollfärber (35) bereits überschritten hat.

Mumba Devi Temple. Mumba Devi ist die Maria von Bombay, die Muttergöttin der Stadt. Hinduistische Tempel sind am Turm zu erkennen, der einem geblähten Obelisken gleicht oder einer an der Nase emporgezogenen Pyramide. Der Turm symbolisiert den mythischen Berg Meru, das Zentrum des Universums, das sich durch glückliche Fügung in Indien befindet, allerdings noch nicht geortet wurde. Das Tor des Tempelbezirks wird von Händlern gesäumt oder vielmehr versperrt. Sie möchten Blüten von Jasmin, Lotus und Ringelblumen absetzen, die nicht lange haltbar sind, in frischem Zustand aber bei der Göttin Wohlgefallen hervorrufen. Ebenso gern hat Göttin Mumba die feilgebotenen Zitrusfrüchte und Kokosscheiben. Im Tempelhof fallen orientierungslose Kühe auf sowie orange gekleidete Sadhus. Das sind Familienväter, die sich dafür entschieden haben, lieber einer fernen Göttin zu dienen, als den Forderungen ihrer Ehefrau nachzukommen. Nun leben sie tagsüber asketisch und bitten um Almosen, akzeptieren allerdings keine Münzen, nur Scheine. Die steinerne Mumba-Statue, auf Silber angerichtet und bunt garniert, wird in einem gefliesten Raum ausgestellt, den Gläubige barfuß betreten. Ungläubige aufgepasst: Wer im Tempelbezirk fotografiert, ist willkommen. Sofern er beim Fotografieren jedoch der Göttin den Rücken zudreht, wird er im nächsten Leben in die Kaste der Unreinen geboren und muss die Latrinen des Tempels leeren. Im ungünstigsten Fall muss er das sogar auf der Stelle.

Malabar Hill. Auf Hügeln und Bergen wohnt in Indien verlässlich Gott Shiva, gern in unmittelbarer Nähe seiner wohlhabendsten Verehrer. Neben Tempeln schmücken also Villen den hügeligen Malabar-Bezirk, der eine Art Beverly Hills von Mumbai darstellt. Westliche Besucher möchten hier in fünfzig Meter Höhe über der

Stadt am liebsten bis zur Abreise ausharren, und zwar in einer der von Bollywood-Stars bewohnten und streng bewachten Residenzen. Doch gnadenlose Reiseführer schreiben Sightseeing vor. Also geht es in den Walkeshwar Temple, eine Sammlung von Andachtsstätten, die zu groß geratenen Schatzkästchen gleichen. Der älteste Tempel wurde von einem durchreisenden Gott persönlich gegründet. Es war Gott Rama, der hier auf seinem Flug nach Sri Lanka einen Pfeil abschoss. Wo der Pfeil den Boden durchbohrte, sprudelte eine Fontäne empor. Davon ist heute das Banganga Reservoir geblieben, ein eingefasster Teich, in dem keine Wäsche gewaschen werden darf, denn er versorgt die bewachten Apartmenthäuser mit Trinkwasser. Auf den umgebenden Stufen sitzen Touristen und geben vor, sie würden dem Reiseleiter zuhören. Als Nächstes droht ihnen der hundert Jahre alte Jain-Tempel. Der wirkt heller, weil er teils mit Marmor verkleidet ist, teils mit grellbunten Figuren aus der Historie der Jains. Anders als die meisten Hindus verehren die Jains lieber kluge Lehrer als ferne Götter. Sie sind der Ansicht, man müsse sich selbst um die Erlösung kümmern – vorrangig im Berufsstand der Kaufleute. Sie sind wohlhabend, leben vegetarisch und lassen alle Tiere leben, Moskitos, Kakerlaken und Bandwürmer eingeschlossen. Nicht viel weiter, immer noch auf dem Malabar Hill, stehen die Towers of Silence. Sie gehören den vor tausend Jahren aus Persien eingewanderten Anhängern des Zarathustra. Die schweigenden Türme dienen der Luftbestattung. Die Parsen mögen weder Begräbnis noch Feuer- oder Seebestattung. Sie bahren ihre Toten in der Höhe auf und hoffen, dass Geier sich ihrer annehmen. Die Parsen zählen zu den oberen Zehntausend der Stadt, auch Dirigent Zubin Mehta und Freddie Mercury (eigentlich Farrokh Bulsara) gehörten dazu. Deshalb sind sie auch in der Lage, Geld aufzubringen für neue Sonnenkollektoren, die die Luftbestattung beschleunigen sollen.

Denn Geier sind in Mumbai ausgestorben, keineswegs aus Mangel an verfügbarer Nahrung, der Tisch ist reich gedeckt – sondern an einer Reihe hochwirksamer Umweltgifte. Bleiben noch der Kamala Nehru Park, ein bis zum Trübsinn abgespeckter Vergnügungsgarten, der Priyadarshini Park zum Überfallenwerden beim Joggen und die sogenannten Hängenden Gärten von Mumbai, für Einheimische die Ferozeshah Mehta Gardens, bescheidene Terrassenanlagen zum Meer hin, deren einziger Vorzug der Ausblick ist. Sogar der Friedhof auf dem Malabar Hill hat Meerblick; hier sind etliche Heilige und Gurus verbuddelt, etwa die im Westen zu Ruhm gelangten Ranjit Maharaj und Siddharameshwar Maharaj, die testamentarisch eine Wiedergeburt in Indien ausgeschlossen haben.

Chowpatty Beach. Gleich unterhalb des Hügels erstreckt sich der Strand, der in Reiseführern zum Betrachten des Sonnenuntergangs empfohlen wird. Tatsächlich ist dieses Alltagsereignis hier am südwestlich ausgerichteten Girgaum Chaupati außergewöhnlich, weil die hohe Schadstoffkonzentration als Filter wirkt, der die Sonne in dunklem Purpur erscheinen lässt. Dazu lassen die dichten Schichten der Schwebstoffe dank milliardenfacher Reflexion die Sonne nicht nur viel größer, sondern auch viel zerfledderter erscheinen als in Europa, was bei Besuchern von dort zwiespältige Gefühle hinterlässt. Es ist erleichternd, dass die Sonne hier wenigstens schnell versinkt. Eine lange Dämmerung findet Richtung Äquator immer weniger statt; es ist eher, als sei das Licht ausgeknipst worden. Wer sich kurz vorher noch umgeschaut hat, hat wahrgenommen, dass hier nicht nur Leute aus allen Schichten und Kasten und kastenlosen Religionen unterwegs sind, sondern auch viele Touristen und deshalb noch viel mehr Imbissverkäufer und noch viel, viel mehr bettelnde Kinder und Frauen mit sedierten Babys.

Marine Drive. Der Chowpatty Beach geht über in diese drei Kilometer lange bogenförmige Küstenstraße, die bereits von den Portugiesen besiedelt wurde und von den Engländern zur Edelmeile der Stadt erhoben wurde. Am einen Ende die Skyscraper des Businessviertels Nariman Point, am anderen ein weiterer betagter Shiva-Tempel namens Babulnath, der regelmäßig in Bollywood-Filmen als Hintergrund zu sehen ist. Wer ihn besichtigt, wird ihn schon am nächsten Tag mit anderen Tempeln verwechseln. Zwischen beiden Punkten feine Häuser des englischen Kolonialadels, die zwar wieder bewohnt sind, gleichwohl dem Verfall preisgegeben werden. Zwar bewilligt die Regierung regelmäßig Gelder für den Denkmalschutz, doch diese Gelder verschwinden in den bodenlosen Taschen jener Beamten, die sich selbst für ein schützenswertes Denkmal halten, und dazu gehört in Indien jeder Beamte.

Gateway of India. Einen Kilometer entfernt vom Nariman Point, am südöstlichen Ufer der Landzunge, steht Mumbais Arc de Triomphe. Der vor hundert Jahren begonnene Klotzbrocken aus Basalt und Beton sollte die englischen Schiffe schon aus der Ferne begrüßen. Durch sein Tor sollten nach dem Willen König Georgs V. «viele hundert Jahre lang die Könige Britanniens und die Vizekönige Indiens mit ihren Truppen in die Stadt marschieren». Fünfundzwanzig Jahre nach der Fertigstellung verließen die letzten britischen Truppen durch den Bogen das Land, mit ihnen übrigens auch die letzten Baumeister, die dem Land so etwas wie eine Infrastruktur gegeben hatten. Tore, Brücken und Bögen, die heute errichtet werden, stürzen gewöhnlich schon während der Bauzeit wieder ein. Vor dem immer noch trutzigen Gate flaniert man heute oder steigt unter strenger Beobachtung bewaffneter Wachen in Boote um, die zur Insel Elephanta schaukeln.

Taj Mahal Palace. Gleich hinter dem Gateway steht dieses Monstrum von einem Hotel, das viele Besucher von weitem für eine Hochzeitstorte und beim Näherkommen für das Grab von Walt Disney halten. Doch das Hotel wurde bereits vor etwas mehr als hundert Jahren erbaut, und zwar in einem Konditorstil, der heute als «indisch-parsisch-sarazenisch oder so ähnlich» bezeichnet wird. Vor einigen Jahren gelangte es ins Fernsehen, als es von pakistanischen Terroristen erobert wurde und die Gäste sich an Bettlaken abseilten.

Mittlerweile können auch harmlos aussehende Besucher nur durch metallsensible Schleusen hinein. Drinnen, in einer Atmosphäre trübsinniger Feierlichkeit, werden in Vitrinen Fotos verblichener Gäste samt heuchlerischen Danksagungen ausgestellt. Es gibt stark gezuckerten Tee und zahnziehendes Gebäck aus der Kolonialzeit.

Elephanta. Die bunt geschminkten Holzboote zur Insel Elephanta – für Kenner Gharapuri – legen am Ufer vor dem Gateway ab. Die Überfahrt dauert eine Stunde, sofern das Boot nicht kentert oder wegen eines Kurzschlusses in Flammen aufgeht. Die Wahrscheinlichkeit dafür ist laut Statistik am Wochenende am größten, wenn die Boote am vollsten sind. Für die Bewohner von Bombay ist Elephanta das klassische Familienausflugsziel am Sonntagnachmittag. Man besucht die auf einer Anhöhe gelegene Shiva Cave, ein Geflecht von sieben Höhlen, deren größte in den Fels hinein erweitert wurde und als Tempel dient. Tausendjährige Götterstatuen, aus dem Stein herausgeschlagen, die größte sechs Meter hoch und dreigesichtig, dienen Affen als Klettergerüst. Einige Affen erscheinen zahm und lassen sich sogar streicheln, allerdings lieber von Europäern als von Indern, denn die Inder wissen, dass die süßen Bälger Tollwut übertragen. Wer gebissen wurde, kann sich auf einer Sänfte die hundertzwanzig Stufen den Hügel hinab zum Ufer schaukeln lassen. Träger aus der Kaste der Krankentransporteure stehen mit auf Bambusstangen gebundenen Schemeln bereit.

Ghandi Museum. Das zweigeschossige Holzgebäude steht im villenreichen, englisch geprägten Stadtteil Fort (wegen der Burg, die hier einst stand) an der vergleichsweise ruhigen Laburnum Road. In diesem Haus namens Mani Bhavan lebte der spätere Nationalheld Ghandi vor neunzig Jahren. Hier und nirgends anders beschloss der reiche Sprössling, den Baumwollstoff für seine Kappe von nun an selbst zu spinnen und keine Kuhmilch mehr zu trinken. Grund genug, ein Museum einzurichten. Die Ghandi-Statue am Eingang dient als Spendeneinwurf. Der Treppenaufgang wird von unscharfen Fotos und vergilbten Zeitungsausschnitten begleitet. Oben hängen ebenfalls Fotos und Zeitungsausschnitte. Der wichtigste Raum zeigt eine Matratze plus ein Kissen, ein Schreibpult und drei Spinnräder. Barack Obama war mal hier, blieb aber, wie die lokalen Reporter bemängelten, «nur so lange, wie die Höflichkeit gebot, und keine Sekunde länger». Wem das Verständnis für dieses Verhalten fehlt, schaut rein und versucht länger auszuharren.

Rajasthan

Rundreisen durch Rajasthan führen laut Katalog zu Marmorpalästen, alten Städten und Hotels mit Dusche nebst angeschlossenen Kamelausflügen und Elefantenritten. Die Wahrheit ist staubig und schmerzhaft. Und sie hat einen Geruch. Viele Gerüche. Auspuffabgase. Verbrannter Müll. Urin. Staub. Menschenkacke. Räucherstäbchen. Schweiß. Zitronellaöl. Benzin. Kuhfladen. Jasmin. Autan. Rosen. Verbranntes Butterfett («Ghee»). Es gibt niemals einen frischen Duft. Nicht in Indien. Rajasthan ist so groß wie Deutschland. Die sieben oder acht sehenswerten Städte liegen dreihundert bis sechshundert Kilometer auseinander. Zu erreichen sind sie auf Straßen, auf denen sich außer Rikschas und klappernden Restautos vor allem Eselsgespanne, Ziegenherden und Handkarren drängeln, gelegentlich aufgehalten von fegenden Nonnen oder einer bunten Beerdigungsprozession. Reisebusse schaffen auf Überlandstrecken dreißig bis vierzig Kilometer pro Stunde. Bei der Durchquerung von Steppen oder Steinwüsten kann das eintönig werden. Doch das gedrosselte Vorankommen bietet auch Abwechslung, denn nur bei langsamem Tempo lässt sich die Rekordzahl von Schlaglöchern in vollem Umfang auskosten. Die wenigsten Krater befinden sich in Straßenmitte, weshalb dort alle Lebewesen zu gehen, rollen oder kriechen versuchen. Entgegenkommende Fahrzeuge halten stur aufeinander zu und weichen einander erst in letzter Sekunde aus. Manchmal schaffen sie das nicht, daher die vielen Wracks am Rand der Piste. Theoretisch soll immer der Schwächere dem Stärkeren nachgeben, also der Mönch dem Radfahrer, der Radfahrer dem Moped, das Moped dem Auto, das schwächere Auto dem stärkeren Auto, das stärkere Auto dem Bus, der Bus dem LKW, der LKW der Kuh. Doch häufig kommt es zu fehlerhaften Selbsteinschätzungen («mein Auto ist stärker») mit Folgen, die für ein Land mit anderthalb Milliarden Menschen keine Bedeutung haben. Besucher, die ihr eigenes Leben für erhaltenswert erachten, lernen hier Demut, auch wenn sie das überhaupt nicht möchten.

Udaipur. Der Stadtpalast kommt Nutzern des Nachmittagsfernsehens sonderbar vertraut vor. Er spielt die Hauptrolle in Fritz Langs ewig wiederholten Abenteuerfilmen «Der Tiger von Eschnapur» und «Das indische Grabmal». Genauso spannend wie diese Filme ist der Palast auch. Er ist vollgestopft mit Rentnerplunder. Leiernde Guides in schwer unterscheidbaren Sprachen versuchen ihr mattes Gefolge wach zu halten, damit sie es anschließend noch in die Läden schleifen können. Ein dreibogiges Tor namens Tripolia, ah ja, Höfe, Terrassen, Korridore, Mosaiken, Wandbehänge, dürre Gärten. Ein Balkon mit eigenem Namen, Suraj Gokhda, von dem aus der Maharana und die Maharani dem Volk zuwinkten, wenn es hungerte. Nachfahren der Herrscher-Familie geistern immer noch durch einen Teil des Palastes. Der gegenwärtige Maharana geht auf die achtzig zu und schlurft unter Aufsicht seiner Pflegerinnen über eine Gesamtfläche von fünftausend Quadratmetern. Das Reich seiner Demenz beginnt gleich hinter den Wänden des Museums, zu dem der größte Teil des Palastes umgewidmet wurde. Ein anderer Teil, die ehemaligen Gästehäuser namens Shiv Niwas und Fateh Prakash, sind zu einem Hotel zusammengelegt worden und zählen jetzt zur Heritage-Kette, die nicht komfortabel, aber authentisch sein möchte. Die Palastfassaden spiegeln sich abends fotogen in einem See namens Pichola. In der Mitte des Sees schwimmt ein aus der Form geratenes weißes Fahrgastschiff, das sich nicht bewegt, denn es ist aus Stein. Von Land aus schwer erreichbar, diente dieser Lake Palace in früheren Jahrhunderten als Aufenthaltsort der durch Inzucht irre gewordenen Herrschersprösslinge. Das hat sich kaum geändert, denn heute ist der Bau ein Luxushotel. In die dahinter aufragenden Aravalli-Berge zogen sich diejenigen Geistesgestörten zurück, die schwimmen konnten. Sie gründeten ein Bergvolk, das als wild und unzurechnungsfähig gilt. Einen Überblick über fast alles bekommt man, wenn man sich zum Monsoon-Palast hinaufbemüht; der Palast ist uninteressant, die Aussicht auf die festungsartig aufragende Stadt dagegen prächtig. Hier oben ist man auch sicher vor der gespenstischen Reihung von Nippesläden in der Altstadt. Niemand hat sie bislang durchqueren können, ohne in wenigstens drei Shops gelockt, geschoben oder geschubst zu werden. Die Enttäuschung der Händler, wenn nichts gekauft wird, ist abgründig und von Flüchen begleitet; den Kaufverweigerer erwartet eine Wiedergeburt als Kanalreiniger. Angenehm entfernt und erholsam liegt der Lustgarten Sahelion-ki-Bari, der mit Teichen, Türmchen und steinernen Zwergelefanten einem mitteleuropäischen Zoo oder botanischen Garten ähnelt. Nur dass hier mehr Inder unterwegs sind. Zwanzig Kilometer nördlich dämmert der Shivatempel von Eklingji, der seinen Ruhm allein der Tatsache verdankt, dass der Palastgreis, der sogenannte Maharana, zum Beten hierher gekarrt wird, und zwar an sturmfreien Montagabenden. An anderen Tagen und außerhalb der abenteuerlichen Öffnungszeiten (4:15–6:45 und 17:15–18:45 Uhr) tut es auch irgendein anderer der hundert Tempelchen, etwa der drei Kilometer entfernte, mit erotischen Figuren geschmückte Saas Bahu bei Nagda. Muss aber auch nicht sein. Denn genau betrachtet, ist jedes Auto für sich ein Tempel; denn jedes enthält einen kleinen Altar mit Statuetten, Kettchen und Heiligenbildern, bunt und blinkend. Der Reisebus ebenfalls. Westliche Besucher, die sich auf Spiritualität freuen, fallen hier vom Glauben ab.

Ranakpur. Neunzig Kilometer nördlich von Udaipur, immer noch in den Aravalli-Bergen, steht die größte Tempelanlage der Jains. Das sind die Frommen, denen alles Leben heilig ist. Sie fegen den Weg vor ihren Füßen, auf dass kein Wurm oder Käfer ihretwegen dahinscheide. Sie tragen einen Mundschutz, vor allem in insektenreichen Gegenden, damit sie nicht zufällig einen Moskito einatmen und durch Schlucken töten. Sie essen vegetarisch, meiden aber Kartoffeln und Wurzelgemüse, weil es durch die Ernte zwangsläufig stürbe. Und um noch weniger Schaden anzurichten, üben sie sitzende Tätigkeiten aus, gern als Kaufleute und Banker. In vollkommener Unschuld sind sie zur finanziellen Oberschicht aufgestiegen. Das sieht man dem tausendjährigen

Tempel an. Von weitem fallen glänzende Dachtürme und Kuppeln auf, von nahem der pastellfarbene Marmor, von innen die Säulen, von denen es angeblich 1440 verschiedene gibt. Wer jede einmal berührt – aber keine zweimal –, wird erleuchtet. Die Touristen haben dafür selten Zeit; ihr Bus muss weiter. So verfallen sie in eiliges Schreiten, durchwandern in beschleunigter Feierlichkeit Hallen und Pavillons und schnattern einander scharenweise zu, wie still es hier ist.

Deogarh. Hundert Kilometer nördlich von Ranakpur, nun schon in den Ausläufern der Aravalli-Berge, grüßt abermals ein Palast. Kleinmütige Studienreisende hoffen, es möge der letzte sein. Zu ihrer Erleichterung ist dieser Devgarh Mahal museumsfrei zum Hotel umgewandelt worden; man erkennt es an den Bussen, die sich aus allen Richtungen treffen. Die Touristen grüßen einander mit höflicher Säuernis. Man wollte eigentlich ausschließlich authentische Inder sehen. Doch die sind in dem kleinen Städtchen in Trübsal versunken, weil es hier ernsthafte Schwierigkeiten mit dem Fernsehempfang gibt, trotz oder vielleicht wegen der in indischer Eigenarbeit konstruierten Satelliten. Selbst der Hotelchef, der Maharaja persönlich, sieht nichts. Für seine Gäste legt er deshalb Schachspiele und Zeitschriften aus und hat die Wände mit familiären Beweisfotos aus kolonialer Zeit dekoriert. Er pflegt eine Oldtimersammlung, stellt seinen Gästen jedoch nur von Kamelen gezogene Karren zur Verfügung, mit denen die sturztrockene Landschaft durchzuckelt werden kann. Es gibt aber auch Liegestühle. Das Hotel wirkt beruhigend englisch, besonders wenn man die Augen schließt. Im Hof läutet ein nachgebauter Big Ben.

Jodhpur. 140 km weiter nordwestlich wird es sandig. Jodhpur dorrt in einer Sandwüste namens Thar, wenigstens in einem Teil, in dem noch dürftige Büsche wachsen. Die Wüste wurde geschaffen von Menschen, die noch ganz im Einklang mit der Natur lebten, von Nomaden, die in der Überweidung ihr Glück suchten. Jetzt dient die Thar als Themenpark für touristische Kamelsafaris und bei Nacht zur Beobachtung des Sternenhimmels, Letzteres stets mit dem Hinweis auf die indischen Raumsonden, zu denen außer Sichtkontakt jegliche Verbindung verloren ging. Die Fassaden der Häuser in Jodhpur sind blau gestrichen. Einheimische erklären es mit der Priesterkaste, die vor fünfhundert Jahren ihre Häuser in Indigo zu streichen begann. Diese Tradition gibt es auch in anderen Städten. Hier jedoch machten es alle nach – vorgeblich auch, um den Karawanen aus der Ferne ein Zeichen zu geben. Das Fort Meherangarh, die großspurige Festungsanlage auf dem Tafelberg über der Stadt, die als Einzige als Leuchtturm in Frage käme, ist indes genauso elend ockerfarben wie der Berg und die Wüste. Wer sich hinaufbemüht, bekommt hinter dem Tor einige Wandmalereien und sandsteinerne Geländer zu sehen, ferner einen Marmorsitz, der als antikes Klo durchgeht, jedoch als Thron diente, obendrein eine goldene Sänfte und eine staubige Waffenkammer sowie ein paar Glasfenster. Besonders stolz sind die Guides auf das Tor, vor allem auf die Handabdrücke von dreißig Herrscherfrauen, sogenannten Maharanis. Jede einzelne ist ihrem geliebten königlichen Ehemann in den Tod gefolgt, voller Enthusiasmus und dermaßen freiwillig, dass lediglich in 29 der 30 Fälle die Diener nachhelfen mussten. Diener helfen auch heute noch, diesmal entkräfteten Bustouristen, die mit gestauchtem Rückgrat im einzigen klimatisierten Hotel Zuflucht suchen: dem Umaid Bhawan Palace, dem umgewandelten Wohnsitz eines verarmten Maharadschas, der gegen Aufpreis bei Nacht in einem Seitenflügel spukt und zu singen versucht. Jodhpur selbst, eine Millionenstadt, ist unmusikalisch laut und sehenswert dreckig und zwischen elf und sechzehn Uhr auch noch tonofenheiß. Am erträglichen Vormittag werden die Touristen im Gänsemarsch über den Markt geführt, damit sie gefälschten Goldschmuck, nachgemachte Kosmetika und Elfenbeinarmreife aus Plastik kaufen. Die meisten ziehen das Angebot zur Flucht in die Wüste vor. Doch auch das ist Fake. Die Kamele, auf denen die sogenannten Safaris unternommen werden, sind räudig, alt und ranzig. Unbequem sind sie sowieso. Der Schaukelgang geht zwei Stunden durch eine sandige Ebene mit staubigem Grün zu einem wrackigen Rasthof und wieder zurück. Der Tourismusbehörde ist aufgefallen, dass nahezu alle Rajasthan-Reisenden, egal aus welcher Richtung, in Jodhpur nachzurechnen beginnen, wie lange sie noch bleiben müssen.

Jaisalmer. Die tausendjährige Karawanenstadt liegt 270 km nordwestlich von Jodhpur von noch mehr Wüste, Sand und Steinen umgeben. Sie ist klein und zurückgeblieben und gleicht anderen Wüstenstädten des Orients auch darin, dass die Trinkwasserversorgung mittelalterlich und ungenügend ist und dass stattdessen die Abwässer unter den Gebäuden hervorquellen und die Fundamente untergraben. Wer auf der Reise noch nicht krank geworden ist, wird es gewöhnlich hier. Jaisalmer ist ein Kaff und bemüht sich kraftlos, die Attraktionen Jodhpurs nachzuahmen: Kamelritt im Konvoi, begleitet von Wasserverkäufern und Imbissanbietern, gern zum Sonnenuntergang mit anschließendem Blick in den Sternenhimmel und auf die abermals stumm vorbeiziehenden indischen Satelliten. Die Stadt ist über das Fort kaum hinausgewachsen. Die Mauern umschließen Shops mit Lederwaren und T-Shirts, in denen jede Führung unfehlbar endet. Der abgetakelte Palast, wiederum mit Museum, sollte vor Jahren restauriert werden, doch die Unesco-Gelder sind auf dem langen Weg durch die Behörden in private Hände verteilt worden. Neue sind beantragt.

Bikaner. Ein weiterer festungsartiger Palast in wüster Umgebung, dreihundert Kilometer von Jodhpur nach Norden, und abermals Tempel und schon wieder Sonderangebote für Kamelritte. Teilnehmer organisierter Reisen erleben den aus gelblichem Marmor errichteten Palast Junagarh Fort als einziges Déjà-vu und werden von dem unheimlichen Verdacht beschlichen, all die Wandmalereien und Lackdöschen und zersprungenen Spiegel und gläsernen Intarsien seien Teil einer großangelegten Beschäftigungstherapie. Dieser Eindruck ist genau richtig. Zur Betäubung wird im Hotel unter dem Tresen Alkohol hervorgeholt, der in Indien offiziell verboten ist. Außerdem gibt es offiziell erlaubte, aber von der WHO zum Verbot empfohlene Süßigkeiten, bei deren Herstellung Hartgesottene zuschauen dürfen: Kondensmilch wird mit Zucker verrührt und so lange gekocht, bis der Wasseranteil verdampft ist. Dann werden Mandeln, Safran und Kardamom zugemischt, noch einmal in Zucker erstickt und fadenziehend durchgerührt. Das Ergebnis nennt sich Barfi. 40 Millionen indische Diabetiker können nicht irren.

Pushkar. Unerlässlicher Heilungsort für spirituell Interessierte. Der Pushkarsee gilt als heilig, seit vor zweitausend Jahren ein Gott darin badete. Sündige Hindus pilgern seitdem hierher, um barfuß die Stufen («Ghats») in den See hinabzusteigen und sich in seinem göttlichen Wasser von allen früheren und zukünftigen Untaten reinzuwaschen (dauert zehn bis fünfzehn Minuten; Männer machen den Oberkörper frei, Frauen bleiben in ihre waschfesten Saris gewickelt). Anschließend nehmen die herumschwärmenden Brahmanen gegen Spende eine Segnung vor, indem sie aus rotem Blütenstaub einen Punkt auf die Stirn des Gereinigten tupfen. Die Stadt ist so heilig, dass die Händler hier ohne Reue betrügen dürfen. Weil sie einen roten Punkt auf der Stirn haben, schadet es ihnen nichts. Bei den Kunden ist es leider anders.

Jaipur. Die Dreieinhalb-Millionen-Stadt ist der Tiefpunkt jeder Rundreise. Zwar trägt sie den Beinamen «Pink City», seit ihre Fassaden zum Besuch des farbenblinden Gatten der Queen Victoria in einem dreckigen Schweinerosa gestrichen wurden. Es gibt auch eine befestigte Altstadt und einen maroden Stadtpalast (Sawai Man Singh) mit einem betagten Observatorium (Jantar Mantar), in dem eine Sonnenuhr zu bestaunen ist. Obendrein gibt es den berüchtigten Palast der Winde (Hawa Mahal), der einerseits so heißt, weil der Maharadscha sich bezüglich seiner Verdauung keinerlei Hemmungen auferlegte, andererseits aber, weil er die Räume für die anwesenden Damen so konstruieren ließ, dass eine ständige Zirkulation für sanftes Fächeln sorgte. So gehörte er zu den wenigen Maharadschas, die man auch nach einem schwerverdaulichen Essen besuchen konnte. Jaipur ist jedoch vor allem ein stickiger Slum und doch zugleich ein Touristensammelpunkt. Von hier aus gehen Rundreisen in alle Richtungen. Deshalb ist es auch die Stadt der Schlepper, Nepper und Schwindler. Überall warten unauffällige Gestalten, die den vorbeispazierenden Besucher am Ärmel zupfen, um ihn in Manufakturen, Schmuckgeschäfte, Töpfereien, Knüpfereien zu zerren und in Souvenirshops, bei Miniaturenmalern und Elfenbeinschnitzern unterzubringen. Reisende bekommen hier aus psychischen und physischen Gründen Durchfall.

Amber. Amber oder Amer war die Hauptstadt, bevor Jaipur gegründet wurde, elf Kilometer entfernt und fünfhundert Jahre älter. Das Amer Fort ist der trutzige Palast, der die Stadt überragt. Also noch ein Palast mit Tempelchen, Prachträumen, Mosaiken, Wandmalereien, Spiegelscherben und Juwelierwaren. Muss es sein? Es muss sein. Der in Resignation verfallene Reisende wird auf den Rücken eines Elefanten gehievt und bergauf geschaukelt. Alle müssen mitmachen. Die Elefanten warten hier wie anderswo Ponys oder Rikschas in einer langen geduldigen Schlange, um dann unter Leitung ihres Treibers die zahlende Last zum staubigen Fort zu bringen. Wer eine Elefanten-Allergie vorschützt, wird auf eines der sichelohrigen Pferde gehoben («Marwaris») und zur Freude der zahlreichen einheimischen Zuschauer wie ein Plumpsack emporgeschoben.

Taj Mahal. Vom berühmtesten Bauwerk Indiens kursieren im Web mehr als elf Millionen Fotos. Sie wurden hochgeladen von zehn Millionen verschiedenen Hobbyfotografen und ähneln einander doch wie Kopien. Das liegt daran, dass das Gebäude nur von ein bis zwei Seiten aus sehenswert ist. Der meistfotografierte Blick geht seit zwanzig Jahren von der «Diana-Bank» aus zur Fassade. Die Princess of Wales posierte 1992 in schmerzensreicher Einsamkeit vor dem Mausoleum. Seither bemühen sich pro Tag zweieinhalbtausend Besucher, exakt diese Pose nachzuahmen. Macht eine Million pro Jahr; die Schlange vor der Bank reißt nicht ab. Den Hintergrund menschenleer draufzukriegen ist nur für Mitglieder des englischen Königshauses möglich. Für alle anderen ist das Taj Mahal ein Rummelplatz mit einem brausenden Gewirr unverständlicher Sprachen und einander übertönender Guides. Viele Reisende kommen aus Delhi (sechs Stunden Anreise mit Bus oder Taxi), die meisten aus Agra (zwei Stunden). Sie winden sich durch ein endloses Spalier von Bettlern und Obdachlosen, stehen geduldig an (drei bis fünf Stunden), passieren gnadenlose Sicherheitschecks, liefern auf Befehl der bewaffneten Milizen Proviant und Getränke ab (kein Schmutz im Taj!), erwerben eine Fotoerlaubnis und betrachten dann erschöpft und kaum mehr aufnahmefähig, was zwanzigtausend Zwangsarbeiter vor dreihundertfünfzig Jahren unter Peitschenhieben geschaffen haben: das monumentale Grab für die verblichene Lieblingsfrau eines islamischen Diktators. Marmor und Halbedelsteine, Korallen und Perlmutt wurden verbaut. Alles hat bis heute gehalten, aber nun endlich, endlich, hoffen die Fachleute, wird es zusammenstürzen. Mit etwas Glück bereits innerhalb der nächsten fünf Jahre. Denn seit der vorbeifließende

Yamuna River austrocknet, sind die hölzernen Fundamente des Bauwerks (ähnlich wie bei den Palazzi in Venedig) der Luft ausgesetzt und verrotten. Den Wasserverbrauch der rasch wachsenden Bevölkerung von Agra hatten die Baumeister nicht vorausgesehen. Bereits seit 2010 neigen sich die Minarette in Konkurrenz zum Turm von Pisa. Die Außenwände zeigen täglich wachsende Spalten, und in der Gewölbedecke der Grabkammer öffnen sich klaffende Risse. Diese Kammer der eingesargten Lieblingsfrau ist allerdings ohnehin enttäuschend. Schön ist das Bauwerk nur von außen, besonders in den ganz frühen Morgenstunden, wenn der Eintritt noch nicht erlaubt ist, und am Abend, nachdem man es wieder verlassen hat. Aber Hauptsache, man hat es gesehen, kann davon erzählen und das persönliche Foto ins Web hochladen. Dort wird es schon sehnsüchtig erwartet.

CHINA

PEKING

Besucher aus dem Westen staunen oft, dass in Peking auch bei Tag der Vollmond zu sehen ist. Beharrlich zieht er als runde Silberscheibe über den Himmel und nimmt nicht ab. Woran liegt das? Daran, dass China auf der anderen Seite des Globus liegt? Nein, an der Luftverschmutzung. Es handelt sich nicht um den Mond, sondern um die Sonne. Sie wirkt nur so bleich, weil sie nicht besser durch die Schwebstoffe dringt. Schwelende Kohlenflöze nördlich von Peking blasen wöchentlich so viel Kohlenstoffdioxid in die Luft wie der gesamte mitteleuropäische Straßenverkehr in einem Jahr. Dazu furzt eine Milliarde chinesische Schweine süßsauer und im Alleingang genauso viel Methan in die Atmosphäre wie der Rest des weltweiten Haustierbestandes. An manchen Tagen bringt das schweflige Licht ahnungslose Fremde sogar auf die Idee, die Chinesen seien gelb. Andere Besucher meinen, man solle sich die Sehenswürdigkeiten ansehen, solange sie überhaupt noch zu sehen seien. Das ist unnötig. Zwar war es eine tolle Marketing-Idee, eine ranzige Burganlage als *Verbotene Stadt* auszugeben, eine ermüdende Wehranlage als *Große Mauer* und eine windige Aufmarschfläche als *Platz des Himmlischen Friedens*. All das klingt verlockend. Doch es verhält sich damit so ähnlich, wie wenn man beim Chinesen den Teller der sieben Köstlichkeiten bestellt. Auf sieben kommt man bei näherem Hinsehen, auf Köstlichkeiten bestimmt nicht.

Die Palette der sieben Scheußlichkeiten

Verbotene Stadt. Diese festungsartige Anlage war keineswegs verbotener als irgendein anderer Palast oder Regierungssitz der Welt und niemals so verboten wie jetzt das Weiße Haus. Es durfte ganz einfach nicht jeder unaufgefordert reinmarschieren. Der mystifizierende Name hat sich jedoch als hilfreich erwiesen für das trübsinnige Ensemble von Bauten. Lediglich vom Hügel dahinter ist die Anlage sehenswert, wenn die Vielzahl der Pagodendächer daraus hervorragt. Wer hingegen innerhalb der Ummauerung unterwegs ist, gewinnt den Eindruck, China brauche keinesfalls noch ein drittes Disneyland (das erste befindet sich in Hongkong, das zweite bei Shanghai). Dies hier reicht. Zwar ist das Areal fast einen Kilometer lang und über siebenhundert Meter breit, doch fünfzig Millionen ausländische Besucher pro Jahr füllen es mühelos, belegen jeden Bau, jeden Hof, jeden Gang, jedes «Halle der Harmonie» genannte Klo. Angeblich gibt es neunhundert Gebäude, doch da müssen Besenkammern und Schuhschränke mitgezählt worden sein. Die Erläuterungen des Fremdenführers, welche Hofschranze unter welchem Dach nistete, langweilen schnell. Vollends einschläfernd ist der Besuch des Palastmuseums mit einer endlosen Folge von Tuschezeichnungen, Wandbehängen, Kalligraphien, Emaille, Lack und Jade. Die Phantasie wird allenfalls angeregt vom Thronsaal und von den Wohnungen der auserwählten Frauen. Sie erhängten sich, wenn ihr Gebieter gestorben war (bei manchen war Hilfestellung nötig) – ein Brauch, der auf Chinas Weg zurück zur Ursprünglichkeit wieder eingeführt werden soll.

Platz des Himmlischen Friedens. Auf diesem Platz vor dem südlichen Palasttor parkten einst Jim und Lukas arglos ihre Lokomotive, um mit dem Kaiser von China zu sprechen. Heute sind Lokomotiven und private Fahrzeuge nicht mehr willkommen, nur Panzer. Der windgefegte *Tian'anmen*, zwei Kilometer lang, anderthalb Kilometer breit, gilt als größter gepflasterter Truppenübungsplatz der Welt. Er ist außerdem Ort der weltweit größten, rund um die Uhr aufrechterhaltenen Versammlung geheimer Staatspolizisten. Sie fallen durch extreme Unauffälligkeit auf. Von einem ungetarnten Sonderkommando bewacht, wird hingegen das klotzige *Mao-Mausoleum*: die Gedenkhalle für einen der bedeutendsten Massenmörder des vergangenen Jahrhunderts. Die perfekte Nachbildung seines Leichnams in Wachs wird besuchenden Provinzlern als Beweis heiliger Unverweslichkeit verkauft. Es gibt auf dem Platz außerdem noch eine Säule zum Gedenken an die erfolgreichsten Heckenschützen der Revolution und links und rechts flankierend je ein Geschichtsmuseum (Eintritt Pflicht) und eine Halle des Volkes (Eintritt verboten). Man kann sich auf dem Platz fotografieren lassen und Souvenirs kaufen: Mützen, T-Shirts, Anhänger, Modellautos, Olympia-Maskottchen, Aquarelle auf Reispapier und Ohrenschützer gegen das Geleier der Fremdenführer.

Große Mauer. Um 1905 besuchte einer der ersten amerikanischen Touristen die Große Mauer: Seth Wheeler, der Erfinder der Klopapierrolle und weiterer hundert Volltreffer. In Amerika war Wheeler zunächst verspottet worden und hatte geantwortet: «Für die einen ist es eine Rolle Klopapier, für die anderen die wohl längste Papierserviette der Welt.» Als er das Land der Papiererfindung besuchte, führte man ihn auch an die Mauer. Wheelers Kommentar: «Für die einen mag es ein Bauwunder sein, für die anderen der wohl längste Wachturm der Welt.» Hört sich nach Selbstzitat an, trifft aber die Sache: Die Mauer ist ein auf sechstausend Kilometer ausgewalzter Wehrgang. Dass beim Bau mehr als eine Million Sträflinge und Sklavenarbeiter starben, macht sie in chinesischen Augen zum Superding. Einer der gruseligsten Abschnitte – siebzig Kilometer nördlich von Peking bei Badaling – gehört zwingend zum Touristenprogramm. Hier werden die Fotos gemacht. Etwas östlich bei Mutianyu gibt es noch ein weiteres zur Besichtigung freigegebenes Stück; hier fällt der Massenansturm etwas geringer aus. Bei Simatai, schon hundertzwanzig Kilometer vor Peking, ist es ruhiger und die Aussicht am besten. Das Gehen auf der Mauer ist in jedem Fall mühsam, an ebenen Abschnitten wegen des Gedränges, an steilen wegen des alpinen Gefälles. Am Fuß der Mauer ist Vorankommen unmöglich: wegen der unzähligen Verkaufsstände und fliegenden Souvenirhändler. «Wir waren auf der chinesischen Mauer!» Toll! Einen anderen Grund, sich diesen Tort anzutun, gibt es nicht.

Ming-Gräber. Die Mauer gilt als Chinas größtes und längstes Massengrab. Edlere und kürzere Einzelgräber finden sich auf dem Weg dorthin: Eine Busstunde nördlich von Peking genießen Kaisergräber in einem waldigen Tal den Schutz der Unesco. Die dreizehn Mausoleen (chinesisch *Shisanling*) enthalten den noblen Moder der Ming-Dynastie. Ming? Genau. Das waren die mit dem Porzellan und den Vasen. Wenn am Anfang eines Krimis erwähnt wird, dass diese zerbrechliche Ming-Vase im Haus des Millionärs auf keinen Fall kaputtgehen darf, wird sie wenig später auf dem Kopf eines Schurken zerschmettert. Solche Vasen und weitere nützliche Grabbeigaben fand man beim Durchwühlen ausgewählter Grüfte. Gleich hinterm Tor des Gräberfeldes sind entlang einer Allee auch noch steinerne Gartenzwerge der Ming-Zeit zu bestaunen: Beamte, Kamele, Elefanten, Würdenträger, Pferde,

Löwen, Fabeltiere, Generäle. Die Terrakotta-Armee befindet sich übrigens entgegen den Mutmaßungen Mitreisender keineswegs hier, sondern ein paar hundert Kilometer entfernt. Oder sie ist auf Tournee. Aber man kann Nachbildungen an jedem Ort kaufen, an dem man aus dem Bus steigt.

Sommerpalast. Weil es in Peking entweder sehr heiß ist (bis vierzig Grad plus) oder sehr kalt (bis vierzig Grad minus) und weil es in der übrigen Zeit meistens regnet, verließen die Herrscher den Palast durch die Hintertür («das Nordtor»), um den angenehmeren Teil ihrer Zeit im Hügelland zu verbringen. Die dort errichtete Residenz wurde *Yiheyuan* genannt, wörtlich: «Garten des harmonischen Zeitvertreibs». Der erste Sommerpalast, vor dreihundert Jahren errichtet, diente dem Vergnügen des Kaisers unter anderem durch die intensive Folterung englischer und französischer Gesandter. Unharmonische anglofranzösische Truppen rückten daraufhin zur Einäscherung des Palastes an. Der zweite Palast, aus den Ruinen des ersten erstanden, schloss einen künstlichen See ein, auf dem die Kaiserinwitwe Marineübungen beizuwohnen wünschte. Sie beobachtete die Gefechte von der Reling eines eigens erbauten Schiffes aus, das seeuntüchtig blieb, weil es aus Marmor errichtet wurde. Heute tuckern Touristen in Drachenbooten übers Wasser, fotografieren geschwungene Brücken und Teepavillons und fühlen sich an englische und deutsche Parks erinnert, deren Schöpfer und Schüler hier tatsächlich tätig waren. Wörlitz, Branitz, Muskau standen Pate. Lediglich die chinesischen Mücken sind überzeugender.

Himmelstempel. Wenn der Himmelstempel auf dem Programm steht, weiß der informierte Gast: Es geht zu Ende mit den Sehenswürdigkeiten in und um Peking. Und doch wachen müde Touristen noch einmal kurz auf, wenn der *Tiantan* ins Blickfeld gerät. Den kennen sie doch irgendwoher? Diesen dicken Turm mit dem dreistufigen Dach und den Terrassen davor? Richtig, er ist auf den Reiseführern abgebildet. Endlich lassen sich mal Foto und Original vergleichen! Tatsächlich ist das schon das beste Argument, den Tempel zu besuchen. Unkundige Wanderer gehen an dem hölzernen Rundbau vorbei, weil sie ihn für ein schäbiges Getreidesilo halten. Betagte Speicher sehen in China so aus, und in diesem Himmelssilo wurden wahrhaftig Ernteerträge gelagert. Vor allem jedoch wurde hier um gute Ernte gebetet, einmal im Jahr von den Kaisern persönlich. Besonders von denen der Ming-Dynastie und den Opiumkaisern der Qing-Dynastie. Diese beiden Herrscherhäuser teilten sich die sechshundert Jahre vor Mao. Heute spendet man im Himmelstempel eine überflüssige Münze, um dafür zum Lohn Segen und Reichtum zu erwarten. Immer wieder sehenswert an der umgebenden Rundmauer: Touristen, die ins Gestein flüstern. Es gibt hier denselben Effekt, der überall auf der Welt in Echo-Galerien und Flüsterbögen vorgeführt wird: Was an einer Stelle leise in eine Rundung oder Kuppel gesprochen wird, kann gegenüber mit etwas Mühe gehört werden. Für viele ist das der unbestreitbare Höhepunkt der China-Reise.

Lamatempel. *Yonghe Gong* heißt dieser Tempel, was gewohnt schönfärberisch «Palast der ewigen Harmonie» heißt. Es ist ein tibetisch-buddhistischer Tempel, dem immerhin zweihundert Jahre Harmonie beschieden waren, bevor die Mönche zu Schmarotzern und Blutsaugern erklärt und verjagt wurden. Das ist mittlerweile auch schon wieder fünfzig Jahre her, und inzwischen finden junge Chinesen es cool, alte Gebetsmühlen zu drehen, sich vor lackierten Buddhas zu verneigen (es gibt welche für Gesundheit, Reichtum, Liebesleben, Weisheit, günstige Reinkarnation, Karriere, Lottoglück und gute Verdauung), demütig zu knien und dabei Bündel von Räucherstäbchen zu verkokeln. Der Tempel ist von außen weniger an seinen geschwungenen Dächern zu erkennen als an der heiligen Rauchwolke darüber. Kultfigur der Anlage ist ein gut zwanzig Meter hoher Buddha, der aus einem einzigen Baumstamm geschnitzt wurde. Der spezielle Sandelholzstamm musste im Winter hundert Kilometer über vereiste Wege gezogen werden, was nicht ohne tödliche Unfälle abging. Alle Umgekommenen sollen aber extrem vorteilhaft wieder inkarniert worden sein. Insider-Tipp: Das gilt für alle, die hier ihr Leben lassen.

So wird man lästige Mitreisende los

⋙⇥ **In Bus und U-Bahn.** Mutige Mitreisende werden wir los, indem wir ihnen gestehen, dass wir uns partout nicht allein ohne Reiseleiter lostrauen in diesem großen fremden Dschungel von Stadt. Huh, schauder! Na, dann gehen sie eben allein! Sobald sie aufgebrochen sind, unternehmen wir eine gemütliche Riksche-Tour durch die Altstadt, die zuverlässig dort wieder endet, wo sie angefangen hat. Unsere Mutigen kommen unterdessen mit Bus und U-Bahn voran. Das ist etwas billiger, geht aber viel schneller, und noch schneller ist unklar, wo man sich eigentlich befindet. Fahrpläne und Schilder beharren trotzköpfig auf chinesischer Schreibweise. Die Einheimischen sprechen sehr gern mit Fremden, allerdings ebenfalls ausschließlich auf Chinesisch. Selbst Taxifahrer können mit Englisch absolut nichts anfangen. Es wird geraten, Zettel mit der eigenen Hoteladresse bei sich zu führen, natürlich in chinesischen Schriftzeichen. In letzter Zeit führte das immerhin dazu, dass hilfsbereite Passanten den Zettelinhabern den Weg zeigten. Nur leider nicht zum Hotel, sondern zu ihrer eigenen privaten Unterkunft, die für wesentlich weniger Dollars zu haben sei. Viele mutige Mitreisende mussten in ihrer Not damit vorliebnehmen. Es wird geschätzt, dass etwa dreißig Prozent der Menschen, die illegal in Peking leben, aus mutigen Überresten längst abgereister Touristengruppen bestehen.

⋙✦ **In der Peking-Oper**. Dieses großartige Erlebnis (so behaupten wir) ist geeignet für alle, die Peking ganz authentisch erleben wollen. Unsere Freunde des Ursprünglichen begleiten uns also nicht zur touristischen Akrobatikshow und schon gar nicht in die Karaoke-Bar. Sie erwerben ein echtes Ticket für die echte Peking-Oper und beileibe nicht für die einstündige Feriengästeversion, sondern für die originale Chinesen-Vorstellung. Die dauert drei bis vier Stunden und ist gänzlich frei von Handlung. Was erzählt wird, hat aller Wahrscheinlichkeit nach mit Kaisern, Prinzessinnen, Jünglingen, Ministern, Soldaten, Göttern, Geistern und Drachen zu tun. Durchschaubar ist es nicht mal ansatzweise. Masken und Bemalungen sind bestimmt total wichtig, und die Gesten und Haltungen der Darsteller müssen auch was Geheimes bedeuten. Auf jeden Fall. Aber was? Völlig unklar. Lässt sich so eine Aufführung wenigstens zum Schlafen nutzen? Nicht mal das! Den gesegneten Schlummer verhindert die chronisch quengelnde und sägende Musik. Von zehn Reisenden, die aus China mit einem Hörsturz heimkehren, haben ihn laut Statistik nur zwei auf dem Flug erlitten, acht hingegen während oder im Anschluss an eine Vorstellung der Peking-Oper.

⋙✦ **Beim schlafenden Buddha**. Für spirituell fortgeschrittene Menschen bietet Peking einige Überraschungen. Die Gebäude strotzen nur so von ungünstigen Spitzen, scharfen Ecken, bedrohlichen Kanten und fiesen rechten Winkeln. Feng Shui muss hier erst noch eingeführt werden, ebenso wie Zen, Qigong, taoistische Weisheit und das I Ging. Soll ja angeblich alles von hier kommen. Aber selbst der Tempel des von Mao noch akzeptierten Kung Fu Tse alias Konfuzius fristet ein Schattendasein und wirkt ungefegt und nie benutzt. Unsere esoterischen Freunde benötigen Trost. Den können wir bieten. Wir raten ihnen, den berühmten schlafenden Buddha aufzusuchen – «mitten in einem Pfirsichgarten». Es gibt einige schlafende oder liegende Buddhas in China, die berühmtesten allerdings befinden sich in Thailand, aber dieser hier tut es auch. Selbst wenn unsere spirituell Fortgeschrittenen hinfinden (dank Foto plus Zettel vom Hotelportier), es wird lange dauern, bis sie zurückkehren. Sehr lange. Die Stille, die sie beim liegenden Buddha aufgesogen haben oder auch nicht (denn auch dort wird viel geschnattert und mit Räucherstäbchen gewedelt), diese Stille hat sich bis zur Rückkehr und vielleicht sogar für alle Zeit verflüchtigt.

Typisch Peking

Regen. Es regnet in Peking selten im Hochsommer und schon gar nicht in den winddurchfegten Eismonaten, sondern in den angenehm temperierten Zwischenjahreszeiten, wenn die Reisegruppen aus dem Westen eintreffen. Die Kanalisation, wo es sie gibt, funktioniert nicht; für Abflüsse ist in den Straßen kaum gesorgt. So kommt es blitzschnell zu seenartig überfluteten Kreuzungen und zu Gischtwogen bei jedem vorbeifahrenden Auto. Einen Schirm braucht kein Tourist mitzubringen. Alle Straßenhändler verkaufen *Umbrellas*, die ungefähr einen Regen lang halten. Aber häufig ist es gar kein Regen, was unvoreingenommene Reisende benässt. Es ist Spucke. Vor der Olympiade leierte die Regierung eine Kampagne gegen das Spucken an. Seither wird wieder gerotzt, was die Schleimdrüsen hergeben. Ausspucken gilt als gesund, besonders in der Öffentlichkeit. Hochziehen und Kotzgeräusche gehören dazu.

Der greise Volksheld Deng Xiaoping ließ stets einen schüsselgroßen Spucknapf neben sich hertragen und reinigte sich ohrenbetäubend. Weil Sekrete und Schleimbrocken gut sichtbar ausgeworfen werden müssen und weil lärmendes Niesen und feuchtes Rülpsen ebenfalls als Zeichen starker Konstitution gelten, bleibt Peking die Welthauptstadt der Atemwegserkrankungen. Nirgends verbreitet sich Ansteckendes schneller als hier. Lediglich im Auto auszuspucken gilt als unfein. Fahrer und Gäste kurbeln deshalb die Fenster herunter. Aus diesem Grund regnet es in Peking ungewöhnlich oft von der Seite.

Fakes. Kopieren gilt in China als eigene Kunstform. Nachgeahmte Antiquitäten von echten zu unterscheiden gelingt selbst Fachleuten nicht immer. Bei Textilien ist das anders. Für chinesische Schneider ist das täuschend echte Imitieren von Markenware eine bedeutende Einnahmequelle. Reisegruppen müssen bei der Heimkehr unglücklicherweise mit deutschen Zollbeamten rechnen, die sich auf Fernost spezialisiert haben und beim Öffnen des Koffers nicht glauben mögen, dass all diese Klamotten und Accessoires tatsächlich von Armani, Chanel und Dior sind. Auch die Monets, van Goghs und Rembrandts gehen nicht mehr einfach so durch, es sei denn, auf der Bildfläche ist an sichtbarer Stelle die Werkstatt des chinesischen Kopisten eingeritzt. Es ist ein Jammer. Denn gute Fakes zu entdecken und um fünfzig bis siebzig Prozent herunterzuhandeln macht Spaß und erleichtert das kommende Weihnachtsfest. Was an Mitbringseln bleibt, sind falsche Edelsteine und falsche Perlen (zollrechtlich unbedenklich), nicht funktionierende Feuerzeuge, die die chinesische Nationalhymne spielen, und garantiert echte Vogelgrippe-Viren von einem der zahlreichen Geflügelmärkte.

Unverdauliche Landesspezialitäten

Eilige Reisende begeben sich in eines der dreißig McDonald's in Peking und deuten auf das Foto mit ihrem Lieblingsburger. Bestellung fertig. Aber das ist feige. Genauso feige ist ein Besuch der deutschen Bäckerei im German Center. Oder gar das mit gestressten Touristen überfüllte Paulaner Brauhaus im Kempinski mit Schweinebraten, Bratwurst und Weißbier. Wer landestypisch speisen möchte, lernt als Erstes die einfache Regel: Alles, was fliegt und kein Flugzeug ist, alles, was schwimmt und kein Boot ist, alles, was Beine hat und kein Möbelstück ist, kann gegessen werden. Diese überzeugende Zutatenliste macht die chinesische Küche so vielfältig. Hunde, Katzen und Ratten werden nach Auskunft der Reiseleiter nur auf dem Land verzehrt – und von denjenigen, die vom Land nach Peking gekommen sind. Gebratene Mäuse, Maden am Spieß, Heuschrecken und Skorpione zählen hingegen auch bei Städtern zu den Delikatessen. Wer sich in ein touristenfreies chinesisches Restaurant wagt, wird sich vielleicht sicherheitshalber auf den Reis plus Jasmintee beschränken oder auf das heiße Wasser mit den glibschigen Klößen. Die *Dun* genannten Eintöpfe bestehen angeblich aus Kartoffeln, Bohnen und Speck, aber sie schmecken anders. Rührei mit Tomaten oder Nudeltaschen mit unenträtselbarer Füllung scheinen unverdächtig, aber in die Experimentierlust mischt sich stets ein leises Unbehagen. Das liegt vielleicht auch daran, dass in echten chinesischen Restaurants vernehmbar geschmatzt wird und auch Rülpsen als Kundtun des Genusses gewertet wird. Üben schadet nicht. Lediglich die berühmten «Darmwinde der ewigen Harmonie» sollen vor der Tür abgehen.

Das reicht für das Expertengespräch

Die Experten wissen es längst: Beijing bitte, nicht Peking. Mao Zedong, nicht Mao Tse-tung. Daudedsching, nicht Tao Te King. Und gefälligst nicht einfach China, sondern «Zhōnghuá Rénmín Gònghéguó». Klingt doch gleich viel authentischer! Gewöhnlich bleibt von der Reise allerdings nur «Ni Hao» übrig, was «Guten Tag» heißt, wenn man es richtig ausspricht, und eine Fülle von Beschimpfungen enthält, wenn die Tonhöhe nicht richtig getroffen wird. «Aber wir sind damit auch in entlegenen Bezirken immer glänzend durchgekommen», zeigt den souveränen Weltreisenden. «Die Leute waren dankbar, wir wurden angestarrt wie Weltwunder!» Tatsächlich werden Westler immer noch angestaunt und gelten als *Langnasen*, westliche Männer übrigens keineswegs als *Langschwänze*, im Gegenteil. Wechseln wir lieber zur Archäologie: «Den Peking-Menschen gab es ja bereits vor siebenhunderttausend Jahren» zeugt von tiefgreifenden Kenntnissen. Nur mit den Dynastien hapert es immer. Qin, Han, Jin, Yuan, Ming oder in anderer Reihenfolge? Man muss das nicht wissen, höchstens, dass die letzte Herrscherreihe, die Qing-Dynastie, aus der Mongolei kam. Es handelte sich, samt dem letzten Kaiser, um eine Fremdherrschaft. Den besten Einstieg in eine sorgenvoll engagierte Debatte, an der alle fachkundig teilnehmen können, eröffnen eine Erwähnung Tibets, eine Prognose der Luftverschmutzung bei fortgesetzter Motorisierung, der wachsende Energiehunger und der rüde Kapitalismus, den die Kommunistische Partei propagiert. Damit können mühelos mehrere Abende bestritten werden, die neblig-trüben Fotos im Hintergrund («Es war immer so dunstig») gehen als authentische Untermalung durch.

Das meinen Kenner

«Wer sich einmal von allen unverstanden fühlen möchte, ist in China genau richtig.»
  – TIZIANO TERZANI, AUTOR

«Keiner meiner Landsleute wird hundert Jahre. Doch Sorgen hegt jeder für tausend. Frieden findet hier nur, wem das Unkraut durch den Schädel sprießt.»
  – HAN SHAN, DICHTER

«Sehr, sehr liebe Menschen, tolle Fans.»
  – BRITNEY SPEARS, MUSIKERIN

SEIDENSTRASSE

Verschiedene Staaten zwischen China und Syrien behaupten, die Seidenstraße liefe durch ihre Region. Völlig verkehrt ist das nicht, denn der alte Karawanenweg hat viele Verzweigungen. Doch die Hauptroute mit den klingenden Namen wie Buchara und Samarkand hat nur ein einziges Land zum Touristenziel machen können: Usbekistan. Wer eine Reise dorthin bucht, weiß meist nicht genau, wo es liegt. Wer zurückkommt, will es nicht mehr wissen. Einige Experten orten Usbekistan in Mittelasien, andere in Zentralasien, was sich abenteuerlicher anhört. Auf jeden Fall war diese Provinz eine der vielen Teile der Sowjetunion. Im Osten folgt das Pamirgebirge, dann bald schon China. Im Süden liegt Afghanistan, im Norden Kasachstan, im Westen Turkmenistan. Klingt nach einem der trübsinnigeren Werke von Karl May und ist auch so ähnlich.

Was man auslassen kann

Bis man die Seidenstraße unter den Reifen spürt, hält man sie für etwas Magisches, Buntes, Pulsierendes, sinnlich Schmeichelndes, gesäumt von Kameltreibern, Schlangenbeschwörern, Märchenerzählern. Und dann ist es nur eine staubige Piste durch salzige Wüsten. Sie ist so spärlich befahren, dass die Soldaten an den Straßensperren dankbar sind für jedes Fahrzeug, das am Horizont auftaucht, selbst wenn es keine Drogen enthält. Die Trasse ist das Gegenteil von seidig. Schlaglöcher sind so eng gesät, dass sich die Lebensdauer menschlicher Bandscheiben laut Statistik pro Stunde Busfahrt um ein Jahr verkürzt. Und anders als mit Bus oder Jeep kommt man nicht voran. Und man will voran. Weil man weg will von dem Ort, den man gerade gesehen hat.

Taschkent. Die Hauptstadt verfügt über einen internationalen Flughafen. Deshalb kommt jeder hier an und ist von der Tourismusbehörde zur Besichtigung verdonnert. Die Zwei-Millionen-Plattenbausiedlung verfügt über eine undichte Kanalisation und vielfach angezapfte überirdische Gasleitungen. Es gibt etliche windige Plätze, auf Effekt getrimmte Perspektiven und kahle Magistralen, die für nichts anderes gebaut scheinen als für Militärparaden und das Schaulaufen vergreisender Diktatoren. Die Lehmziegelbauten der Altstadt sind erfolgreich abgetragen worden. Geblieben sind zwei alte Moscheen und bröckelnde Medresen – das sind Internate für Koranschüler – sowie ein stalinistisches Opernhaus. Es gibt einen offiziellen Palast des Volkes und einen inoffiziellen: den zentralen Basar voll geraspeltem Gemüse, fliegenumschwärmten Lammhaxen und gezimmerten Babywiegen mit Abflussloch sowie Ösen zum Anketten der Kleinen.

Chiwa. Das staubige Kaff ist das Rothenburg ob der Tauber der Seidenstraße: von dicker Stadtmauer umgeben, im musealen Zustand konserviert und flächendeckend mit Touristen besetzt. Einheimische Schulklassen und pakistanische Pilgergruppen schleppen sich durch die Gassen aus Lehmziegeln, möchten Cola und wissen nicht, was sie sonst hier sollen. Bis vor 1870 war Chiwa das blühende Zentrum des mittelasiatischen Sklavenhandels. Jetzt dürfen Familienväter nur noch Ansichtskarten und bestickte Kappen verkaufen, nicht mehr ihre Töchter, jedenfalls nicht offiziell. Die rundlichen Mütter quellen scharenweise und insektenhaft aus schattigen Winkeln und wedeln mit fabrikneuen Seidentüchern. Der Quadratkilometer Altstadt ist schnell durchschritten: hier ein bröckelndes Mausoleum, dort ein Turmstumpf, ein Minarett, eine Säulenhalle, ein paar Höfe und gemauerte Gräber. Und überall Souvenirs. Abends toben Folkloregruppen durch sogenannte Privatrestaurants und machen den Schuhplattler nach Art Dschingis Khans.

Kyzylkum und Karakum. Von Taschkent nach Chiwa kann man fliegen. Von Chiwa nach Buchara und Samarkand geht es nur noch per Bus. Während der Schlaglochfahrt scheppert die Klimaanlage so beharrlich, dass das Herunterleiern von Daten und Namen durch den Reiseleiter wohltuend übertönt wird. Die Vorhänge vor den Fenstern lassen sich zum Teil noch zuziehen. Das ist erholsam. Für den Wüstennomaden mag Sand hundert verschiedene Namen haben, und Distel mag nicht gleich Distel sein, jede Ziege ihre Persönlichkeit haben, jedes Maultier seinen eigenen Gesichtsausdruck – für den Reisenden, der acht Stunden lang daran vorbeigeschaukelt wird, sieht alles nervtötend gleich aus. Es hat einen Namen: Seidenstraße. Bei den Pausen mit kurzem Hinkauern hinter Kleingebüsch empfiehlt sich die Mitnahme von Sandproben. Kyzylkum- (rötlich) und Karakum-Sand (schwärzlich) lassen sich für fünf Euro pro Gramm bei ebay versteigern. An Geologen, die schon wissen, warum sie keine Lust haben, selbst herzukommen.

Buchara. Armselig, aber besser als Wüste. Buchara hatte seine große Zeit, als chinesische Seide hier umgeschlagen wurde und der Herrscher der Stadt («Khan») ausländische Gäste als «Spione» eigenhändig hängen, ritzen, schlitzen, quetschen und aufschneiden durfte. Solche Methoden werden heutzutage nur noch privat und für den illegalen Organhandel angewandt. Für Touristen ist Buchara eine risikolose offene Stadt mit dem üblichen Ensemble aus Koranschule, Moschee, Minarett und Pilgerherberge – ein

Ensemble, das entlang der Karawanenroute überall gleich aussieht, weil die Baumeister keine Lust hatten, sich jedes Mal etwas Neues einfallen zu lassen. Das Beste an solchen Bezirken sind die fototauglichen Perspektiven, die Bänke im Schatten und die türkisfarbenen Kuppeln, die eine Sehnsucht nach etwas ausdrücken, das Mittelasien vermisst: Meer. Buchara hat nur ein Wasserbecken, um das abends farbige Lampions glühen. Im Innenhof daneben wird Abendessen plus Folklore und Modenschau geboten. Außerhalb der Stadt drohen nur ein heilkräftiges Heiligengrab (im Uhrzeigersinn umschreiten) und ein geldspendender Baum (unter dem gefallenen Stamm durchkriechen).

Samarkand. Dieser ruhmreichen Stadt geht es wie Patagonien oder Timbuktu: Der Ort kann unmöglich halten, was der mythische Name verspricht. In Samarkand tobt großstädtischer Verkehr, die historischen Stätten liegen weit auseinander, dazwischen brodeln Abgase. Der Registan mit drei symmetrisch erbauten Pracht-Medresen ist von der Liste des Weltkulturerbes gestrichen worden, weil die Restauratoren ihn zu bunt herausgeputzt haben. Den weniger pingeligen Reisenden stört das nicht. Er flieht vielmehr, wenn bei Dämmerung mit viel Geflacker und Geschepper eine *Licht-und-Ton-Show* beginnt, die in wechselnden Sprachen auf Platz und Wände projiziert wird. Die Stadt bietet außerdem noch ein Mausoleum, das auf Anhieb vertraut wirkt – es ist das unbekannte Original der berühmten Kopie, des Taj Mahal. Und eine marmorne Gräberstraße namens Shah-i-Zinda mit fünfhundert Jahre alten Mausoleen, Bogengängen und überkuppelten Gedenkstätten. In einer davon ist ein Haar des Propheten bestattet. Aus Mangel an weiteren Highlights werden Touristen meist noch ins *Museum der Stadtgeschichte* geführt, eine Folge trübe beleuchteter Räume voller Pfeilspitzen, zwischen denen Museumswärterinnen selbstgebastelte Kettchen und Armbänder verkaufen.

So wird man lästige Mitreisende los

Wer sich vorübergehend redseliger Begleiter entledigen möchte, schafft das am einfachsten bei der Besichtigung von Nekropolen, Moscheen, Mausoleen. Hilfreich sind dabei die überall herumschleichenden Händlerinnen, die sich von hinten anpirschen, sobald vorn der staatliche Reiseleiter zum Vortrag ansetzt. Ein verschwörerischer Fingerzeig auf den lästigen Mitreisenden und ein bestätigendes Kopfnicken sagen den buntgewickelten Frauen: Dieser Mann oder diese Frau will unbedingt die neuesten Angebote für Seidentücher, bestickte Kappen und Brillenetuis kennenlernen! «Seien Sie beharrlich, legen Sie sich ins Zeug!», bringen wir mimisch zum Ausdruck. Unser Mitreisender wird den Rest der Besichtigung im Abwehrkampf zubringen, wie abends gegen die stechenden Insekten. Wir filmen mit. Er wird nicht umhinkommen, mindestens eine Kappe zu erwerben, deren spezifisches Stickmuster ihn als usbekischen Stammesangehörigen ausweist. Wir geben ihm etwas dazu. Das ist eine gute Möglichkeit, die dreckigsten usbekischen Geldscheine loszuwerden. Die einheimische Währung namens *Sum* kennt als höchsten Schein den Wert Zehntausend. Das sind fünf Euro. Höherwertige Scheine gibt es nicht. Weil der meistverbreitete Schein sogar nur fünfhundert Sum wert ist (25 Cent), sind nach dem ersten Geldwechsel alle Taschen voll. Zehn Euro ergeben vierzig Sum-Scheine. Eine andere Möglichkeit, die schweißigen und übelriechenden Lappen loszuwerden, ist ein Gang über irgendeinen Markt mit Probieren der zahlreichen Varianten von Käsebällchen. Nicht wir probieren, sondern unser lästiger Mitreisender, den wir großzügig einladen. Den Rest der Reise übersteht er stumm und bleichgesichtig nur mit Hilfe von Kohletabletten und Imodium.

Typisch Seidenstraße

Der große Diktator. Timur der Große, auch Tamerlan genannt, gilt entlang der Seidenstraße als größter Führer aller Zeiten. Tatsächlich war er der erfolgreichste Völkermörder seiner Epoche. Um das Reich seines Vorfahren Dschingis Khan zu erneuern, ließ er alle störenden Stämme umbringen und nur deren beste Handwerker überleben. Er war Mongole, wurde jedoch sechshundert Jahre später zum Vater der Turkvölker umgetauft. In Form monumentaler Denkmäler beherrscht er die wichtigsten Plätze und Parks Usbekistans. Zum Seidenstraßen-Pflichtprogramm gehört ein Besuch des Timur-Museums in Taschkent, einer monströsen Andachtsstätte. Prunk und Despoten-Kitsch gehen hier eine schweißtreibende Verbindung ein. Timurs Geburtsstadt Shahrisabz zwischen Buchara und Samarkand ist ein Provinznest, aber ebenfalls zur Besichtigung vorgeschrieben. Dort gibt es Reste eines eingestürzten Triumphbogens und ein Heldendenkmal des Führers, vor dem Hochzeitspaare für Fotos posieren. Ein scheintoter Nachfahre des Tyrannen regierte bereits zu Sowjetzeiten als Parteisekretär und anschließend als Präsident das Land. In allen demokratischen Wahlen hat er neunzig Prozent der Stimmen gewonnen. Die restlichen zehn Prozent waren ungültig.

Russen. Es gibt sie noch, aber es werden weniger. Vor hundertfünfzig Jahren wurde Usbekistan (damals noch mit anderen Steppenödnissen zu Turkestan zusammengefasst) Kolonie des Zaren, später Sowjetrepublik. Die Nachfahren der Kolonisatoren und eingewanderte Russen leben heute überwiegend in Taschkent und im einzig erholsamen Stadtteil von Samarkand. Das Russenviertel dort glänzt mit Jugendstilarchitektur und Bädercharme, mit gepflasterten Platanenalleen und Springbrunnen, die von den Zaren für ihre Verwalter angelegt wurden. Die Russen bilden eine Art Bürgertum im proletarischen Usbekistan. Doch es zieht sie zurück ins Land ihrer Vorfahren. Von ihrem kolonialen Eifer bleibt noch einiges zu erkennen: Kellnerbrigaden in den Hotels, eine funktionierende Infrastruktur, rollende Eisenbahnen, die Alphabetisierung, ein Schulsystem. Die sowjetischen Herrscher stülpten dem Land auch völlig Kulturfremdes über, zum Beispiel die Gleichberechtigung der Frau und die Heraufsetzung des Heiratsalters von 12 auf 18 Jahre. Mit beidem geht es jetzt wieder abwärts und zurück zur ersehnten Ursprünglichkeit.

Unverdauliche Landesspezialitäten

Eigentlich sollte die Küche der Seidenstraße vielfältig sein, bereichert um türkische, persische, indische, mongolische, russische Einflüsse. Neben Kirgisen, Kasachen, Tadschiken blieben mehr als zwanzig verschiedene Völker oder Stämme an der Route hängen und ließen ihre Karawanen weiterziehen. Doch die begabten Köche zogen ebenfalls weiter, samt ihren Rezepten und Gewürzen. Geblieben sind geraspelte oder säuerlich eingelegte Gemüse, dicke Bohnen, Rote Bete, zerhackte Kohlstrünke, Kartoffeln und ausgekochtes Hammelfleisch, alles ungewürzt. Reisende beschränken sich gewöhnlich vom zweiten Tag an auf Fladenbrot und Reis und riskieren als Luxus ein paar gesalzene Aprikosenkerne. Wichtigstes Überlebensmittel ist der weiße Tee. Während schwarzer und grüner Tee lieblos aufgebrüht werden, gilt dem *weißen Tee* alle Aufmerksamkeit. Er wird immer kühl serviert. Denn es handelt sich um Wodka unter Decknamen. Vor dem Essen soll er die Magenwände schützend auskleiden, nach dem Essen den Durchflug der Scheußlichkeiten beschleunigen. In letzter Zeit wird auch vermehrt motorentauglicher Bioalkohol als Wodka serviert. Vom dritten Tag an spielt das keine Rolle mehr.

Das reicht für das Expertengespräch

Ist die Seidenstraße noch ein Handelsweg? Na ja. Nicht mehr für Seide, Jade, Keramik und Lackarbeiten aus China und auch nicht für Edelsteine und Glas in die andere Richtung. Aber für Drogen. Leider greifen die Länder immer noch zu drastischen Strafmaßnahmen. Proteste westlicher Regierungen gegen erlesene Foltermethoden halten sich in Grenzen. Besonders Usbekistan wird geschont, weil der Herrscher die Stationierung westlicher Truppen duldet oder vielmehr teuer bezahlen lässt. Sie brechen von der Südgrenze ins benachbarte Afghanistan auf. Darf das sein?, lautet unsere Zauberfrage zum Einstieg in einen tiefschürfenden Seiden-Abend. Weiter: Im fruchtbarsten Landstrich entlang der berühmten Route, im Ferghana-Tal, kommt es immer wieder zu islamistischen Unruhen. Die Ex-Sowjetrepubliken wirken ansonsten weltlich und kommen ohne Burka und Tschador aus. Wird das, soll das so bleiben? Wir heben bedenklich die Brauen. Und schließlich der Höhepunkt unserer engagierten Ökodebatte nach dem Motto: Es ist fünf nach zwölf. Der Aralsee im Nordwesten des Landes ist mittlerweile um vier Fünftel geschrumpft. Seine Reste bewässern immer noch die im Sozialismus angelegten Baumwollplantagen. Touristen gelangen nicht an den auch von Kasachstan angezapften Aralsee, machen sich aber umso lieber Sorgen: Wie lange wird das noch gehen? Oh, oh, oh! Dazu setzen wir unser besticktes Stammeskäppi auf und zeigen Fotos von der absolut seidenfreien Piste.

Das meinen Kenner

«Wie langweilig, ja geradezu unerträglich das gesamte Leben in den Städten!»
 - FRANZ VON SCHWARZ,
   ASTRONOM IN TASCHKENT

«Die einzige Zerstreuung, die ich beobachten konnte, war, dass man an Basartagen Häftlinge vom Minarett stürzte; an der Zahl ließ sich die Laune des Herrschers ablesen.»
 - HENRI MOSER, KAUFMANN

«Vor der Festung Buchara geköpft zu werden ist wahrscheinlich das Beste, was einem die Seidenstraße bieten kann.»
 - CHARLES STODDART, HANDELSVERTRETER

MALEDIVEN

Vor ein paar Jahren wurde noch herumposaunt, die Malediven würden untergehen. Die flachen Inseln im Schutz von Korallenriffen südwestlich von Indien seien dem Anstieg des Meeresspiegels nicht gewachsen. Inzwischen haben sich derartige Prognosen als trügerisch erwiesen. Nicht nur schmelzen die Polkappen langsamer als erhofft. Die ehemals bedrohten Atolle wachsen sogar. Dieses Wunder ist erst durch den Massentourismus möglich geworden, der nicht nur viele Bauten erfordert und deshalb eine Menge nützlichen Bauschutt produziert; sondern dessen Versorgung obendrein tonnenweise Müll abwirft. Mit Bauschutt und Müll haben die umweltbewussten Insulaner bereits eine Lagune gefüllt und so eine neue Insel geschaffen – *Thilafushi.*

Weitere solche Eilande sind in Planung. Durch Ausbaggern und Sandpumpen werden die vorhandenen Inseln bereits in ansprechende Form gebracht und um Landebahnen bereichert. Die vorhandenen Korallenriffe erweisen sich als solide Baubasis, wenn sie ein wenig verstärkt werden, was durch das präzise Einführen von Kadmium, Quecksilber und Blei geschieht. Sogar das bislang oft kritisierte Knirschen der Korallen hat sich durch das sensible Einleiten von Altöl weitgehend abstellen lassen. Dass dabei vorübergehend die Wasserqualität leidet, lässt sich nicht völlig vermeiden. Doch gibt es mittlerweile genügend Pools, für welche das nötige Süßwasser durch effiziente Entsalzungsanlagen herbeigeschafft wird. Niemand muss hier noch im Meer baden. Taucher begegnen unter Wasser allerdings nur noch ihresgleichen. Ein beliebtes Mitbringsel bleiben die Haiflossen und Haigebisse. Im Einklang mit der Natur werden die Haie nach dem Abschneiden der Flossen oder nach Gebissentnahme ins Meer zurückgesetzt, wo ihnen, wie der Ministerpräsident des sympathischen Inselstaates versichert, ein friedlicher Lebensabend beschieden ist.

Asien – Kurz und knickbar

Arabische Wüste, Arabische Halbinsel: Immer noch gut geeignet für geologische Studienreisende auf ihrer ewigen Suche nach Granit und Basalt zwischen Nil und Rotem Meer. Viel glücklicher jedoch werden hier die Teilnehmer des Spiels «Wer die meisten Hornvipern findet, hat gewonnen, aber feiern tun wir anderen».

Arunachala, Tiruvannamalai, Südindien: Heiliger Berg abendländischer Erleuchtungsanwärter. Am Fuß das Grab des einbalsamierten Gurus Ramana Maharshi. Sammelpunkt fortgeschrittener Egotripper auf den letzten hundert Metern im Wettlauf um Erleuchtung. Preisgünstiges Essen. Diarrhoe und Gastroenteritis erleichtern den raschen Abschied vom Körper.

Bangkok, Thailand: Westler gelten in den Straßen als wandelnde Geldautomaten für schnelle Thais: Hand reinstecken, Geld rausziehen. Unkomplizierte Vermittlung von Falschgeld und minderjährigen Prostituierten. Das Katergefühl am Morgen und nach jedem Nickerchen kommt von den höchsten Abgaswerten in Südostasien. Heimliche Hauptstadt der Geflügelpest.

Bezeklik, Xinjiang, China: In den Tausend-Buddha-Höhlen ein Restbestand alter Wandmalereien. Fünf Stunden Flug von Peking, erlaubte Verweildauer vor den Bildern: 30 Minuten. Die meisten mussten aus wichtigen kulturrevolutionären Gründen zerstört werden.

Bodh Gaya, Nordindien: Das Altötting der Buddhisten. Fähnchen, Bildchen, Segenssprüche, Kettchen, Kerzen, Weihrauch, Buddhas aus Wachs, Messing, Plastik, Speckstein. Der Original-Baum, unter dem Buddha meditierte, beginnt zu kränkeln, seit hingebungsvolle Gläubige ihren Zuckertee an seine

Wurzeln gießen. Massengerangel um einen Sitzplatz unter den verbliebenen Ästen.

Deer Cave, Borneo: Florierender Öko-Tourismus. Drei Millionen Fledermäuse hängen unter der Höhlendecke. Vorsicht beim Waten über den morastigen Boden; er besteht ganz und gar aus ihrem Kot. Weltnaturerbe und zertifizierte Heilstätte für geruchsunempfindliche Menschen.

Delhi, Indien: Metropole der indischen Mafia und Schnäppchen-Adresse für transplantierbare Organe. Schöne Sommer mit Temperaturen um fünfzig Grad und hundertprozentiger Luftfeuchtigkeit. Sympathisch: die jugendlichen «Teaser», die flanierenden Besuchern Juckpulver in den Nacken werfen, um ihnen ungestört zwischen die Beine zu greifen. «Müllhauptstadt der Herzen».

Dharamsala, Nordindien: Alterssitz des Himalaya-Papstes Tendzin Gyatsho alias Dalai Lama, der von hier aus seine (die Gelug-Schule) im tibetischen Buddhismus durchgedrückt hat. Seine Residenz wird strenger bewacht als das Weiße Haus. Viele westliche Besucher, die darauf warten, dass er sich mal am Fenster zeigt. Wichtige buddhistische Würdenträger. Viele flatternde Gebetsfahnen.

Dubai, Vereinigte Arabische Emirate: Klimatisierte Shopping Mall mit angeschlossenem Wüstennepp. Jeep-Touren zu Wanderdünen mit Ermunterung zur Sandmitnahme. Lächelnde Folklore-Beduinen helfen adipösen Abendländern aufs Kamel. Abends Bauchtanz inklusive Freigetränk.

Fuji, Japan: Ruhmreicher Berg, aus der Ferne hübsch, von nahem trübsinnig, von oben nebeliger Blick auf den Spukwald Aokigahara, Japans beliebtester Ort für Harakiri (zwei bis drei Versuche pro Woche, auf Ankündigungen im Aushang achten).

Goa, Indien: Rentner aus Russland, Deutschland, England, Israel stapfen zwischen Teerklumpen über den einstigen Partystrand. An der Uferstraße günstige Ale- und Guinness-Kneipen. Im Wasser reiche Vielfalt an Mikroben und fäkalcoliformen Bakterien. Lobenswert: Fast alle Greise halten sich an das Tanga- und Bikiniverbot.

Gobi, Zentralasien: Florierender archäologischer Tourismus auf der Suche nach Sauriereiern, die nirgends so häufig gefunden wurden wie hier. Ursprung der Lama-Religion, die eine bessere Wiedergeburt durch Selbstentleibung verspricht. Zahlreiche Reisende beginnen hier, diesem Glauben zu verfallen.

Halong-Bucht, Vietnam: Sehenswerte Kegelberge, die aus dem Meer ragen und unter Wasser die brüchigen Touri-Dschunken aufschlitzen (neuerdings weniger als dreißig Ertrunkene jährlich). Das überraschende schwarze Aufblubbern stammt von Einleitungen aus dem Kohleabbau. An Land rare Formen von Malaria.

Hongkong, China: Gesichtslose Hochhäuser, aber alle Feng-Shui-gerecht. Totale Hektik, aber im Einklang mit dem Tao. Zwei AKWs im Stadtbereich, dafür schöne Leuchtreklamen. Echte Markenplagiate. Wegen extremer Schadstoffe plus Luftfeuchtigkeit raten Experten vom Atmen ab.

Jerusalem, Israel: Extrem heilige Stätten für Juden, Christen, Muslime. Ungezählte echte und nachgemachte Altäre, Gebetsnischen, Grabstätten sowie Absprungsorte ins Paradies. Beste Möglichkeit, endgültig vom Glauben abzufallen. In allen Räumen mit Echo singende Teilnehmer von Gemeindereisen. Viele bewaffnete Zuschauer.

K2, Pakistan und China: Berg im Karakorum. Anspruchsvollste Herausforderung für Kletterer und nach neuester Zäh-

ASIEN – KURZ UND KNICKBAR

lung weltweit größtes, sicheres Endlager für tiefgekühlte Bergsteiger.

Kailash, Tibet: Trekkingtourismus für Westler, die sich mit Hindus und Buddhisten auf einen fünfzig Kilometer langen Pilgerweg begeben. Die vollständige Besteigung ist verboten (sonst Weltuntergang). Bei Gehorsam: Wiedergeburt in einem Land ohne solche Berge und Religionen.

Karakum, Turkmenistan: Von den angeblich hier ansässigen frühen Hochkulturen sind nur ein paar Brillenschlangen geblieben. Emsiger Seidenstraßen-Tourismus mit Bussen, deren Insassen rotgesichtig aus dem Fenster schwitzen. Verschiedene feine Sandarten.

Kerbela, Irak: Bedeutendste und wirksamste Gebetsstätte der Schiiten und Alewiten für ein friedliches und harmonisches Zusammenleben aller Stämme und Völker. Massengräber gleich östlich hinter dem Wallfahrtsschrein.

Koh Samui, Thailand: Die vierzigtausend Einwohner der Insel bekommen jedes Jahr Besuch von einer Million Ökotouristen. Das hat sich positiv ausgewirkt auf die Eröffnung neuer Fast-Food-Restaurants, von Tattoo-Shops und Original Irish Pubs. Das Gerücht, das Meer um die Insel sei leer, ist falsch. Es ist gut gefüllt, lediglich die Fische und die Pflanzen sind weg. Preisgünstiger T-Shirt-Druck mit eigenem Namen.

Kyoto, Japan: Von den 1500 buddhistischen Tempeln und 300 Shintō-Schreinen sind genau drei Pavillons und anderthalb Zen-Gärten sehenswert. Vor denen versammeln sich jährlich über hunderttausend Kulturtouristen, am geballtesten in der «Herbstlaubsaison». Ernüchterndster Ort für Zen-Fans.

Mekka, Saudi-Arabien: Für gewöhnliche Touristen ist das Zuschauen von weitem möglich. Der heilige Bezirk ist ausschließlich Muslimen zugänglich, die hier einen von Abraham persönlich erbauten Würfel umwandern und symbolisch den Teufel steinigen. Anschließend Massenpanik.

Mount Everest, Nepal: Übungskletterberg mit teuren Komfort-Lodges auf halber Höhe. Weiter oben Verhedderungsgefahr durch hängengelassene Seile. Höchstgelegene Müllhalde der Welt, leider noch immer ohne regelmäßige Abfuhr. Jedoch Recyclinghof auf 3157 Meter Höhe (11–17 Uhr).

Nanga Parbat, Pakistan: Beliebte Trekkingtouren zu verlassenen Basislagern, vielfotografierte Blumenwiesen am Fuß der Steilhänge und letzte rührende Wandmalereien deutscher Aufsteiger. Runter kamen sie eigentlich immer, allerdings nur die Hälfte lebend, daher «Schicksalsberg der Deutschen».

Phuket, Thailand: Die letzten Palmenhaine konnten pünktlich zur Wintersaison 2011/12 durch Hotelbunker ersetzt werden. Das Meer ist endlich fischbefreit. More good news: neu eingestellte Kolleginnen der Prostituierten aus Patong Beach sind jetzt in allen Inselorten verfügbar. Und: Das Aroma aus der Kanalisation hat die höchste Stufe des Verwesungsgeruchs erreicht.

Taklamakan, China: Früher sandumstürmte Route der Seidenstraße, heute ehrgeiziger Wüstentourismus zivilisationsmüder Westler. Aufstrebende Chinesen preisen ihren Eltern das Gebiet irreführend als Seniorenresidenz an. Die Praxis wird staatlicherseits akzeptiert, weil die Ausgesetzten binnen kurzem zur Düne werden («Sandsturmbestattung»).

Tham Loup, Vang Vieng, Laos: Tropfsteinhöhle mit Risikokitzel. Stalaktiten bröckeln von der Decke und verwandeln sich in nadelspitze Geschosse. Entweder Helm für zweihundert Dollar ausleihen. Oder zugunsten des Partners («Geh du mal rein, ich bin nicht so für Höhlen») großmütig verzichten.

Thar, Indien und Pakistan: Zaghafter Safaritourismus auf der Suche nach Trappen, Gazellen, Antilopen, Wüstenfüchsen. Das Trockengebiet wird durch Abholzung an den Rändern formschön begradigt und zur Wüste erweitert.

Tokio, Japan: Keine Altstadt, kein Zentrum, keine Straßennamen, aber die teuerste Stadt der Welt. Neun Millionen Einwohner, die alle in derselben U-Bahn fahren. Reisende irren durch das Shoppingviertel Ginza mit seinen geheimnisvollen Kleidermaßen und durch das Kneipenviertel Roppongi auf der vergeblichen Suche nach Karaoke-freien Bars. Das Erdbeben-Frühwarnsystem kommt für Touristen stets zu spät.

Turtle Tomb, Sipadan, Malaysia: Betauchbarer Schildkrötenfriedhof. Die schweren Kröten verschwimmen sich bei Nacht und finden den Ausgang nicht mehr. Passiert auch einer wachsenden Zahl ungeübter Touristen. Interessante Vielfalt von Skelettformen.

AUSTRALIEN UND OZEANIEN

AUSTRALIEN

«Wer vieles gesehen hat, dem reicht es meist noch nicht», stellte der Reiseschriftsteller Bill Bryson fest. «Erst wer alles gesehen hat, wird bemerken, dass er nichts hätte sehen müssen.» Dieses Erlebnis – jetzt reicht's, bringt eh alles nichts – ereilt Europäer häufig in Australien. Nur die ganz Hartnäckigen müssen danach noch nach Neuseeland. Was bietet Australien? Auf jeden Fall Sonne. Ob das Ozonloch nun gerade wächst oder kleiner wird: Über Australien klafft es immer und am schädlichsten zur Mittagszeit. Man zieht sich ins klimatisierte Hotel zurück oder schnorchelt an Riffs entlang, um die unaufhaltsame Zerstörung der Unterwasserwelt zu beklagen.

Gewöhnlich beginnt die Reise in **Sydney**, wo es bekanntlich ein Opernhaus gibt. Man fotografiert dessen vielschnabeliges Dach von einer Hafenrundfahrt aus. Die Akustik wird von Freunden des Hauses als problematisch bezeichnet. Falls ein abendlicher Besuch geplant ist: Im Parkett kann man jeweils auf den Plätzen 25 und 26 der Reihen A bis E gut hören. Alle anderen haben die Möglichkeit, die Aufführung per Kopfhörer mitzuverfolgen. Und das war's eigentlich auch schon. Natürlich gibt es in Sydney noch ein paar Einkaufsstraßen und Bürotürme und Wohnhäuser, auch ein Aquarium und ein Kneipenviertel namens *The Rocks*, wo Einheimische und Gäste bei Starkbier gemeinsam zu vergessen trachten, dass sie sich in Australien befinden.

Melbourne, das sich selbst für *pulsierend* hält, wirkt auf einige Touristen tröstlich, vor allem auf britische, weil sie sich hier für einen Augenblick in der Illusion wiegen können, sie seien in England. Es gibt ein paar englisch wirkende Parks und einen Botanischen Garten und sogar einen Victorian Market, wo allerdings extrem unenglische Spezialitäten angeboten werden wie Känguru-Spoon-Pie (Pastete mit unerforschlichem Ragout), Krokodil in Mangosoße und Rattle Snake in Bierteig.

Leibhaftige Kängurus hüpfen um den nächsten Anlaufpunkt, die Wüstenstadt **Alice Springs**. Alice Springs wird als Metropole des Outback vermarktet, was Bewohner wie Reisende nicht daran hindert, nur einen einzigen Wunsch zu hegen: weg.

Als Highlight wird der **Ayers Rock** angepriesen, der von ethnisch bewussten Europäern *Uluru* genannt wird. Das ist der Name, den die Aborigines dem roten Fels gegeben haben, der nach ihrer Erkenntnis vibrierende göttliche Energie ausstrahlt. Auf jeden Fall ist er so eisenhaltig, dass er bei Regen rostet. Eine halbe Million Touristen will ihn jedes Jahr sehen, und zwar in den gemäßigten Monaten, was die Einrichtung quadratkilometerweiter Parkplätze erforderte. Statt den Fels zu besteigen, was auch nicht hilft, empfehlen sich ein kühles Getränk und der Erwerb des T-Shirts «I Climbed Ayers Rock».

Engagierte Besucher widmen sich anschließend den ungelenken Felsmalereien und dem Aborigines-Kulturzentrum. Hier geht es um gefährdete indigene Sitten der Aborigines wie die Beschneidung von Frauen mit Steinwerkzeugen oder das Vorrecht der Stammesältesten, Kinder mit den Wonnen der Sexualität bekannt zu machen. Nebenan werden Rundflüge über den Rock angeboten, die eine distanzierte Sichtweise ermöglichen.

Eine Australien-Rundreise schließt eine in jedem Fall zu lange Fahrt mit der historischen Eisenbahn ein und den unvermeidlichen Besuch des **Great Barrier Reefs**. Bei Hai-Alarm empfiehlt sich ein motorisierter Katamaran. Vorurteilsfreie Gäste können beim

Tauchen und Schnorcheln hautnah Bekanntschaft machen mit so seltenen Tieren wie der Blauring-Krake, der Würfelqualle oder der Seewespe. Nur Feiglinge ziehen sich ins touristische Semi-Sub-Boot zurück und beobachten durch dicke Fensterscheiben, wie es bei den Mutigen unmittelbar nach der Berührung mit den Nesseltieren zu Krämpfen und Herzstillstand kommt.

Gäste aus Europa sind am Barrier Reef und im Tjapukai-Regenwaldpark dafür bekannt, dass sie den Australiern erklären, wie sie beides retten können. Zum Beispiel durch den Abbau von Kohlekraftwerken. Immer wieder gern gehört wird bei den Einheimischen die Touristen-Mahnung: «Sie hier blasen pro Kopf mehr schädliche Klimagase in die Atmosphäre als die USA!» Auch mit Belehrungen zum nachhaltigen Umgang mit künstlicher Bewässerung, etwa im Weinbau, machen sich europäische Gäste bei den Australiern nachhaltig beliebt. «Ihr Kakadu-Nationalpark wird sonst verdorren!»

Es ist faszinierend und geradezu provozierend, dass die Australier fast bis zum letzten Augenblick freundlich bleiben. Als Mitbringsel empfehlen sich Boomerang, Didgeridoo und ein eingeschweißtes Filet vom Krokodilschwanz.

NEUSEELAND

Laut einer Umfrage des New Zealand Tourism Board wissen Reisende bei der Ankunft noch, warum sie hierhergefahren sind. Bei der Abreise wissen sie es nicht mehr. Es gibt einfach keinen Grund. Alles sieht so aus wie in Europa, nur dass es sich auf der anderen Seite der Kugel befindet, aber das macht den Trip nur langwieriger und teurer, nicht spannender.

Wer zuerst die Nordinsel besucht, hofft auf die Südinsel. Wer zuerst die Südinsel besucht, auf die Nordinsel. Die ist ungefähr so groß wie die neuen Bundesländer. Drei Millionen Leute, allesamt ziemlich britisch, gehen sich hier nach Möglichkeit aus dem Weg. Es gibt ganz oben die Schnarchstadt **Auckland** mit einem verödeten Hafen und einem beklagenswerten Nationalmuseum. Drei Stunden südlich davon dampfen einige Thermalquellen und blubbernde Geysire im **Rainbow Springs Nature Park** bei Roturoa. Es stinkt gewaltig. In der Nähe wurden Teile von *Der Herr der Ringe* gedreht. Alle Darsteller sollen großzügigst entschädigt worden sein. Reisenden bleibt nur die Flucht auf eigene Kosten. Noch mal drei Stunden nach Süden ist das Ende der Insel erreicht in der Hauptstadt **Wellington**, die wiederum über einen kleinen Hafen verfügt und auch ein Museum hat. Das war der Action-Teil von Neuseeland.

Die Südinsel, geringfügig größer, beherbergt knapp eine Million Einwohner, die sich nicht aus dem Weg zu gehen brauchen. Sie sehen einander so gut wie nie. Auch hier ist es grün und gebirgig, sogar schroffer. Während die Nordinsel Irland ähnelt, erinnert die Südinsel an die unwirtlichen Zonen Norwegens, vor allem um die Milford Sounds. Das sind Fjorde, in die sich gelegentlich Wale verirren. Im **Mount-Cook-Nationalpark** gibt es Gletscher und Berge, die niemand ersteigen möchte. Im beschaulichen **Christchurch** ist noch ein wenig englische Kolonialarchitektur zu sehen, und in der Nähe von **Queenstown** gibt es endlich die Möglichkeit zum Bungeejumping, das ja angeblich hier erfunden wurde. Und zwar von den Maori. Die Ureinwohner nutzten das Bungeeseil aus Lianen für Initiationsriten und gleichzeitig als Möglichkeit, unliebsame Stammesmitglieder für immer in der Schlucht zu versenken. Heute trinken die Maori lieber Alkohol, um zu vergessen. Dank eines gütigen Gens wirkt er bei ihnen erheblich schneller.

Wichtige Treffpunkte des geselligen Leben sind auf beiden Inseln die Tankstellen, die Supermärkte, die Fish-and-Chips-Shops und der Abreiseschalter am Flughafen in Wellington.

OSTERINSEL

Niemand, der die Osterinsel besucht hat, gibt gern zu, dass es überflüssig war. Dafür war die Anreise einfach zu lang. Die Insel, in der Eingeborenensprache *Rapa Nui* genannt, gehört geographisch zu Polynesien, politisch zu Chile. Von Santiago bewältigt ein Flugzeug die dreieinhalbtausend Kilometer über den Pazifik in fünf Stunden. Kreuzfahrtschiffe kommen dreitausend Kilometer aus Tahiti.

Die Insel ist weitgehend baumlos. Als die Ureinwohner noch im Einklang mit der Natur lebten, fällten sie nach und nach alle Bäume, um Häuser und Boote zu bauen. Heute wird behutsam wieder aufgeforstet, unter anderem, um die barackige Bebauung unter Blättern und Buschwerk verschwinden zu lassen. Viertausend Einwohner auf einer Fläche, die halb so groß ist wie Bremen, empfangen während des europäischen Winters siebzigtausend Touristen. Sie verkaufen ihnen selbstgeschnitzte Moais und Vogelmannskulpturen und zeigen ihnen die einzige Attraktion der Insel: die sonderbaren Steinskulpturen, eben Moais, die auf Fotos so viel eindrucksvoller wirken als im Original. Es waren etwas mehr als sechshundert und die meisten umgestürzt, als Entdecker Thor Heyerdahl die Insel vor fünfzig Jahren berühmt machte. Seither sind die größten und am wenigsten beschädigten von einer japanischen Kranfirma wieder aufgerichtet worden, die dafür überall auf großflächigen Werbeständern Reklame macht.

Die Funktion der steinernen Glatzenmänner, die ihre Hände in Hosentaschen zu vergraben scheinen, ist zum Glück nicht geklärt. Denn so lassen sie sich als *Rätsel der Osterinsel* vermarkten. Tatsächlich fühlen sich überdurchschnittlich viele Esoteriker von dem kostspieligen Trip angezogen. Sie hoffen, hier etwas göttliche Energie aus dem Stein zu schöpfen. Die Skulpturen sehen alle nervtötend gleich aus. Wer eine gesehen hat, hat alle gesehen. Am Hang des erloschenen Vulkans Rano Raraku stehen oder liegen einige hundert davon wie Bauschutt im Gelände. Der einzig eindrucksvolle Punkt ist die Zeremonialstätte Ahu Tongariki, wo abtrünnige Insulaner geköpft oder verspeist wurden, unter den Augen jener fünfzehn aufgerichteten Steinfiguren, die jetzt am Meer stehen und auf die nächsten Abtrünnigen zu warten scheinen. Hier werden die berühmten Fotos gemacht. Wem die Kamera versagt, für den halten die Insulaner zehnfachen Ersatz bereit.

Das war es. Es gibt natürlich noch die Möglichkeit, die Figuren im Gegenlicht zu fotografieren, auch bei Sonnenaufgang und bei Sonnenuntergang. Und bei trübem Himmel, der hier am häufigsten ist. Auf dem Mercado warten die Mitbringsel: hier und in China geschnitzte Moai-Figuren in Gartenzwerggröße. Ebenfalls beliebt: der sogenannte Vogelmann, ein Menschenleib mit Vogelkopf, der allen Fruchtbarkeit und Vermehrung garantiert. Nur nicht den Einzigen, die ihn verehren, den Insulanern. Sie sind bis auf eine kleine Schar mit der Zeit verblichen oder ausgestorben. Und das ist das Beste, was man auf dieser Insel tun kann.

Australien und Ozeanien – Kurz und knickbar

Australian Desert, Australien: Sehenswert, aber Vorsicht: Steppe und Wüste bilden das größte Jagdgebiet der Erde auf wilde Dromedare. Eine Million gibt es davon, und alle müssen weg, weil sie zu viel Wasser trinken und klimaschädliche Gase in die Atmosphäre furzen. Touristen mit kamelähnlichem Aussehen können gegen geringe Gebühr Warnwesten ausleihen.

Fidschi-Inseln, Polynesien: Heimat des stark abführenden Plantagentranks Kava. Hellhäutige Besucher schwitzen auf der Hauptinsel Viti Levu pro Tag mehr als zu Hause in einem Jahr. Reichliches Trinken des verkeimten Wassers ist unerlässlich! Die handtellergroßen Spinnen sind erst nach dem Braten zum Verzehr geeignet.

Great Australian Bight, Süd-Australien: Großartiges Steilufer mit ungesicherten Absturzkanten, beliebtestes Wandergebiet bei Mitgliedern zerstrittener Familien. Der Erblasser geht dabei an der Außenkante. Am Strand herrliche Vielfalt farbiger und langfädiger Quallen. Unverbaubarer Blick auf die neuen Probebohrungen nach Öl.

Marquesas, Ozeanien: Die Inselgruppe verdankt ihren Ruhm dem regelmäßigen Verschwinden von Weltumseglern. Fremde werden hier jedoch niemals zum Verzehr getötet, sondern nach authentischer Tradition rituell entseelt und entbeint. Die Zähne werden sorgsam aufbewahrt. Unesco-Weltkulturerbe.

Milford Sound, Neuseeland: Wird nicht nur als Fjordlandschaft der Südinsel gepriesen, sondern auch als «fast so schön wie Norwegen». Einen anderen Satz, den europäische Besucher gern und häufig hören, nachdem sie dreißig schlaflose Stunden hierher unterwegs waren: «Die Punkte dahinten könnten

Robben sein». Für Neuseeland ist das schon ein betäubendes Ereignis.

Tahiti, Französisch-Polynesien: Feuchte Hitze, keine natürlichen Strände, aber ein klimatisiertes Gauguin-Museum. Der Maler warb hier Minderjährige als Modelle an, um die Syphilis zu verbreiten. Heute bekommen Kreuzfahrtgäste vorwiegend Amöbenruhr, Parasiten aus der Lambliasis-Familie und streng traditionell übertragene Wurmerkrankungen.

Queenstown, Neuseeland: Eine Pflicht für Abenteuerurlauber und ein Vergnügen für Zuschauer: der einzige Ort, an dem Bungee-Seile immer noch regelmäßig reißen. Die Preise sind ein zuverlässiger Indikator. Mit der Dauer der Seilabnutzung wird das Springen billiger, der Eintritt für die Zuschauer teurer. Filmen leider verboten; das bleibt dem Betreiber vorbehalten. Clips aber gleich im Anschluss erhältlich.

ALLE ORTE ALPHABETISCH

Abendsonnenstrand 124
Abu Simbel 132
Acapulco 175
Accademia 77
Aconcagua 191
Adlersruhe 118
Afghanistan 232
Agadir 139
Ägäis 119, 121
Agra 217
Aguas Calientes 183
Ägypten 128
Ägyptisches Museum 133
Ahu Tongariki 256
Akropolis 98
Aksaray 110
Alabastermoschee 133
Alanya 115
Alaska 193, 194
Albufeira 115
Alcatraz 173
Alcázar 91
Aldabra 150
Alexandria 135
Alhambra 91
Alice Springs 251
Allee von Luxor 130
Alma-Tunnel 19
Almería 88
Alphonse 152
Alt-Neu-Synagoge 54
Altstädter Brückenturm 56
Altstädter Ring 51
Amadores 157
Amalfi 115

Amber 216
Amer Fort 216
Amsterdam 115
Anatolien 99
Andalusien 90
Ankara 109
Antalya 109, 115
Antillen 194
Antinori-Palast 63
Aokigahara 244
Arabisches Meer 201
Arabische Wüste 243
Aral-See 239
Aravalli Mountains 213
Arcachon 115
Arc de Triomphe 17
Arches National Park 177
Arizona 177
Arunachala 243
Ásbyrgi 46
Assuan 132
Astronomische Uhr Prag 52
Atacama 191
Athen 96
Atlantik 147
Auckland 253
Auferstehungskirche Petersburg 50
Australian Desert 257
Australien 250
Aventin 71
Ayers Rock 251

Bab Agnaou 138
Babulnath 206
Badaling 222

Bad Gastein 122
Baffin Bay 191
Bahamas 36
Baia del Silenzio 115
Bairro Alto 119
Baixa 119
Banff 191
Banganga Reservoir 204
Bangkok 243
Baptisterio Fiorentino 63
Barbados 192
Bárðarbunga 46
Barrio Santa Cruz 91
Basar Istanbul 102
Bath 116
Battersea Park 29
Bay Area 174
Bay of Fundy 191
Benedictus-Höhle 123
Benidorm 116
Berkeley 174
Berlin 68
Berlin-Mitte 162
Bernsteinzimmer 50
Beverly Hills 203
Beyoğlu 105
Bezeklik, 243
Bibione 116
Big Ben 27
Bikaner 214
Bird Island 152
Bjarnarhöfn 45
Blaue Grotte 117
Blaue Moschee 101
Bloomingdale's 167
Boboli-Gärten 64
Bocca della Verità 71
Bodh Gaya 243
Bodrum 116
Bombay (Mumbai) 175, 199 ff.
Bonsaimuseum 120

Borneo 244
Bosnien 120
Bosporus 102
Botanischer Garten Kapstadt 148
Boulevard Haussmann 22
Bowery 164
Branitz 223
Breiðafjördur 43
Bridgetown 192
Brighton 33
British Museum 28
Broadway 164
Bronx 162
Brooklyn 162
Brügge 116
Bryce Canyon 177
Buchara 234
Buckingham Palace 27
Budapest 59
Buddha-Baum 243
Bujan-Kuli-Khan-Mausoleum 235
Bulgarien 105, 118
Burgviertel Budapest 60

Caelius 71
Café New York 60
Café Slavia 55
Cala Millor 116
Cala Ratjada 117
Caledonian Canal 37
Camino Inca 185
Campanile 76
Campanile di Pisa 122
Campanile Fiorentino 64
Canal Grande 76
Cancun 192
Canyon de Chelly 178
Canyonlands National Park 177
Cape-Point-Nationalpark 148
Capri 117
Caracalla-Thermen 71

ALLE ORTE ALPHABETISCH

Cardigan Bay 117
Casablanca 139
Castle of Good Hope 148
Cavusin 111
Cayo Largo 192
Central Park 165, 169
Centre Pompidou 18
Centro de Arte Reina Sofia 85
Cestius-Pyramide 71
Champs 17
Cheddar 31
Chemnitz 162
Cheops-Pyramide 129
Chephren-Pyramide 129
Chersonissos 117
Chertsey 124
Chhatrapati Shivaji Terminus 206
Chichén Itzá 180
Chile 255
Chimborazo 192
Chinatown 174
Chinatown New York 164
Chinesische Mauer 221
Chiwa 233
Chora-Kirche 103
Chowpatty Beach 205
Christchurch 254
Chrysler Building 165
Circus Maximus 71
City of London 27
City of Westminster 27
Colmar 24
Compostela 124
Coopers Hill 117
Copacabana 188
Corcovado 188
Córdoba 91
Cornwall 34
Corralejo 142
Costa Rica 37
Cousin Island 152

Crawford Market 201
Cueva de los Verdes 157
Curieuse 152
Cuzco 182

Dänemark 38
David-Statue 61
Deer Cave 244
Delhi 217, 244
Delphi 117
Denis Island 152
Deogarh 212
Desroches 152
Devgarh Mahal 212
Dharamsala 244
Diana-Bank 217
Disko Island 191
Disneyland 175
Djemma el-Fna 139
Dogenpalast 76
Dolmabahce-Palast 101
Dom Knigi 50
Donau 59
Dorsoduro 81
Dubai 244
Dublin 117
Duomo di Santa Maria Nascente 120

East River 162
Ecuador 192
Edfu 131
Edinburgh 36
Eguisheim 24
Eiffelturm 16
Eklingji 211
El-Bahia-Palast 138
Elephanta Island 207
Elephantine 132
Elsässer Weinstraße 23
Empire State Building 165
Engelsburg 72

ALLE ORTE ALPHABETISCH

Erechtheion 98
Erfoud 140
Erg Chebbi 140
Erstein 24
Erzherzog-Johann-Hütte 118
Eschnapur 209
Escorial 85
Esquilin 72
Estafeta 122
Estatua Carlos III 84

Fateh Prakash 210
Fátima 118
Ferghana-Tal 239
Ferozeshah Mehta Gardens 205
Ferry Building San Francisco 173
Fès 138
Fidschi-Inseln 257
Fifth Avenue 165
Financial District 163
Fischerbastei 59
Fisherman's Wharf 173
Florenz 61
Florida 193
Fontana di Trevi 70
Fort District 208
Fort Jaisalmer 214
Fort Meherangarh 213
Forum Romanum 68
Französisch-Polynesien 258
Frari-Kirche 78
Freiheitsdenkmal Budapest 60
Freiheitsstatue 166
Fuerteventura 142
Fuji 244
Funchal 118

Galata 105
Galatabrücke 104
Galataturm 100
Galeries Lafayette 20

Galleria dell'Accademia 77
Gambling Addiction Treatment Center 34
Gamla Stan 39
Garachico 142
Gateway of India 206
General Electric Building 165
Generalife 92
Gerberviertel Straßburg 24
German Center Peking 229
Geschichtsmuseum Peking 221
Getreidegasse 123
Getty Museum 174
Ghandi Museum 208
Gharapuri 206
Ghats von Pushkar 215
Gibraltar 137
Ginza 248
Giralda 91
Girgaum Chaupati 205
Giudecca 81
Gizeh 129
Glasgow 36
Glaumbær 44
Goa 244
Gobi 245
Godafoss 44
Goldene Gasse 53
Goldener Meilenstein 68
Goldenes Horn 99
Golden Gate Bridge 173
Golden Gate Park 174
Goldstrand 118
Golgatha 69
Gomera 143
Göreme 109
Gouves 124
Granada 91
Gran Canaria 142
Grand Canyon 178
Grande Sœur 152

ALLE ORTE ALPHABETISCH

Great Australian Bight 257
Great Barrier Reef 251
Greenwich 31
Greenwich Village 164
Gribojedow-Kanal 50
Großglockner 118
Grotta Azzurra 117
Ground Zero 164
Grundarfjörður 43
Guggenheim Museum New York 165
Guggenheim-Museum Venedig 77
Gulfoss 47

Hagia Sophia 100
Haight Ashbury 172
Halle des Volkes Peking 221
Hallgrimskirche 48
Halong-Bucht 245
Hammamet 157
Hängende Gärten 205
Harlem 165
Harrods 28
Hatschepsut-Tempel 131
Hattusa 109
Haukadalur 47
Havanna 192
Hawa Mahal Palace 216
Heldenplatz 60
Herzegowina 120
Highlands 36
Himmelstempel Peking 223
Hippodrom Istanbul 103
Hodenhagen 145
Hoher Atlas 140
Hohkonigsburg 24
Hollywood 175
Holmenkollen 121
Hongkong 220, 245
Horus-Tempel von Edfu 131
Hotel Ritz 19
Hradschin 53

Huayna Picchu 184
Hudson Bay 193
Hudson River 162
Hunawihr 24
Hurghada 157
Hvalfjörður 43

Ibiza 123
Ihlara Canyon 110
Imperial Café 55
Indischer Ozean 147
Inka-Pfad 185
Ipanema 188
Irland 253
Isaakskathedrale 50
Isenheimer Altar 24
Isla Sorna 37
Istanbul 99

Jain-Tempel 204
Jain-Tempel von Ranakpur 213
Jaipur 215
Jaisalmer 214
Jantar-Mantar-Observatorium 216
Janustempel 68
Jerez 91
Jerusalem 245
Jodhpur 212
Jökulsárlon 46
Jüdischer Friedhof Prag 54
Junagarh Fort 215
Jungfraujoch 118
Jyotiba Phule Market 202

K2, 245
Kailash 246
Kairo 133
Kaisergräber 222
Kakadu National Park 252
Kalahari 157
Kamala Nehru Park 205

ALLE ORTE ALPHABETISCH

Kamari 118
Kanarische Inseln 141
Kap der Guten Hoffnung 148
Kapi 119
Kapitolshügel 68
Kappadokien 108
Kapstadt 147
Kapverdische Inseln 157
Karakorum 245
Karakum 246
Karakum-Wüste 234
Karibik 192
Karlsbrücke 52
Karnak 130
Kasachstan 239
Kasbah von Marrakesch 139
Katakomben von Rom 71
Katharinenpalast 50
Kato Mili 121
Katz's Delicatessen 170
Kaysersberg 24
Kemer 119
Kempinski Beijing 229
Kenia 144
Kerbela 246
Kettenbrücke 60
Key Largo 193
Khan-el-Khalili-Basar 133
Kilimandjaro 157
King's Cross 29
Kleinseite 54
Koh Samui 246
Kolosseum 68
Kom Ombo 131
Konfuzius-Tempel 226
Königsstädte 137
Konstantinopel 99
Konya 110
Kopenhagen 38
Koutoubia-Moschee 138
Kreta 122, 124

Kreuzberg 162
Kuba 192
Kurie Rom 68
Kusadasi 119
Kverkfjöll 46
Kykladen 121
Kyoto 246
Kyzylkum-Wüste 234

Laburnum Road 208
La Défense 19
La Digue 151
Lake Nakuru 144
Lake Palace 210
Lake Pushkar 215
Lamatempel Peking 224
Land's End 34
Lanzarote 143
Laos 247
Lascaux 119
Las Gaviotas 142
Las Ramblas 116
Las Vegas 183
Lechuguilla 193
Leihrnjúkur 46
Lido di Jesolo 119
Ligurien 115
Lima 182
Lissabon 119
Little Italy 164
Lloret de Mar 119
Loch Ness 37
Lombard Street 173
London 26
London Bridge Experience 28
London Canal Museum 29
London Eye 28
Loro Parque 158
Los Angeles 174
Los Cristianos 142
Los Gigantes 142

ALLE ORTE ALPHABETISCH

Louisiana Museum 38
Lourdes 119
Louvre 18
Lower East Side 164
Lüneburg 85
Lüneburger Heide 145
Luxor 130

Machu Picchu 183
Macy's 167
Madame Tussauds 28
Madison Avenue 165
Madrid 83
Mahé 150
Mailand 65, 120
Malabar Hill 203
Malaga 95
Malaysia 248
Malediven 241
Mallorca 121
Mangaldas Market 202
Manhattan 162
Mani Bhavan 208
Mao-Mausoleum 221
Marbella 120
Marine Drive 206
Markusdom 76
Markusplatz 76
Marmarameer 99
Marmaris 120
Marokko 137
Marquesas 257
Marrakesch 138
Massai Mara 144
Mathiaskirche 59
Medici Riccardi 63
Medjugorje 120
Mekka 246
Meknès 138
Melbourne 250
Mesquita 91

Métro 1 21
Metropolitan Museum 165
Mezquita 94
Milford Sound 254, 257
Ming-Gräber 222
Mittelasien 232
Molnar Janos 120
Monsoon Palace 210
Montagne Sainte-Victoire 120
Monte Corona 157
Montmartre 19
Montparnasse 16
Monumento Vittorio Emanuele 71
Moskau 50
Mount-Cook-Nationalpark 254
Mount Everest 247
Mount McKinley 193
Mumba Devi Temple 203
Mumbai 199 ff.
Murano 80
Musée d'Orsay 18
Musée d'Unterlinden 24
Museo de Jamon 85
Museo Thyssen-Bornemisza 85
Museum of Modern Art 165
Museum Samarkand 235
Muskau 223
Mutianyu 222
Mykerinos-Pyramide 129
Mykonos 121
Myvatn 45

Nagda 211
Námafjall 44
Namib 158
Namibia 148
Nanga Parbat 247
Nariman Point 206
Nasser-Staudamm 132
Navarra 121
Neapel 65, 121

ALLE ORTE ALPHABETISCH

Nebelwald von Machu Picchu 185
Nepal 247
Neppstädter Rathaus 51
Neuf-Trois-Vorstädte 20
Neuseeland 253
Newa-Sümpfe 49
New Mexico 193
Newski-Prospekt 50
New York 162
Nike-Tempel 98
Nil 134
Norwegen 254
Notre-Dame 18
Notting Hill 29
Nubien 132
Null-Kilometerstein Madrid 84

Oakland 174
Ólafsvik 43
Ollantaytambo 183
Ölüdeniz 121
Öndverdarnes 44
Oper St. Petersburg 50
Oper Sydney 250
Orient-Haus" 105
Orlando 193
Oslo 121
Osterinsel 255
Österreich 59
Öxará 47
Oxford Street 28

Pacific Coast Highway 174
Paguera 121
Pakistan 247
Palacio de Cristal 86
Palacio Real 84
Palast der Winde 216
Palastmuseum Peking 220
Palatin 71
Palazzo Rucellai 63

Palazzo Vecchio 62
Palermo 65
Pamirgebirge 232
Pamplona 121
Pamukkale 111
Pantheon 70
Pão de Açúcar 188
Paolo fuori le Mura 70
Paphos 122
Paris 16
Park Avenue 165
Parque del Buen Retiro 86
Parthenon 98
Patagonien 235
Patong Beach 247
Paulaner Brauhaus Peking 229
Pazifik 172
Peking 219
Peking-Oper 226
Penzance 34
Père Lachaise 18
Peru 181
Petersburg 49
Petersdom 69
Petersplatz 72
Peter-und-Paul-Festung 50
Petrified Forest 177
Philae 131
Philippsburg 194
Phuket 247
Piazza del Campo 124
Piazzale Roma 75
Piazza Navona 69
Piccadilly Circus 27
Pichola 210
Pico del Teide 141
Pink City 215
Piramide 72
Pisa 122
Pitti-Palast 63
Place de la Concorde 17

ALLE ORTE ALPHABETISCH

Place de l'Étoile 17
Plantation House 152
Platz des Himmlischen Friedens 221
Playa de Girón 195
Playa de las Americas 158
Playa del Carmen 194
Playa del Inglés 143, 158
Plaza Mayor 83
Polynesien 255, 257
Ponte di Rialto 76
Ponte Vecchio 63
Pont-Neuf 19
Port de Pollença 122
Portobello Road 29
Prado 85
Prag 51
Prager Burg 52
Praslin 151
Prince Street New York 170
Prince William Sound 194
Printemps 20
Propyläen 98
Protestantischer Friedhof Rom 72
Puerta del Sol 84
Puerto de la Cruz 158
Puerto del Carmen 158
Pushkar 215
Putucusi 184
Pyramiden von Gizeh 129
Pyramiden von Sakkara 130

Queens 162
Queenstown 254, 258
Quirinal 72

Rab 124
Rabat 138
Radonstollen 122
Rainbow Springs Nature Park 253
Rajasthan 208
Rakuczi 60

Ramses-Tempel von Abu Simbel 132
Ranakpur 211
Rano Raraku 256
Rapa Nui 255
Registan von Samarkand 235
Reichenweier 24
Rethymno 122
Retiro Parque 86
Reykjavik 41, 49
Rhodos 123
Rialtobrücke 77
Rimini 123
Rio de Janeiro 188
Riquewihr 24
Rive Gauche 19
Riviera Maya 192
Robber Baron Cave 194
Rockefeller Center 164
Rocky Mountains 191
Rom 67
Ronda 90
Roppongi 248
Rosenborg Slot 38
Rotes Meer 157
Rothenburg ob der Tauber 233
Rotterdam 75
Roturoa 253
Royal Pavillon 33
Russenviertel Samarkand 237

Saas Bahu 211
Sacré-Cœur 19
Sacro Speco 123
Safaripark Stukenbrock 145
Sahara 158
Sahelion-ki-Bari 211
Sainte-Victoire 120
Sakkara 129
Saks Fifth 167
Salisbury 32
Salsette 201

ALLE ORTE ALPHABETISCH

Salzburg 123
Samarkand 235
San Antonio 123, 194
San Clemente 70
Sanctuary Lodge 185
San Francisco 172
San Francisco Bay 194
San Gimignano 123
San Giovanni in Laterano 70
San Marco 80
San Pedro de Atacama 191
San Pietro in Vincoli 70
Santa María de la Sede 91
Santa Maria della Salute 77
Santa Maria delle Grazie 120
Santa Maria del Popolo 70
Santa Maria in Aracoeli 70
Santa Maria in Cosmedin 71
Santa Maria Maggiore 70
Santa Maria Real 121
Santiago de Chile 255
Santiago de Compostela 124
Santo Domingo 122
Santorin 118
San Zanipolo 78
Saudi-Arabien 246
Sawai Man Singh Palace 216
Schärengarten 40
Schleswig-Holstein 34
Schneeberggletscher 43
Schottland 35
Schweinebucht 195
Scuola San Rocco 78
Seidenstraße 232
Sevilla 91
Seychellen 150
Shah-i-Zinda 235
Shahrisabz 237
Shanghai 220
Sharm el Sheikh 159
Shisanling-Mausoleen 222

Shiva Cave 207
Shiv Niwas 210
Sieben Hügel 71
Siena 124
Siglufjörður 43
Simatai 222
Simbabwe 148
Sipadan 248
Sişli 105
Sixtinische Kapelle 69
Skansen-Museum 40
Skardsvik 44
Skogar 46
Skotino 124
Skywalk 178
Slantschew brjag 124
Slatni Pjasazi 118
Snæfellsjökull 43
Snæfellsness 43
SoHo, South of Houston 164
Solfatarenfelder 44
Somalia 144
Sonnentor der Inka 185
Sonora 195
Sotano de las Golondrinas 195
Souks von Meknès 138
Source d'Argent 152
South Street Seaport 168
Spanische Treppe 70
Spas na Krowi 50
Sphinx von Gizeh 129
Stadtpalast von Udaipur 209
Stanley Park 195
Staten Island 167
Stazione Termini 72
St. Ives 34
Stockholm 39
Stonehenge 32
St. Paul's Cathedral 27
St. Pierre 152
Strahov-Kloster 56

Straßburg 24
Strokkur 47
Stykkishólmur 43
Subiaco 123
Südafrika 147
Sudan 132
Sultan-Ahmed-Moschee 101
Sultanahmet-Platz 103
Sunset Boulevard 176
Supetarska Draga 124
Suraj Gokhda 210
Surrey 124
Sydney 250
Syrien 232

Tafelberg Kapstadt 147
Tahiti 258
Taita Hills 144
Taj Mahal 216, 235
Taj Mahal Palace 206
Taklamakan 247
Taksim 105
Tal der Könige 131
Tanger 140
Tansania 144
Taschkent 233
Taurus-Gebirge 112
Tausend-Buddha-Höhlen 243
Tempel des schlafenden Buddha 227
Teneriffa 141
Terrakotta-Armee 223
Teutoburger Wald 145
Texas 194
Tham Loup 247
Thar-Wüste 212, 247
Theben 130
Themse-Ufer 28
The Rocks Sydney 250
Thingeyrar 44
Thingvellir 47
Thilafushi 241

Thorpe Park 124
Tian'anmen-Platz 221
Tiantan Beijing 223
Timbuktu 235
Times Square 164
Timur-Museum Taschkent 237
Tiruvannamalai 243
Tivoli 38
Tjapukai Aboriginal Cultural Park 252
Todraschlucht 140
Tokio 248
Toledo 85
Topkapi-Palast 101
Torremolinos 95, 125
Torre pendente di Pisa 122
Toskana 122
Tower 27
Trastevere 72
Tribeca 168
Tripolia 210
Trump Tower 165
Tschechien 51
Tschenstochau 125
Turckheim 24
Türkei 99
Turkistan 237
Turkmenistan 232, 246
Türme des Schweigens 204
Turtle Tomb 248

Udaipur 209
Uffizien 63
U Fleku 57
Uluru Rock 251
Umaid Bhawan Palace 213
Ungarn 59
UN-Gebäude New York 165
Uppsala 40
Usbekistan 232
Utah 177

ALLE ORTE ALPHABETISCH

Valle de la Luna 191
Valle Gran Rey 143
Vancouver 195
Vancouver Island 195
Vang Vieng 247
Varmahlíd 44
Vasa-Museum 39
Vatikanische Gärten 69
Vatnajökull 44
Veitsdom 53
Venedig 75
Verbotene Stadt 220
Vesuv 121
Victorian Market Melbourne 251
Victoria (Seychellen) 151
Victoria Terminus 202
Viminal 71
Viti Levu 257
Vyšehrad 55

Walk of Fame 176
Walkeshwar Temple 204
Wall Street 163
Weißes Haus 220
Wellington 253
Wenzelskapelle 53
Wenzelsplatz 54
Westminster Abbey 27
Whispering Gallery 28
Wien 59, 125
Wladislaw-Saal 53
World Trade Center 164
Wörlitz 223

Xinjiang 243

Yamuna River 218
Yerebatan-Saray 103
Yiheyuan 223
Yonghe Gong Beijing 224
Ytri 43

Zaveri Bazaar 202
Zentralasien 232
Zhnghuá Rénmín Gònghéguó 230
Zitadelle von Pamplona 121
Zuckerhut 188
Zypern 122